Otto Neubauer

Mission Possible

© Verlag Herder GmbH, Freiburg im Breisgau 2018
Alle Rechte vorbehalten
www.herder.de

Umschlaggestaltung: Emmanuel Torres, Hanna Waldbauer
Umschlagmotiv: Markus Thums

Wenn nicht anders angegeben, so sind die Bibeltexte entnommen aus:
Die Bibel. Die Heilige Schrift
des Alten und Neuen Bundes.
Vollständige deutsche Ausgabe
© *Verlag Herder, Freiburg im Breisgau 2005*

Satz: Emmanuel Torres, Hanna Waldbauer
Herstellung: Těšínská Tiskárna, a.s.

Printed in Czech Republic

ISBN Print 978-3-451-38521-6

Otto
Neubauer
Mission
Possible

Praxis-Handbuch
für Dialog
und Evangelisation

Inhalts-
Verzeichnis

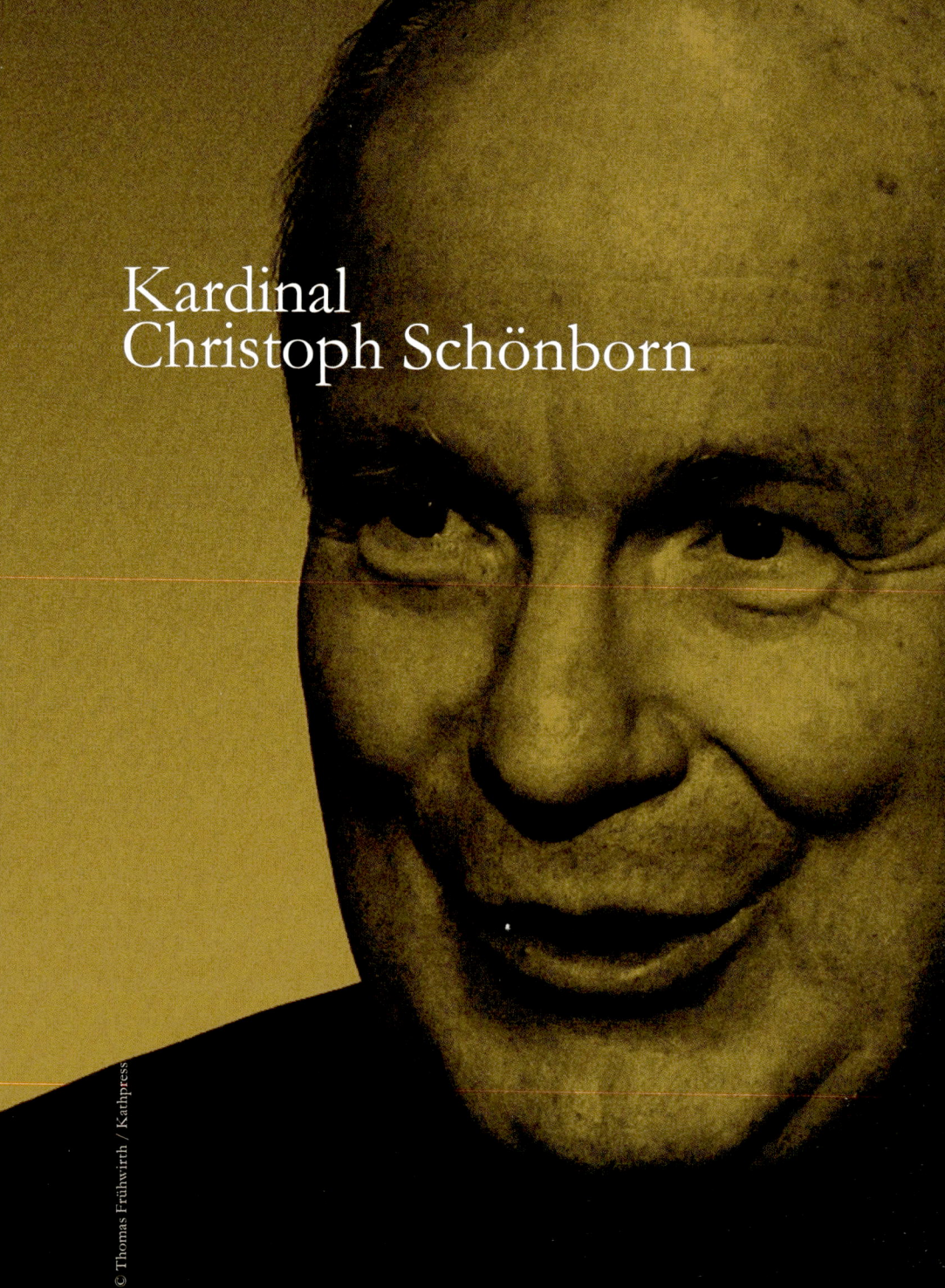

Kardinal
Christoph Schönborn

»Mission heißt für mich zuerst: echtes, leidenschaftliches Interesse am Menschen. Immer wieder fasziniert mich die Erfahrung: Der andere ist jemand, nicht etwas, ein eigenes Ich, mit Herz und Hirn, einer eigenen Geschichte, unverwechselbar, nicht eine Nummer, sondern eine Person, mit der es zur Begegnung kommen kann. Der andere wird zum Du. Der Blick ändert sich. Der Blick in die Augen verwandelt die Situation, wirft uns beide aus der gewohnten Bahn der Alltagskontakte. Da wird das ahnbar, was für mich Mission ist: dass Gott jedem von uns mit einem Blick unendlichen Wohlwollens ansieht, jeden, ausnahmslos. Deshalb sagt die Bibel: Gott ist Liebe!

Otto Neubauer lebt dieses Abenteuer der Begegnung mit einer mich immer neu überraschenden Frische und Lebendigkeit. Für mich verkörpert er, was Papst Franziskus immer wieder jedem von uns sagt: Du hast nicht nur eine Mission, du bist eine Mission. Wie spannend das sein kann, davon zeugt dieses Buch. Es ist ansteckend!«

Was das
Buch soll

Wir leben in einer Zeit vielfältigster missionarischer Aufbrüche. Ob gläubig oder nicht, jede und jeder von uns hat eine Mission! Nicht wenige suchen heute den immer aggressiveren Wettstreit im Kampf der Kulturen und Weltanschauungen – ein gefährlicher Cocktail für eine Gesellschaft, deren Zusammenhalt immer fragiler wird. Aber so viele mehr von uns sehnen sich danach, ihren Glauben auf anziehende Weise weitergeben zu können. Wie kann dies gelingen?

Vielleicht hast du dieses Buch in der Hand, weil du einfach neugierig bist, einen neuen Stil christlicher Mission in aufrichtigem Dialog mit anderen Weltanschauungen kennenzulernen. Oder du hast Leitungsaufgaben in einer Gemeinde und wünschst dir mehr Feuer für die Verkündigung. Vielleicht hast du Ideen für ein Projekt, weißt aber nicht, wie du das auf die Beine stellen kannst. Echter Dialog und eine zeitgerechte Mission werden dann möglich, wenn du einfach damit beginnst. Dieses Handbuch soll in zehn Schritten zeigen, wie es gehen könnte.

Es geht schlicht darum, *das Glück mit anderen zu teilen* – und das gesellschaftsrelevant und spirituell motiviert. Übersichtlich strukturiert in zehn Fragen, zehn Antworten und zehn Aufgaben möchten dich theologisch verständliche Antworten, neue Ideen, erprobte Praxisbeispiele und viele Geschichten inspirieren. Sie basieren auf Erfahrungen aus über 25 Jahren Gemeindemissionen neuen Stils, Stadtmissionen und Dialog-Projekten.

Ob im alten Wiener Kaffeehaus oder in der hippen Münsteraner Nachtbar, im rheinischen Weinkeller oder in der steirischen Wohnküche, im Parlament oder im Burgtheater – die Lernprozesse eines neuen Dialogs über Gott und die Welt sind so spannend, dass sie ansteckend wirken und Lust aufs Umsetzen machen.

Mission ist wie Kochen – keine Hexerei, jeder kann es! Es ist der ›Duft eines Festmahls‹, der uns dabei entgegenkommen soll, wie Papst Franziskus es neu definiert. Dieses Handbuch darf also auch als Kochbuch ›anderer Art‹ verstanden werden, weil Mission so viel mit Mahlgemeinschaft und Gastfreundschaft zu tun hat. Wir alle brauchen Essen – Gäste wie Köche. Nicht weniger notwendig bedürfen wir der seelischen Nahrung, ohne die eine Gesellschaft verhungert. So wie der Koch das Essen zubereitet, so teilt der ›Missionar‹ den Glauben mit anderen.

Ich habe mich bemüht, in diesem Buch unsere kostbaren geistlichen und menschlichen ›Nahrungsmittel‹ übersichtlich anzuführen und die Zubereitung dieser ›Speisen‹ Schritt für Schritt zu erklären. Persönliche Geschichten geben dem Mahl zur Abrundung die besondere Würze. Doch was nützt das beste Rezept, wenn der Koch die Gäste nicht mag. In der Tat darf ein Missionsbuch nie nur ein bloßes Rezeptbuch sein. »Mission ist keine Methode, sondern der Überfluss an Liebe«, so der anglikanische Bischof Sandy Millar aus London, der heute am stärksten wachsenden missionarischen Region Europas.

In der Bibel lesen wir, dass Jesus seinen überforderten Jüngern angesichts einer riesigen müden Menschenschar sagt: »Gebt ihr ihnen zu essen!« Trotz der Verzagtheit der Jünger über das scheinbar wenige, das sie haben, passiert das Wunder der Brotvermehrung. Ob gläubig oder suchend, möge dieses Buch viele dazu ermutigen, mit neuem Vertrauen die ›paar Brote und Fische‹ gerne auszuteilen – in der Erwartung großer Überraschungen. Jede und jeder hat etwas Kostbares zu geben!

Eine Mission, die entwaffnet

Prolog

> »Man kann einem Menschen nur dann wirklich begegnen, wenn man ›die Waffen streckt‹ und ihm entblößt gegenübertritt,… «[1]

Philippe Pozzo di Borgo
(›Ziemlich beste Freunde‹)

Vielleicht war ich fünf oder gar schon sechs Jahre alt. Beim Fangenspielen mit meinen Nachbarskindern entspann sich wieder einmal ein heftiger Schlagabtausch. Irgendwo zwischen Obstbäumen und Kuhstall habe ich damals für mich Einschneidendes erfahren müssen: Meine besten Freunde gingen gar nie zur Kirche! Unglaublich. Sie hatten also mit Gott nichts am Hut. Das mag verwunderlich klingen, aber ich war ehrlich geschockt, weil ich so selbstverständlich in meiner kindlichen Glaubenswelt aufwuchs und mir sogenannte ›Religionslosigkeit‹ nicht vorstellen konnte. Ich war richtig traurig und empfand es geradezu als ungerecht, weil meinen lieben Freunden doch verwehrt war, mehr mit diesem Jesus zu tun haben zu können. Es fühlte sich tatsächlich wie ein großes Missverständnis an; warum ich und die anderen nicht. Erstmals erlebte ich meinen Kinderglauben als eine Art Privileg, das ich aber in diesen Momenten nicht mehr gänzlich als Glück wahrnehmen konnte. Es hatte – ohne Übertreibung – wehgetan.

Dieses Kindheitserlebnis hat sich tief in mir eingeprägt. Sollte sich tatsächlich diese überwältigende Botschaft, bei der von einer *grenzenlosen* Liebe gesprochen wird, nur auf einige wenige oder einen auserwählten Kreis beschränken!? Nein, das durfte nicht sein! Das war schwer zu ertragen. Diese

›bedrängende‹ Hoffnung hat mich erstaunlicherweise bis heute nicht in Ruhe gelassen. Sie hat mich weiter fragen und suchen lassen. So durfte ich in meinem Leben unzähligen Menschen begegnen, die fern von jeder Kirchlichkeit unglaublich ernsthaft um Gott gerungen haben – bewusst oder unbewusst – und dabei zugleich ganz nah am Puls der entscheidenden Lebensfragen waren. Sie haben mich zuweilen tief greifender für das eigentlich Wesentliche unserer christlichen Botschaft wachgerüttelt, als ich dies oft später innerhalb der Kirche erlebt habe.

Philippe Pozzo di Borgo, dessen Schicksal durch den Welterfolg von »Ziemlich beste Freunde« mit Buch und Film weithin bekannt wurde, ist nur ein Beispiel dieser Suchenden. Der ehemalige französische Champagner-Großunternehmer ist durch einen Sportunfall seit Jahren schwer gelähmt. Die unerwartete Freundschaft mit seinem vorbestraften und unprofessionellen Pfleger Driss, der in Afrika geboren wurde und aus ärmsten Verhältnissen stammte, hat sein Leben verändert. Seine Geschichte hat offenbar einen Nerv unserer Gesellschaft getroffen – das zeigt der Welterfolg ebenso wie die unzähligen Zuschriften, die Pozzo di Borgo erhalten hat. Es scheint sein Ringen um Glück zu sein, das – zunächst mal ohne religiöse Vorgaben – millionenfach berührt. Pozzo di Borgo würde sich selbst nicht als gläubig oder religiös bezeichnen und doch steht er heute stellvertretend für Unzählige, die inmitten der unvermeidlichen Begrenztheiten und Verwundungen des Lebens »die Waffen strecken« und ganz einfach ihr Herz öffnen. Es ist eine bewusste

Entscheidung zur »Entblößung«, »um keinen bedrohlichen Eindruck auf den in der Vergangenheit enttäuschten oder verletzten anderen zu machen«[2]. Mitten in einer Welt zunehmend ängstlicher Verteidigungs- und Angriffsstrategien spricht diese Haltung auch von der Hoffnung, dass es doch irgendwo wirkliche Geborgenheit, ein Zuhause, ein tiefes Angenommen-Sein geben muss.

Das Beispiel sei hier bewusst an den Anfang gestellt, weil gerade sein Fokus auf das Wesen solch befreiender Begegnungen, die ganze Gesellschaften verändern können, uns direkt auf eine der größten Herausforderungen der christlichen Mission von heute verweist. Es geht um das, was uns fast unbemerkt verloren gegangen ist oder uns zu banal erscheint, und doch wie der entscheidende Türöffner wirkt: das Wunder einer wahrhaften Begegnung. Einer Begegnung von Mensch zu Mensch – und mit Gott! Dieses Geheimnis gilt es heute offenbar neu zu entschlüsseln – auch wenn es im Kern ganz einfach und *jedem* Menschen guten Willens direkt zugänglich ist. Alles dreht sich um eine Verwandlung, von der wir schon beim Propheten Ezechiel lesen und die Jesus selbst neu in die Mitte seiner Mission gerückt hat: »Ich entferne euer steinernes Herz aus euerer Brust und gebe euch ein Herz von Fleisch« (Ez 36,26). Es berührt die große biblische Verheißung, dass der Herr seinen Geist ausgießen wird über »alles Fleisch« (Apg 2,17), über jeden Menschen, der bereit ist, sein Herz zu öffnen. Diese Geisterfahrung von oben ist nicht von der zutiefst menschlichen Erfahrung zu trennen. Das Spannende daran ist, dass es alle unsere engen Kategorien

der Zugehörigkeit von drinnen und draußen sprengt, von Gläubigen und Ungläubigen, von *Sündern* und *Gerechten*. Es betrifft die ganze Menschheitsfamilie – und das, was jeden Menschen im Innersten bewegt. Alle sollen *nach Hause kommen* dürfen. Ganz sicher ist es kein Missionsprogramm von und für exklusive Gruppen.

Heute bin ich davon überzeugt, dass Mission alle angeht! *Ja, jeder kann Mission!* Meine agnostischen Freunde haben genauso an dieser Mission Anteil wie meine begeisterten Jesus-Freunde einer Kirchengemeinde. Es gibt so viele Wege zu Gott, wie es Menschen

gibt, sagte Papst Benedikt XVI. unumwunden. Und jeder hat etwas einmalig Kostbares zu geben. Das kann durch eine starke Gotteserfahrung gehen, aber auch einfach durch den menschlich guten Willen und Großherzigkeit. In dieser Unterschiedlichkeit wollen wir es *miteinander* versuchen! Das ist wohl das Besondere und vielleicht auch Gewagte an diesem »Mission Possible«-Programm: Wir wollen alle Menschen *guten Willens* einladen, dass wir uns *gemeinsam* auf diesen Weg machen. Die viel zitierten *Risse in unserer Gesellschaft* können durch die zunehmende Emotionalisierung einen gefährlichen

Mix provozieren; nämlich, dass sich in sich verschließende Eigenwelten schließlich gegenseitig ausschließen. Diese Entwicklungen fordern es geradezu heraus, in der Pluralität der Lebensstile nicht gegeneinander oder nebeneinander zu leben, sondern sich gegenseitig zu bereichern – aber auch einiges zuzumuten. Für das Gelingen unseres Zusammenlebens ist es so überhaupt nicht egal, ob wir auf diese Art eines *gemeinschaftlichen* Anrufs antworten oder nicht.

Diese wundersame Weitung des Denkens und des Herzens, die Gläubige genauso wie Suchende, Nicht- oder Andersglaubende erfasst, wird uns wie ein roter Faden durch dieses Buch begleiten. Begegnungen und Wandlungen solcher Art werden letztlich erst durch das eigene Erleben wirklich verständlich. Erzählungen darüber können zwar nur eine Ahnung davon geben, und doch können sie die Sehnsucht danach wecken. Ich möchte deshalb diese christliche Missionsschulung der zehn Schritte mit reflektierten Lernprozessen, Aufgabenstellungen und konkret erlebten Praxisbeispielen anreichern. Sie gehen vom konkreten Leben aus und nähren sich aus den unmittelbaren Erfahrungen der Begegnung *von Angesicht zu Angesicht*. Erfahrungen, die mich selbst und viele meiner Weggefährten immer wieder von Vorurteilen befreit, mitunter aber auch destabilisiert und verletzlicher gemacht haben. Vor allem aber haben sie uns tatsächlich *entwaffnet* und oft friedensstiftend in einer so unüberblickbaren in sich zersplitternden Welt gewirkt.

Lernprozesse für eine neue Mission: Verwandelt werden durch den anderen

Jede Zeit kennt ihre eigenen Herausforderungen. Das gilt auch für die Mission. Sie muss sich stets neu ausdrücken und in die jeweilige Zeit hineinbuchstabiert werden. Ihre alte Botschaft soll sogar von »ewiger Neuheit« (vgl. EG 11–13) geprägt sein. Aber niemals habe ich eine echte Erneuerung ohne die ganz persönliche Öffnung unseres Inneren erlebt – in der direkten Zuwendung zu Gott *und* zum Menschen. Niemals ohne den anderen! Viel zu oft bin ich der Versuchung der Magie bestimmter spiritueller Sonderwelten erlegen, die mich fast unmerklich von der Gesellschaft und ihren Aufgaben entfernt haben. Dem großen jüdischen Philosophen Emmanuel Levinas zufolge können wir Gott überhaupt nur über das ›Antlitz‹ des anderen begegnen. Wir brauchen wieder diese Mission, die uns vor die Herausforderung stellt, radikal neu zu lernen, was es heißt, sich »vor dem heiligen Boden des anderen die Sandalen von den Füßen zu streifen (vgl. Ex 3,5, vgl. EG 169)«, so wie es Papst Franziskus wiederholt ausdrückte. Und dieser ›Boden‹ reicht von der benachbarten Friseurin bis zu den politischen Verantwortungsträgern.

Begegnungen können sogar nachhaltig Revolutionen auslösen, andere können schmerzlich vertane Chancen sein. Um nichts Geringeres geht es in der christlichen Mission als um solch innere und äußere Umwälzungen und Umkehrungen, die ungeahnt Neues schaffen und unser persönliches Leben, aber auch das einer ganzen Gesellschaft verwandeln können. Ich lade alle Suchenden und kritischen Beobachter ein, mit uns die Bibel mit den einzigartig großen Erzählungen über den Liebesbund zwischen Gott und Mensch zu betrachten. Es klingt fast zu schön, um wahr zu sein, aber Christen glauben, dass Gott selbst mit dem Menschen in eine persönliche Beziehung eintreten will, ja, dass er ihm gar eine intime Freundschaft anbietet. Er, Gott, sucht Freundschaft mit Menschen! Aber wo es um Beziehungen geht, treten immer auch Probleme auf, die das Vertrauen in die christliche Mission empfindlich getrübt oder gar zerstört haben. Auch das wollen wir keineswegs außen vor lassen. Besonders jegliche Form von Machtmissbrauch hat in den Kirchen viel Unheil angerichtet. Offensichtlich ist die Versuchung, die Waffen der Selbstbehauptung zu zücken, gerade in diesem sensiblen Bereich besonders groß. So kann jeder noch so hehre moralische Anspruch auf tragische Weise übertüncht werden, die Tür zum Nächsten zuschlagen und auf Dauer auch die Beziehung zu Gott zersetzen. Für nicht wenige heißt es deshalb: ›Mission impossible‹.

Die Kirchen und religiösen Gemeinschaften haben zahlreiche Modelle entwickelt, wie Mission heute dennoch möglich sein soll. Manche wurden zu Erfolgsstorys, manche haben aber auch Unsicherheiten, Konflikte und zuweilen gegenseitige Verwerfungen hervorgerufen. Eine Grundausrichtung scheint mir heute angesichts der reichen Vielfalt der Erscheinungsformen entscheidend und wegweisend: Ich beziehe mich hier auf eine persönlich erlebte Diskussion mit Papst Benedikt XVI. und seinem ›Schülerkreis‹ im Sommer 2011 in Castel Gandolfo über die Zukunft der kirchlichen Mission. Ich durfte als Gastredner an diesem päpstlichen theologischen Forum teilnehmen. Als hätte Benedikt seinen Nachfolger Franziskus mit der ›Revolution der Zärtlichkeit‹ und seiner Missionsoffensive schon vor Augen gehabt, so hob er in der sehr kontrovers geführten Diskussion geradezu prophetisch hervor, dass die eigentliche Frage der Zukunft der Mission nicht in der Frage bestünde, wie wir die Menschen *in* die Kirche, *in* unsere Gemeinschaft, hereinbekämen. Es ginge vielmehr darum, ob wir wirklich bereit wären, den Schritt *hinaus* zu den Menschen – vom »Tempel« in den »Vorhof der Heiden/der Völker« – zu machen. Vor allem aber, ob wir bereit wären, wirklich *Gemeinschaft* zu bilden mit all den Suchenden, die im ›Vorhof der Heiden (der Völker)‹[3] sind. Benedikt blickte schließlich in die Runde seiner Schüler – fast allesamt Theologieprofessoren, und sagte eindringlich: »Sind wir nicht alle Suchende?!« Diese neue Evangelisation könne deshalb nur in großer Demut passieren. Gerade im Dialog mit der atheistischen und agnostischen Welt werde klar, dass niemand ›Objekt‹ der Mission sein wolle. Etwas später wird dann Papst Franziskus noch energischer dazu auffordern, dass sich die Kirche nicht vorgaukeln solle, »den Herrn immer nur für sich zu haben, ihn einzusperren in unsere Schemata und unsere Strategien.«[4] Man müsse nämlich Gott vielmehr dort suchen, wo er uns begegnen will, und nicht da, wo wir meinen, ihn zu treffen. Man werde nämlich den Herrn dort finden, wo das

»verlorene Schaf« weidet. Genau hier liegt der entscheidende Wendepunkt – in dieser Suche nach dem anderen!

Die Einladung ist also sehr klar: Wir dürfen uns von Gott selbst neu an die Hand nehmen und von ihm selbst führen lassen. Dieser Aufbruch zu den Menschen in der Welt von heute führt uns zu einem intensiven und steten Lernprozess.

Wo unser aller Armut zur Brücke zu den Menschen wird

Ich gestehe, meiner Neigung gemäß wollte ich am liebsten gleich von meinen Erfahrungen aus über 25 Jahren Gemeindemissionen neuen Stils und den neuen Dialogprojekten in Österreich und Deutschland berichten; von den Stadtmissionen von Wien über Paris bis nach Budapest, die eine ›kräftige Leuchtspur durch Europa‹ gezogen hätten – wie manche Medien berichteten. Aber es scheint mir heute angemessener, *unser aller Armut* als Brücke zu den Menschen ins Zentrum einer neuen Mission zu stellen. Oder wie Papst Franziskus sagte: Wir gehen *als Arme zu den Armen*. Oder wenn man es etwas säkularer will: Wir sitzen alle im selben Boot!

Gewiss habe ich die tatsächliche Säkularisierung noch nirgends so tief erfahren wie in unserer täglichen Missionsarbeit in vielen Teilen Europas. Gleichzeitig jedoch habe ich auch noch nie so viel reine Aufnahme des Evangeliums, so viel *Heimweh nach Gott* in diesem angeblich so ›heidnisch‹ gewordenen Europa erfahren. Es scheint fast so, als würde erst durch die Säkula-risierung vieles neu freigelegt werden, damit man direkter an die Gottesfrage kommen kann. Ich weiß nicht, ob man diese Säkularisierung so segensreich wie eine ›*Kenosis*‹ Gottes, eine *Herablassung*, beschreiben darf, wie es der italienische Philosoph Gianni Vattimo[5] bereits in den 90er-Jahren getan hat. Aber für die neue Evangelisierung ist in jedem Fall entscheidend: Es geht um die neue Entdeckung der *Herablassung* Gottes, und um die *in ihm Herabgelassenen*, die Erniedrigten, die Armen. Es geht letztlich darum, ob den ›Armen‹ die Frohbotschaft verkündet wird. Aber wer sind die Armen bei uns in Europa? Immer deutlicher scheint mir zu sein, was Mutter Teresa wiederholt gesagt hat: Dass in der Art der zunehmenden Gottesleugnung Europas paradoxerweise der eigentliche Hunger nach Gott selbst zum Vorschein kommt;[6] die eigentliche und größere Armut in Europa ist der dramatische Mangel an Angenommen-Sein und Geliebt-Sein, der Mangel an Erfahrung der Güte Gottes.

Schattenlinien überspringen

Eine Momentaufnahme: Der österreichische Schriftsteller Peter Handke hat vor wenigen Jahren ein bemerkenswertes Interview gegeben. In seiner Schulzeit besuchte er das Kärntner Knabenseminar, und nicht nur deswegen hat er uns in den letzten Jahrzehnten mit harscher Kirchenkritik nicht verschont. Auf die Frage, ob er denn nun ein *religiöser* Autor wäre, antwortet er – nicht ganz unerwartet: »Darauf gebe ich keine Antwort!«

Auf wiederholte Nachfrage lässt sich Handke schließlich zu der Aussage hinreißen: »… Wenn mir jemand sagt, er sei religiös, geht mir das auf die Nerven – wenn er nicht erzählt, was das ist. Das Erzählen ist das Entscheidende.« Für Handke ist Erzählen auch ein *Sich-Offenbaren*. Und dann beginnt Handke überraschend selbst zu erzählen: »Wenn ich an der heiligen Messe teilnehme, ist das für mich ein Reinigungsmoment sondergleichen. Wenn ich die Worte der Heiligen Schrift höre, die Lesung, die Apostelgeschichte, die Evangelien, die Wandlung erlebe, die Kommunion und den Segen am Schluss ›Gehet hin in Frieden!‹ (…) Die Eucharistie ist für mich spannender, die Tränen, die Freude, die man dabei empfindet (…) Ich weiß, ich habe, wenn ich das sage, eine Schattenlinie übersprungen, aber dazu stehe ich.« Und in einem Fernsehinterview spricht Handke (der »Meister der Dämmerung«) tief ergriffen von der Freude, die eine *Pflicht* sei. Offensichtlich kostete ihn das viel.

Diese Ergriffen- und Betroffenheit im Erzählen über seinen Weg mit Jesus Christus, die uns ganz unerwartet schlicht, ehrlich, irgendwie gebrochen und unprätentiös entgegenkommt – ich erlaube mir zu sagen, auch *arm* –, markiert das Überspringen einer Schattenlinie. Zunächst die Schattenlinie eines Schriftstellers, aber wie wir im Weiteren sehen werden, ist gerade so ein demütiges, *gebrochenes*, ehrliches und gleichzeitig leidenschaftliches Zeugnis auch für weite Teile unseres kirchlichen Lebens eine Schattenlinie, die es zu überspringen gilt. Dieses unscheinbar Persönliche, geradezu *Kleine*

und *Freudvolle* birgt eine entscheidende Provokation für die erwachsene, reife und ältere Kirche in sich – es geht um den *Geist der Kindschaft* (vgl. Röm 8,15). Ohne ihn gibt es nach der Bibel ohnedies kein Eingehen in das Himmelreich. Wir konstatieren heute in Europa eine tief greifende Religionslosigkeit. Eine Welt, die Gott offensichtlich nicht mehr braucht. Ich möchte zeigen, dass die Menschen unserer aufgeklärten Welt genau nach solchen einfachen, geradezu *arm-seligen* Offenbarungen (ohne Übertreibung) *dürsten* und *hungern*.

Es stellen sich Fragen. Zum einen: Was *erzählen*, d. h. was *offenbaren* wir den Menschen heute? Gibt es nicht ein berechtigtes ›Genervt-Sein‹ über die Kirche in unserer europäischen Gesellschaft (die über Handkes Gereiztheit weit hinausgeht)? Darüber, dass man uns nicht versteht – vielleicht auch, weil der Kirche doch eine Art von Kompliziertheit und Freudlosigkeit der Verkündigung anlastet, der auch ein inneres Vergessen der Güte Gottes innewohnt. Was macht es so schwer, demütig und zugleich leidenschaftlich zu sein? Und zum anderen: Warum werfen wir weiterhin so viele dunkle Schatten durch unsere herablassenden Urteile (die wir uns selbst so schwer eingestehen) in Reden, Predigten oder Internetforen auf diese Welt von heute? Und vor allem: Was heißt heute das *Herabsteigen*, die ›Kenosis‹ – so wie es ja gemäß der Bibel dem Wesen der wahren Mission des Vaters durch den Sohn entspricht? Er »nahm Sklavendasein an und wurde den Menschen gleich« (Phil 2,7), um bei den Menschen zu sein.

Über Demütigungen und Verwundungen der Kirche könnte heute viel gesagt werden. Die vielen Begegnungen bei den Missionen haben uns aufmerksamer gemacht, dass der Umgang damit zu den entscheidenden Fragen einer neuen Mission in Europa gehört. Schon das Ausmaß an Demütigungen, die wir uns selbst als Kirche durch unser Versagen zugezogen haben, scheinen wir nur sehr schwer akzeptieren zu wollen. Die Frage echter Reue, der Verzicht auf vorschnelle Selbstverteidigung, das Loslassen herrschaftlicher Gebärden, die dem Evangelium nicht angemessen sind, wurden für uns zu einer echten Herausforderung. Aber es gibt noch eine andere Form der Demütigung, mit der wir in den Gemeinden viel zu tun hatten: dieses stete Kleiner-Werden – und die Mühen des pfarrlichen Alltags. Das dürfen wir auch psychologisch nicht unterschätzen. Wir werden in Europa zum kleinen Rest. Auch wenn es beeindruckende Ausnahmen von Erweckungsbewegungen gibt, auf die wir gerne schielen, so müssen wir doch akzeptieren lernen, in weiten Teilen eine vergreisende Kirche in Europa zu sein. Ich gestehe, es war auch schwer, selbst in einer ›aufbrechenden‹ Bewegung der Kirche zu sein und den nötigen Realismus zu bewahren. Die Kirche wird sich nicht, wie wir es wünschten, zu einer neuen sichtbaren Größe und weltlichem Rang emporspielen. Mitten in all diesen Desillusionierungen zeigen sich aber neue Zeichen und eröffnen mir – und uns – eine neue Welt mit Gott!

Die sogenannte religionslose Welt wird zum Sprachrohr

Ich hatte das Glück, einige Jahre an einem Gymnasium Religion zu unterrichten, von dem ich sagen würde, dass diese Erfahrung in den 90er-Jahren schon eine gewisse ›Vorschau‹ für die heutige gesellschaftliche Realität war. Ich sollte dort für den ›letzten Rest‹ noch Religionsunterricht halten. Man hatte nämlich ein spezielles Gymnasium im südlichen Österreich aufgebaut, das ganz von Kirche und alten Traditionen gereinigt werden sollte. Man hatte schon damals alle Kreuze aus den Klassenzimmern entfernt, es gab keine religiösen Schulveranstaltungen mehr usw. Mit viel Energie erkämpften sich Schüler, Lehrer und Eltern über den Weg der Basisdemokratie ihre eigenen Wege zum Lebensglück. Nicht wenige Äußerungen und Umgangsformen der Schüler und Eltern verletzten mich schon beim Einstieg in die Schule. Ich wollte so schnell wie möglich wieder von dort weg. In meiner echten Not, irgendetwas zu finden, womit das Unterrichten doch noch einen Sinn hätte, entschied ich mich schlicht – die Schüler *gernzuhaben*. Wie macht man das unter diesen Umständen? Es war ein echter Kampf. Ich nutzte die Ganztagsschule mit den vielen Pausen; diese habe ich fast alle mit den Schülerinnen und Schülern verbracht. Monatelang habe ich vor allem einfach *zugehört*. Und so folgte eine Erzählung nach der anderen. Plötzlich habe ich gemerkt, wie wenig bis gar nichts ich von diesen Kindern, von diesen sogenannten (offensichtlich uninteressierten) Atheisten und Agnostikern wusste. Auch wenig von der Lehrergruppe, obwohl wir uns wöchentlich zur Lehrerkonferenz versammelten. Ich habe erkannt, wie ahnungslos und weit entfernt ich ihrer Welt war. *Herabsteigen* – das heißt zu realisieren, dass ich sie erst kennenlernen musste. Dass ich die Wunden und die Schönheiten dieser Menschen wahrnehmen musste. Ich hatte in dieser Situation nichts anderes anzubieten, als ihnen auch Anteil zu geben an meinen Leiden und Freuden, Freundschaft aufzubauen – und zu *erzählen* von Menschen, von ihren Lebensgeschichten, wie sie Jesus kennengelernt haben. Sogar von den Heiligen, von den Märtyrern. Als ich einmal über mehrere Stunden bei den Teenagern über den berühmten französischen Pfarrer von Ars und seiner grenzenlosen Güte erzählte, meldete sich ein Junge mit der Bitte um eine Abstimmung (Basisdemokratie!): Es ging um die Forderung, auch zur Beichte gehen zu dürfen. Fast die ganze Klasse stimmte dafür. Ich zögerte und wollte keine Probleme mit den Eltern. Schließlich haben sich dieser Abstimmung noch weitere Klassen angeschlossen. Sie können sich nicht vorstellen, welch eine Vorfreude ich in den Augen dieser Teenager sehen durfte. Das hatte ich noch in keiner katholischen Schule gesehen. Und wenn ich jetzt an die Freude denke, die ich bei ihnen nach der Beichte erleben durfte, kann ich nur schwer meine innere Erregung zurückhalten. Getaufte und Ungetaufte, auf alle Fälle keine Kirchgänger, haben die Beichte basisdemokratisch von einem ängstlichen und armseligen Religionslehrer eingefordert.

All den ernsthaften und wichtigen Diskussionen über den Niedergang des christlichen Europas möchte ich nur diese Erfahrung entgegenhalten: Wenn wir uns nur in aller Armseligkeit den Menschen von heute tatsächlich *aussetzen*, in einen wahren Dialog eintreten und um seinen Geist bitten, dann werden wir diesen unendlichen Hunger nach Liebe – und nach Gott – spüren, erleben. Er liegt so unmittelbar vor uns. Diese jungen Leute haben mir vieles beigebracht. Für mich war Gott bei ihnen wirklich zum Greifen nahe. Dass diese jungen Menschen dann noch eine Abstimmung durchsetzten, mit der sie ein Kreuz im Klassenzimmer anbringen durften, hat mich gelehrt, wo die Propheten von heute sind. In der Bibel wird gesagt: Wenn wir nicht verkündigen, werden die »Steine schreien«. Dann hat Gott offensichtlich noch Erbarmen mit uns, indem er die sogenannten ›Heiden‹ erwählt hat, seine Botschaft ganz neu hervorzubringen. Und ich könnte jetzt fortsetzen mit Erzählungen von den vielen ›säkularen‹ Menschen, die wir bei den zahlreichen Dialog-Events in den kirchenfernen Milieus kennengelernt haben. Es scheint so, als würde nicht mehr nach Gott gefragt. Ich wage zu sagen: Wie viele doch innerlich nach Gott ›schreien‹! Ihr Heimweh ist immens. Auch ihre Wunden. Und wir in der Kirche? Beschäftigen uns zu sehr mit uns selbst.

Hoffentlich können wir Christen so manche Demütigung unserer Zeit als Eingangstor von Gottes Gegenwart erkennen. Nicht nur die Erfolgsgeschichten. Fast scheint mir, als könnte diese Gesellschaft erst wieder durch ein *gedemütigtes und armseliges Volk* hindurch das

Licht der Güte Gottes erkennen. Immer tiefer haben sich die letzten Worte des Apostels Paulus in der Apostelgeschichte in mein Herz geschrieben. Nach der Erkenntnis der inneren Verstockung des eigenen Volkes schließt Paulus mit dem Ausruf: »So sollt ihr nun wissen, dass das Heil Gottes den Heiden gebracht wird. Sie werden ihm Gehör schenken« (Apg 28,28). Und ich füge hinzu, wenn wir ihnen auch zuhören, werden wir mit Überraschung und Freude – durch viele – Gott auf neue Weise zu uns sprechen hören.

Als er begonnen hätte, zuzuhören, wirklich lange zuzuhören, entdeckte er, welch ein Reichtum in jedem Menschen wohnt – so einer der Lernprozesse des eingangs erwähnten Philippe Pozzo di Borgo. Er, der sich explizit nicht als Christ bezeichnet, sagt: In jedem Menschen gibt es diesen Reichtum! Das heißt, dass ich auch umgekehrt glauben darf, dass, wenn ich das Beste von mir gebe, es so zum Geschenk für den anderen werden kann. Mein eigener Beitrag wird deswegen nicht verwässert oder verschwindet. »Denn wenn wir in uns selbst isoliert sind, haben wir nur das, was wir haben, und können kulturell nicht wachsen. Wenn wir aber zu anderen Personen gehen, zu anderen Kulturen, andere Denkweisen und Religionen kennenlernen, gehen wir aus uns selbst heraus und beginnen dieses schöne Abenteuer, das sich Dialog nennt (…) Denn wir führen einen Dialog, um uns zu finden, nicht um uns zu streiten.«[8] Deswegen, so ergänzt Papst Franziskus seinen eindringlichen Appell, müsse man »zuerst zuhören, dann sprechen. Das ist Sanftmut.« Wie überhaupt sei der Dialog die Basis jedes Zusammenlebens. »Das Bewusstsein der Menschlichkeit kann in der Praxis einzig und allein durch den Dialog und die Liebe wachsen. Sie sind Voraussetzungen für die Anerkennung des anderen in seiner Andersheit, für die Akzeptanz der Verschiedenheit. Der Wert der Gemeinschaft lässt sich nur so begründen: Ich strebe nicht an, dass der andere sich meinen Wertmaßstäben und Prioritäten unterordnet. Es geht nicht darum, den anderen zu ›absorbieren‹, sondern darum, als wertvoll anzuerkennen, wie er ist, und die Andersartigkeit positiv zu würdigen als etwas, was uns bereichert. Das Gegenteil ist purer Narzissmus, es ist imperialistisch und einfach töricht.«[9]

Die viel beschworene und so oft geschmähte ›Toleranz‹

Mit leicht zynischem Unterton halten nicht wenige dagegen: also doch nur ein Projekt für Harmoniebedürftige. Toleranzgeschwafel und Mainstream-Gewäsch! Interessanterweise kommt das liberal-intellektuelle Flaggschiff deutscher Sprache, die Wochenzeitung ›Die Zeit‹, nach aktuellen Umfrageergebnissen hinsichtlich Toleranzfähigkeit zur Erkenntnis: »Ist es nicht verrückt? Wir haben den Umgang mit unterschiedlichen Religionen, Kulturen, Geschlechtern, sexuellen Orientierungen gelernt – aber wenn jemand eine andere politische Meinung hat, überfordert das mehr als jeden Dritten.«[10] Familien und Freundschaften würden an unterschiedlichen Meinungen zur Flüchtlingspolitik zerbrechen. Nicht nur in der Politik, in weiten Teilen des echten Lebens würde echte Vielfalt in Wahrheit sehr *schmerzen*.

So bräuchten Demokratien und Gesellschaften eben *Schmerzkünstler*, weil sie bei so vielen divergierenden Meinungen um nichts Geringeres als um eine gemeinsame Wahrheit ringen müssten. Und gerade das sei ein »Lebenszeichen für eine Gesellschaft, in der es höhere Werte gibt als kleinkarierte Rechthaberei.«

Wenn wir solches ausdrücklich christlich interpretieren wollen, dann erschließt sich schon aus dem Herleiten des lateinischen Begriffes *Toleranz* Wesentliches: *Tolerare* meint tatsächlich *er-tragen*, einander *tragen*. Einander *tragen* fordert mehr als distanziertes Zugestehen fremder Weltanschauungen oder ein Nebeneinanderleben in scheinbar unerträglichen Gegensätzen. Es braucht ganzes menschliches Engagement: »Einer *trage* des anderen Last« (Gal 6,2). Das Beispiel Jesu Christi treibt nämlich die Toleranz – in anderer Weise als gewohnt – auf die Spitze, wenn er selbst die Sünde und Schuld der Menschen *getragen* hat. Er hat sein Kreuz für uns *getragen*. Er hat noch als Gekreuzigter um Vergebung für seine Peiniger gebetet. Das Beispiel par excellence also, wie Christen die Lasten aller mittragen sollen. Dieses Tragen, dieses *tolerare*, schließt niemanden aus. Wie konnte Mutter Teresa die Christen genauso wie Muslime, Hindus und Juden als ihre Brüder und Schwestern bezeichnen?

Christinnen und Christen sollten demnach alles andere als Angst haben, *zu* tolerant zu sein. Toleranz ist das Gegenteil von Gleichgültigkeit. Auch die tragischen Verirrungen und Versuchungen des Bösen jeglicher menschlichen Ausformung werden durch eine sogenannte *Toleranz des Herzens* nicht ausgeblendet oder relativiert. Gerade die Konzentration auf das Mit-Tragen und Mit-Leiden sensibilisiert für Unwahres und zerstörerische Kräfte. Sie legt aber ein stärkeres Gewicht auf das Durchleiden dieser Dimension und die Pflicht wiederholter Vergebung. Ein ›mit-tragendes Miteinander‹ muss keine Unterschiede aufheben, manches Mal macht es sie sogar deutlicher. Es will *der Wahrheit die Ehre* geben und beinhaltet das Eingestehen begangener Schuld – wohl eine der schwierigsten Übungen. Aber vor allem lässt gegenseitiges *Tragen* Schätze und Schönheiten anderer erkennen, für die man zuvor blind war. Für die christliche Mission heißt das: Der Missionsauftrag Jesu, in alle Welt zu gehen und die frohe Botschaft zu verkünden, ist deshalb zutiefst mit echter Toleranz vereinbar, weil im Herzen dieser Mission das Liebesgebot steht, Gott und allen Menschen gegenüber. Es ist eine Liebe, die in jedem Menschen einen Bruder und eine Schwester sieht, für die es sich lohnt, sein ganzes Leben einzusetzen.

So darf ich dich nun einladen, in dieses Wunder einer Mission einzusteigen, bei der Christinnen und Christen gemeinsam mit Atheisten, Agnostikern, Suchenden und Andersgläubigen evangelisieren können. Es ist einfach: Es geht von Herz zu Herz. Und gleichzeitig ist es ein großes Geheimnis, das es Schritt für Schritt zu erschließen gilt. Auf der Basis von zehn sehr grundsätzlichen Fragen, lebenspraktischen Antworten und Geschichten spannender Menschen wollen wir uns jetzt auf dieses Abenteuer eines ganz besonderen Dialogs einlassen.

Eine Mission, die Realität wird

Eine Missionsschulung
mit zehn Fragestellungen

1 – Warum eigentlich Mission?
2 – Was habe ich zu sagen?
3 – Wie soll das geschehen?
4 – In welchem Geist?
5 – Kann man Mission planen?
6 – Wie geht man mit so einer Vergangenheit um?
7 – Was gibt es alles Neues?
8 – Wie wachsen wir?
9 – Wo liegen meine und unsere Stärken?
10 – Welche Kirche?

Schritt für Schritt widmen wir uns diesen zehn zentralen Fragen zur Mission. Jeder der zehn Fragestellungen ist ein Kapitel zugeordnet. Dort findest du jeweils die gleiche Struktur:

1. Ein Porträt: Einige meiner Weggefährten haben sich von Markus Thums fotografieren lassen, weil sie dir vor jedem Kapitel in ein paar wenigen Worten Wesentliches anvertrauen wollen.

2. Eine Geschichte: Mit einer eigenen persönlichen Geschichte werde ich dich ins Thema hineinbegleiten.

3. Eine Grundfrage und Antworten: Anschließend wollen wir inhaltlich der gestellten Frage auf den Grund gehen und theologisch verständliche wie auch lebenspraktische Antworten suchen. Zudem gewähren uns kurze Testimonials persönliche Einblicke zum Thema.

4. Eine konkrete Umsetzung: Am Ende jedes Kapitels kannst du eine kleine praktische Aufgabenstellung selbst ausprobieren.

In der Mitte des Buches – in der 5. Fragestellung – wirst du außerdem noch 20 ›Best Practice‹-Beispiele finden. Sie sind strukturiert in inhaltlichen Hintergrund, Ziel, Eckdaten und beispielhafte Gestaltung, sodass sie leicht umgesetzt werden können.

Einfach durchblättern und dich inspirieren lassen

Ob du gläubig oder suchend bist, Mission geht alle an. In diesem Buch findest du viele persönliche Geschichten und Testimonials, aber auch praktische Beispiele, die *dein Leben*, *deine Fragen* und die *Gesellschaft* von heute berühren werden. Das eine oder andere Thema kannst du im Buch noch inhaltlich vertiefen und dann mit anderen diskutieren.

Konkrete Ideen und praktisch Erprobtes kennenlernen, um selbst Projekte umzusetzen

Jeder *kann* Mission! Das ist keine bloße Theorie, sondern unzählige Projekte wurden bereits mit Gemeinden und den unterschiedlichsten Gruppen umgesetzt. Wir sind überzeugt: Jeder Mensch hat etwas einmalig Kostbares zu geben. Hier kann jede und jeder mitmachen. Dazu regen viele erprobte ›Best Practice‹-Beispiele mit ausführlicher Gestaltungsanleitung im Buch zum Ausprobieren an.

Mit diesem Buch kannst du sogar das ganze Kurs-Programm mitmachen

Das Kursprogramm »Mission Possible« hier im Buch mit den zehn aufeinander aufbauenden Themen und Übungen eignet sich auch ideal für eine Schulung mit einer Gruppe deiner Gemeinde, deiner Gemeinschaft oder einfach mit einem Interessentenkreis. Zu jedem Kurs gehört eine praktische Umsetzung, die das Erarbeitete Realität werden lässt. Über die Webseite www.mission-possible.at findest du nähere Infos über Ablauf, Angebote und Umsetzung der Kurse. Außerdem gibt es dort aktuelle ›Best Practice‹-Beispiele aus den laufenden Kursen und Projekten.

1.
Warum eigentlich Mission?

Grund und Ziel christlicher
Glaubensweitergabe

»Mein Vater hat meine Mutter und mich früh verlassen. Ich habe ihn in der ganzen Welt gesucht und tatsächlich auf einem anderen Kontinent gefunden. Dabei habe ich ganz unerwartet auch einen anderen ›Vater‹ kennengelernt: Gott. Ich wage heute zu sagen, dass dieser eine Vater wirklich niemanden vergisst. Für mich war es wie ein Nachhausekommen – eine Heimat, nach der heute wohl so viele suchen.«

Krystian Nowakowski, Musikmanager

Ich kann das Glück nicht für mich behalten

Als junger Student war ich über längere Zeit wöchentlich zu Gast beim Mittagessen in der Familie eines Freundes. Ich sehe noch den riesengroßen Tisch vor mir, der nahezu den ganze Raum erfüllte, voll besetzt mit gut einem Dutzend vor allem junger Leute. Wir diskutierten jedes Mal lebhaft über Gott und die Welt. Eigentlich passierte nichts Außergewöhnliches. Aber jedes Mal ging ich wie nach einem kleinen Fest dankbar und beglückt nach Hause. Ich erlebte ein Angenommen-Sein besonderer Art, irgendwie nüchtern und unaufgeregt.

Alles war so selbstverständlich gratis, nicht nur das Essen, sondern vor allem all die Achtsamkeit, die schlichte Freude, das Miteinander. Die Eltern meines Freundes lebten ihr Christsein so, als wäre es die natürlichste Sache der Welt. Und dabei hatten alle Platz, die Nichtgläubigen wie die Frommen. Hier fühlten sich irgendwie alle zu Hause – und frei. Noch heute überkommt mich eine besondere innere Dankbarkeit, wenn ich an dieses doch (eigentlich) so ungleiche Elternpaar denke. Die Mutter, eine starke,

überaus präsente Erscheinung, nicht selten schäkernd mit ihrem so zurückhaltenden, schmächtigen Mann, den ich hauptsächlich lächelnd und in Zuhörerpose kannte. Damals war es für mich klar: So will ich auch leben, so großherzig und gastfreundlich.

Fast dreißig Jahre später: Ein junger kritischer Historiker, für den christliche Mission ein absolut negativ besetztes Tabuthema ist, stieß zufällig zu unserem Missionszentrum. Er sah aus wie der berühmte Schauspieler Roberto Benigni, der in dem von mir so geliebten Film *Das Leben ist schön* die Hauptrolle spielte. Trotz großer Kirchenskepsis erlebte unser Historiker ein Jahr lang unsere Dialog-Aktivitäten und arbeitete schließlich an ihnen mit. Er fühlte sich in dieser verhältnismäßig kurzen Zeit erstaunlich schnell *zu Hause* – und ehrlich *angenommen*. Es war diese Gastfreundschaft, die ihn faszinierte. Letztendlich fragte er verwundert nach: »Verstehe ich richtig, dass ihr einfach das Glück, das ihr selbst erfahren habt, mit anderen teilen wollt?« Ob es das sei, was genau *Mission* bedeute?

Zwangsneurose oder authentische Erfahrung

All die kleinen und großen Momente großherziger Gastfreundschaft, seien sie kulinarischer, menschlicher oder spiritueller Natur, tragen immer schon einen Geschmack des Übernatürlichen in sich. Diese kostbaren Erfahrungen des Miteinander-Teilens von Gutem, von Glück, verweisen uns auf etwas, das uns übersteigt. Wir dürfen nämlich einer Liebe trauen, die über das Menschliche hinausgeht und alles in allem trägt und birgt. Wir erfahren sie dann, »wenn wir mehr als nur menschlich sind, wenn wir Gott erlauben, uns über uns selbst hinaus zu führen, damit wir zu unserem eigentlicheren Sein gelangen«, so Papst Franziskus in *Evangelii Gaudium* (EG 8).

In der Antwort auf das »Warum Mission?« liegt etwas geheimnisvoll Einfaches und jedes Mal überraschend Neues. Es führt uns zu einer fundamentalen und universalen Erfahrung des Menschseins: Jeder will geliebt sein und lieben! All jene, die das Leuchten einer besonderen Liebe erfahren haben, wissen um dieses entscheidende Mehr unseres Lebens. Diese Erfahrung können sie nicht für sich behalten. Wenn wir Freude erfahren, möchten wir sie gerne mit anderen teilen. »Das Gute neigt immer dazu, sich mitzuteilen. Jede echte Erfahrung von Wahrheit und Schönheit sucht von sich aus, sich zu verbreiten« (EG 9).

Auch der große Missionar der frühen Christenheit, Paulus von Tarsus, konnte von seiner überwältigenden Erfahrung eines Glücks nicht schweigen, der Begegnung mit Jesus Christus. Wir wissen, dass er fast den ganzen Mittelmeerraum mit dem Ziel bereiste, von dieser Begegnung zu erzählen. Er könne gar nicht anders, eine Art ›Zwang‹ liege auf ihm.

Aber es war keine Zwangsneurose und auch kein blinder Gehorsam, sondern Ausdruck einer außerordentlich beglückenden und für ihn rettenden Liebeserfahrung. Das Besondere dieser Liebe war, dass sie nicht nur ihm oder einem auserwählten Kreis gelten sollte, sondern jedem Menschen. Sie komme eben direkt von Gott selbst und gelte allen. Die subjektive Erfahrung des Paulus und unzählig vieler anderer hat schließlich eine universale und objektive Gestalt in der großen weiten Kirche bekommen, trotzdem bleibt sie immer auch ein persönliches Ereignis.

Der innere Antrieb der Mission ist eine persönliche Erfahrung der Liebe. Diese Erfahrung ist von einer Art, die mich spüren lässt, dass sie nicht nur mir selbst oder einigen wenigen zugedacht ist, sondern allen.

Von der Verschlossenheit zum Aufbruch

Wenn Mission die Weitergabe einer Liebeserfahrung ist, warum gibt es dann unter Christen oft eine so große Scheu vor der Mission? Das hat wohl damit zu tun, dass uns die Geschichte unserer Kirche zu Recht vielfach irritiert. Die dunklen Seiten der christlichen Missionsgeschichte haben einen schweren Schatten auf die Kirche gelegt, der zu oft die strahlende Seite nicht sichtbar werden lässt.

»Bei Mission denke ich in erster Linie an Zwangs-
belehrung, Unterdrückung und Imperialismus,
das ist für mich in unserer Gesellschaft ein No-Go.
Bei vielen Tassen Kaffee mit einer guten Freundin
habe ich eine neue Sichtweise kennengelernt.
Ganz normal und relaxed von eigenen Glaubenserfahrungen zu erzählen, das ist für sie Mission.
Und das finde ich okay.«

Fiona Karl, Kultur- und Sozialanthropologie-Studentin

Auch haben sowohl die gegenseitige, jahrhundertelange Umklamme-
rung wie auch die offene Feindschaft
von Staat und Kirche ein sehr belas-
tendes Erbe hinterlassen. Wie viel Leid
ist durch Indoktrination verschiedenster Art geschehen, und wie erlösend
war und ist für unzählige Menschen
das Ende solcher Systeme.

Tatsächlich dürfen wir gerade
als Europäer dankbar auf die Befreiung von politischen und religiösen
Zwangsbeglückungen blicken. Deswegen erfasste uns schieres Entset-
zen, wenn wir mit dem islamistischen
Terror wieder eine höchst gewalttätige
und perverse Form der Instrumentalisierung von Religion erleben mussten.
Neue populistisch-totalitäre Gruppen
etablieren sich in vielen Staaten und
Gesellschaften. An Heilsvermittler
wie die vielen Sekten, die uns an der
Wohnungstür oder in der Fußgängerzone bedrängen, gewöhnen wir uns
ohnedies nur schwer.

Überall dort, wo es um Freiheits-
beraubung jeglicher Art geht, werden
wir zutiefst misstrauisch – besonders,
wenn es um unser Innerstes, die Seele,
geht. Unfreiheit und Misstrauen gehen

Hand in Hand. Und hier liegt eine Erklärung dafür, warum wir uns heute mit so viel Vorbehalten dem Thema Mission nähern: Weil ohne Freiheit und ohne Grundvertrauen auch das Kostbarste des Herzens nicht möglich ist: die Liebe. Aber gerade die Liebe ist die Mitte christlicher Verkündigung.

Die Praxis hat dem oft nicht entsprochen. Als die Christen gelernt haben, sich den dunklen Seiten der Kirchengeschichte zu stellen, hat das Erschrecken daher auch eine Scheu vor dem Missionieren ausgelöst. Aber die Kirche hat immer daran festgehalten, dass sie die Verkündigung ihrer freudigen Botschaft niemanden vorenthalten darf. Sie hat ihr Credo nie verändert. Auch im Zweiten Vatikanischen Konzil (1962–65) und danach ist in wichtigen kirchlichen Dokumenten wiederholt von der Mission als der eigentlichen Berufung der Kirche gesprochen worden.

Der universale Auftrag Jesu gemäß der Heiligen Schrift, allen Menschen die Frohbotschaft zu verkünden, hat also heute nichts an Bedeutung verloren. Trotzdem muss das missionarische Anliegen in der katholischen Kirche heute – zum Teil mit großem Energieaufwand – neu entdeckt werden. Das Wie und Warum der Mission blieb in der Rezeption des Konzils für die meisten Christen doch sehr diffus. Erstaunlich lange blieb für die meisten das Bild der Mission reserviert für ferne Länder und für Missionare mit langen Bärten.

Papst Paul VI. hat 1975, wenige Jahre nach dem Konzil, in einer kaum überbietbaren Klarheit in seinem Apostolischen Schreiben *Evangelii Nuntiandi* das »Evangelisieren« als die »tiefste Identität« (EN14) des ganzen kirchlichen Lebens nachdrücklich betont. Da verwundert es doch, wie wenig davon bei den Gläubigen gerade in Europa angekommen war.

Große Gesten ungekannten Ausmaßes für die ganze Weltkirche und für die Weltgemeinschaft hat auch Johannes Paul II. gesetzt, mit missionarischen Mega-Initiativen, unzähligen Missionsreisen und seinem herausragenden Missionsdokument *Redemptoris Missio* (1990). Es fehlte in dieser Zeit auch nicht am Hochkommen verschiedenster Missionsbewegungen und Gemeinschaften, sodass heute der Missionsbegriff wieder allerorts und umfassender gebraucht wird (allerdings auch mit der Gefahr zu verflachen, indem er nun für jedes pastorale Tun verwendet wird).

Wirklich richtig neuen Schwung mit einer breiten missionarischen Motivation für die Gesamtkirche, nämlich für jeden einzelnen Christen, bekommt die Evangelisation heute besonders durch das Engagement von Papst Franziskus. Sein anziehendes, großherziges Lebensbeispiel und sein nachsynodales Schreiben *Evangelii Gaudium* (2013) setzten Meilensteine im Missionsverständnis für die katholische Welt. Eigentlich führten sie zur Einfachheit des Evangeliums zurück, nicht nur was die unbedingte Nähe zu den Ärmsten und das schonungslose Aufzeigen der Fehlformen von Religion betrifft.

Papst Franziskus macht einmal mehr deutlich, dass die entscheidende Motivation für die Mission nur aus einer Erfahrung kommen kann, die der Mensch in der Mitte seines Herzens macht. Und diese Grunderfahrung, von Gott geliebt zu sein, verlange eine radikale Neuausrichtung:

»Ich träume von einer missionarischen Entscheidung, die fähig ist, alles zu verwandeln, damit die Gewohnheiten, die Stile, die Zeitpläne, der Sprachgebrauch und jede kirchliche Struktur ein Kanal werden, der mehr der Evangelisierung der heutigen Welt als der Selbstbewahrung dient, (…) dass die gewöhnliche Seelsorge in all ihren Bereichen expansiver und offener ist, dass sie die in der Seelsorge Tätigen in eine ständige Haltung des ›Aufbruchs‹ versetzt und so die positive Antwort all derer begünstigt, denen Jesus seine Freundschaft anbietet« (EG 27).

Wenn wir liebende Christen sind, dürfen wir nicht bei den Fehlern der missionarischen Kirche stehen bleiben, sondern müssen den Auftrag der Kirche zur Verkündigung ernst nehmen – und auch unser Tun in der Kirche danach ausrichten.

Weil wir das Wichtigste im Leben geschenkt bekommen

Die Aufgabenstellung der Mission der Kirche, wie sie in der Bibel und den kirchlichen Dokumenten dargelegt wird, ist unmissverständlich. Papst Franziskus macht in seinem Missionsschreiben *Evangelii Gaudium* klar, dass zuerst von dieser rettenden Liebeserfahrung ausgegangen werden müsse: »Der erste Beweggrund, das Evangelium zu verkünden, ist die Liebe Jesu, die wir empfangen haben; die Erfahrung, dass wir von ihm gerettet sind, der uns dazu bewegt, ihn immer mehr zu lieben« (EG 264).

Nicht minder stark hat Paul VI. im Missionsschreiben *Evangelii Nuntiandi* die Größe und Einmaligkeit dieser Aufgabe der Kirche hervorgehoben:

»Es ist ihre Pflicht, die ihr durch den Herrn Jesus Christus obliegt, damit die Menschen glauben und gerettet werden können. In der Tat, diese Botschaft ist notwendig. Sie ist einzigartig. (…) Sie stellt die Schönheit der Offenbarung dar« (*Evangelii Nuntiandi*, EN 5).

Die Botschaft, von der Paul VI. spricht, ist so essenziell, dass die Menschen ein Recht darauf haben. Dass diese freudige Nachricht keinem einzigen Menschen vorenthalten werden darf, macht nun den universalen Charakter aus: »Geht hinaus in alle Welt und verkündet das Evangelium allen Geschöpfen!« (Mk 16,15). Niemand soll von dieser Freude ausgeschlossen werden. Davon ist der heilige Paulus ganz und gar ergriffen. »Wehe mir, wenn ich das Evangelium nicht verkündige!« (1 Kor 9,16).

Zwei grundlegende Aspekte hat die Botschaft, die wir verkündigen: Sie ist einerseits *beglückend* aufgrund der Schönheit und des großen Wertes des gefundenen Schatzes und andererseits *lebensrettend*.

Beglückend: Es geht hier um den alles entscheidenden »Schatz im Acker« und »die wertvollste Perle« (vgl. Mt 13, 44–46). Wir gewinnen mit dieser Botschaft den Schatz des Lebens, eine gänzlich neue Qualität des Lebens. Nicht irgendein Überlebensmittel oder irgendeine Art Lebensverbesserung, sondern das Kostbarste, was sich ein Menschenherz überhaupt wünschen kann. Etwas so wunderbar Schönes, Herrliches, die Perle des Lebens gilt es, weiterzureichen. Die Evangelisierung ist zuerst eine Einladung zu etwas Schönem, »nicht wie jemand, der eine neue Verpflichtung auferlegt, sondern wie jemand, der eine Freude teilt« (EG 14).

Lebensrettend: Wenn wir die *Bedürftigkeit* unseres Lebens realisieren, erahnen wir schon die Notwendigkeit eines helfenden und rettenden Gegenübers. Das fällt nicht immer leicht. Es ist eine Wirklichkeit, die uns auch nicht zwingend zugänglich ist und in den verschiedenen Lebensphasen unterschiedlich ausgeprägt sein kann. Wenn wir aber eine Art von *Rettung* erfahren, dann macht uns das glücklich und bringt uns dazu, dieses Glück mit anderen zu teilen. Stellen wir uns einen Verdurstenden in der Wüste vor, der nach langer Suche endlich die lebensrettende Wasserquelle gefunden hat. Wie sehr wird er sich freuen und mit welchem Genuss wird er trinken! Seinen Fund wird er nicht für sich behalten, sondern so schnell wie möglich seinen Weggefährten zeigen, die genau wie er auf der Suche sind. Diese Freude über den gefundenen Schatz zu teilen, hat hier keinen freiheitsberaubenden oder bedrängenden Charakter, sondern ist im Gegenteil vielmehr eine Art Pflicht seinen Freunden gegenüber.

Wir beschäftigen uns also in der Mission bzw. Verkündigung ganz und gar nicht mit Sekundärem, sondern mit der elementarsten Aufgabe, der wir als Kirche, als Menschen, nachgehen können. Es geht um nichts Geringeres als darum, den wiedergefundenen Gott selbst mit anderen zu teilen. Vor allem aber geht es in unserer Verkündigung nicht um ein Moralsystem, das vielen belastend und einengend erscheint, sondern um ein Glück, eine Liebe, die wir nicht für uns behalten können.

Mission ist nicht sekundär, sondern die wichtigste Aufgabe der Kirche und des Menschen: Gott mit anderen teilen. Und zwar mit allen anderen.

Denn kein einziger auf dieser Welt ist vergessen

Den eigentlichen und zentralen Grund der Mission finden wir am Beginn des Johannes-Evangeliums ganz knapp zusammengefasst: **»Denn so sehr hat Gott die Welt geliebt, dass er seinen einzigen Sohn hingab, damit jeder, der an ihn glaubt, nicht verloren geht, sondern das ewige Leben hat.«** (Joh 3,16)

Alles beginnt mit der Mission des Vaters, der seinen Sohn sendet. Der Ausgangspunkt ist Gott, der Vater, der uns erschaffen hat, der unser Leben und somit auch unser Glück für immer will. Es ist zuallererst ein Vaterherz, das am Beginn dieser außerordentlichen Mission steht.

Dieses Vaterherz will natürlich nicht das Unglück oder das Scheitern seiner Kinder, sondern ersehnt nur ihr Glück, ihr *Heil*. Das Glück *all* seiner Kinder, d. h. *aller* Menschen! Nach dem Drama der Trennung des Menschen von Gott (Sündenfall) und des vielfachen Davonlaufens seines Volkes, seiner Kinder, hören wir Gott mit dem Ausdruck der mütterlichen Liebe in den Jesaja-Texten sagen: »Vergisst wohl eine Frau das Kind, das sie nährt? Hört sie auf, ihren leiblichen Sohn zu lieben? Und wenn sie es vergäße: ich vergesse dich nicht« (Jes 49,15).

Gott vergisst keinen einzigen Menschen auf dieser Erde! In keiner Sekunde!

Jeder Mensch – ausnahmslos – hat einen Platz im Herzen Gottes!

Durch das *Unabhängig-sein-Wollen* vom Ursprung, durch das *Selber-machen-Wollen* und das *Sein-eigener-Herr-sein-Wollen* ist den Menschen Gott, der eigene Vater, letztlich ein ferner Unbekannter geworden. Diese Entfremdung des Menschen von Gott und damit auch von sich selbst hat ihn in einen Zustand geführt, aus dem er sich nicht mehr allein retten konnte. Der sich selbst überlassene Mensch verlor mit der Einheit mit dem Schöpfer auch seine eigentliche Heimat.

Deswegen hat uns Gott, der Vater, seinen Sohn geschickt, um jedes seiner Kinder wieder *heimzubringen* in die Gemeinschaft mit ihm. Wir dürfen heimkommen – in ein Zuhause, wo wir ganz und gar geliebt sind. Durch das Kommen seines Sohnes sollen wir nun ganz Einblick in sein Herz bekommen können und seine grenzenlose Güte konkret erfahren. Tatsächlich hat diese erstaunliche und ungeheure *Mission* vor gut 2000 Jahren als geschichtliches Ereignis begonnen: Gott selbst hat die Initiative ergriffen und ist den Menschen im eigenen Sohn, in Jesus, in nie da gewesener Weise nachgegangen. Von der *Ferne* ist ER uns ganz nahegekommen.

Er ist herabgestiegen – bis in die letzten Tiefen, selbst in die Untiefen des Bösen, und bis ins Totenreich!

Der unüberwindbare Graben des Menschen zu Gott ist nun überwunden. Der Sohn Gottes hat sich so weit erniedrigt, damit der Mensch vollen Zugang zu Gott findet. Im Philipperhymnus wird die ganze Heimholaktion beschrieben: **»Der in der Daseinsweise Gottes war, hielt nicht daran fest, Gott gleich zu sein, sondern er entäußerte sich selbst, nahm Sklavendasein an und wurde den Menschen gleich«** (Phil 2,6–7).

Das war, ist und wird in Zukunft die bleibende Bewegung einer wahrhaft christlichen Mission sein. Herabsteigen, um dem Menschen nahe sein zu können – vorzugsweise den Bedürftigsten! »Die ›bis ans Ende‹ gehende Liebe (Joh 13,1), die der Herr am Kreuz im Beten für seine Feinde erfüllt hat, zeigt uns das Wesen des Vaters.«[11] Jesus selbst sagt: »Wer mich gesehen hat, hat den Vater gesehen« (Joh 14,9). »Jesus muss – das gehört zum Kern seiner Sendung – in das Drama der menschlichen Existenz hineintreten, es bis in seine letzten Tiefen durchschreiten, um das ›verlorene Schaf‹ zu finden, auf die Schultern zu nehmen und heimzutragen.«[12] Durch Tod und Auferstehung hat der Vater ihn wieder *hochgezogen*, ihn erhöht. Und mit ihm uns alle. Mit der Sendung seines Geistes ist er für alle Zeit und überall als ein lebendiges Du mitten unter uns gegenwärtig.

In den Texten des Neuen Testaments wird die Mission des Vaters sehr

»Gibt es einen Gott? Was, wenn alles – wenn er –
ganz anders ist, als ich bisher geglaubt habe?
Ich hatte genug vom Wegschieben der Zweifel,
dem Versuch mich selbst zu einer Überzeugung
zu zwingen. Ohne zu ahnen wie sehr mich das
belastete, überraschte mich meine Freundin Lynn
auf einer Australienreise mit einem Satz aus der
Bibel. ›Warum sagst du: Gott weiß nicht, wie es
mir geht? Er gibt den Erschöpften neue Kraft.‹
In dem Moment war mir, als hörte ich jemanden
sagen: ›Ich vergesse dich nicht‹.«

Hannah Flachberger, Pädagogin

deutlich ausgesprochen: »Er hat mich gesandt, den Armen frohe Botschaft zu bringen« (Lk 4,18). Jesus ist die Erfüllung der Verheißungen Gottes, die durch die Propheten ausgesprochen wurden. Gott selbst ist da – konkret angreifbar mitten unter den Menschen. Und er handelt als Heilender an den *Gefangenen* und *Zerschlagenen* aller Art. Die Verkündigung in Worten wird durch die konkreten Heilszeichen und schließlich durch die Hingabe des Lebens Jesu bestätigt und vollendet.

Der Urheber jeder Mission ist Gott, das Herz des Vaters, der den Sohn gesendet hat, um alle Menschen aus der Verlorenheit heimzuholen in sein Haus.

Ein Auftrag
für jeden von uns

An dieser *Heimholaktion Jesu* in das Haus des liebvollen Vaters ist jeder eingeladen, mitzuwirken. Die Sendung Jesu, die zunächst *seinem* Volk Israel galt, wird Phase um Phase universaler und nach Auferstehung und Himmelfahrt mit der Geistsendung endgültig ausgedehnt auf die ganze Menschheit.

Nachdem Jesus seine Jünger gelehrt hat, sendet er sie aus und beauftragt sie, das Gleiche zu tun, was er getan hat. In diesen Auftrag ist auch die gesamte Kirche voll mit hineingenommen. »Wie mich der Vater gesandt hat, so sende auch ich euch« (Joh 20,21). Alle Vollmacht Jesu wird nun den Jüngern übertragen – und sie *wirkt*, wenn die Jünger in innerster Gemeinschaft mit Ihm bleiben. Der dreieinige Gott bleibt weiterhin der eigentlich Handelnde. Er selbst bleibt in ihnen, in ihrer Mission gegenwärtig.

»Danach bezeichnete der Herr noch zweiundsiebzig andere und sandte sie zu zweien vor sich her in jede Stadt und Ortschaft, in die er selbst kommen wollte. Er sagte zu ihnen: Die Ernte ist groß, aber es gibt nur wenig Arbeiter; bittet daher den Herrn der Ernte, dass er Arbeiter in seine Ernte sendet« (Lk 10,1–2).

Nach jüdischer Überlieferung steht die Zahl 70 bzw. 72 für die ganze Welt. Durch den Heiligen Geist, durch Taufe und Firmung, haben alle den Auftrag, das Evangelium zu verkünden und am *Reich Gottes* zu bauen.

Auch wenn die frühe Kirche länger dafür brauchte, den universalen Auftrag in der ganzen Tragweite anzunehmen, so galt dies im Kern von Anfang an. »Und er sagte zu ihnen: Geht hinaus in alle Welt und verkündet das Evangelium allen Geschöpfen!« (Mk 16,15). Damit wird die Kirche, wie Papst Paul VI. schreibt, zu einer »Gemeinschaft, die ihrerseits evangelisiert. Der Auftrag, der den Zwölf gegeben wurde – ›Gehet hin, verkündet die Frohbotschaft‹ –, gilt auch, wenngleich in anderer Art, für alle Christen.« Die frohe Botschaft vom kommenden und bereits begonnenen Gottesreich gilt »für alle Menschen aller Zeiten« (EN 13).

Die Geistsendung, Pfingsten, hat die Jünger und damit die Kirche befähigt und *ermächtigt*, die Werke Gottes zu vollbringen. Sein Geist ist es, der die Mission erst ermöglicht. »Der Geist macht aus ihnen Zeugen und Propheten (vgl. Apg 1,8; 2,17–18). Sie sind beseelt von einer unaufdringlichen Kühnheit, die sie anleitet, anderen ihre Erfahrungen mit Jesus und die Hoffnung, die sie erfüllt, mitzuteilen.« (RM 24).

Für seine Mission bereitet Christus seine Jünger und schickt sie aus. Daraus ergeben sich zwei universale Aufträge an die Kirche. Erstens: Die ganze Kirche – jeder einzelne Christ – ist Träger der Mission. Zweitens: Die ganze Welt – alle Geschöpfe – ist Ziel der Mission.

Weil der Himmel
kein Märchen ist

Ziel der Mission ist, dass alle, die ins *Vaterhaus* heimkommen, jetzt schon am Reich Gottes teilhaben und mitgestalten können. Der Himmel ist sozu-

»Die Wege der Menschen sind mit Wunden versehen. Ganze Völker werden am Straßenrand zurückgelassen. Glücklicherweise gibt es jene, die eine neue Welt erschaffen, indem sie sich um andere kümmern und sogar selbst dafür zahlen. Mutter Teresa sagte sogar: ›Man kann nicht lieben, bevor es nicht auf eigene Kosten geht.‹ Sie werden mir sagen, dass Sie nicht Mutter Teresa sind. Aber, jeder von uns ist in den Augen Gottes unersetzlich. In der Finsternis der aktuellen Konflikte kann jeder von uns eine leuchtende Kerze werden.«

Papst Franziskus, TED Talk 2017

sagen für alle zum Greifen nahe. Papst Benedikt ermutigte erstaunlicherweise oft, ganz bewusst auch jenen unsere Aufmerksamkeit zu schenken, denen zwar »Gott unbekannt ist und die dennoch nicht ohne Gott bleiben, sondern sich ihm wenigstens als dem Unbekannten annähern«. Der erste Schritt der Evangelisierung wäre, dass wir so leben, dass bei ihnen die Gottesfrage wachgehalten wird, sodass die Menschen »das in ihnen verborgene Heimweh akzeptieren können«[13].

Wir dürfen nie vergessen, dass es eine Einladung zum *Festmahl*, zum *Hochzeitsmahl* ist, bei dem uns *der Herr* selbst bedienen wird. Es ist das Fest der Freude, bei dem die Anbetung des Geliebten etwas Wunderbares ist. Aber alle sollen diese unendliche Barmherzigkeit Gottes erfahren können, alle *Ausgegrenzten* und *Ausgeschlossenen* sollen eingegliedert werden. Niemand soll draußen bleiben müssen.

Auf diesem Weg passiert eine innere Umwandlung, eine Erneuerung der Menschheit: Diese leidenschaftliche Bitte des heiligen Paulus »Lasst euch mit Gott versöhnen!« (2 Kor 5,20) ist auch die zentrale Einladung in der Mission. Gott selbst war es, der die Trennung zwischen ihm und uns überwunden hat, nicht wir! Wir dürfen uns heimholen lassen, umwandeln lassen – in einer neuen Hinwendung zu ihm, und ihm neu unser Vertrauen schenken. Das meint *Umkehr*, die Hinwendung zu dem, der uns ganz und gar liebt.

Und das bedeutet – unmittelbar – auch eine Hinwendung zum anderen. Nur der mit Gott versöhnte Mensch kann auch mit sich selbst im Einklang und heils- und friedensstiftend um sich herum und in der weiten Welt sein.[14] Die Offenbarung des Johannes bringt es auf den Punkt: »Seht, ich mache alles neu« (Offb 21,5).

Gott selbst bereitet uns also dieses unglaubliche Geschenk: Er erneuert unser Herz durch seine unbedingte Annahme, seine Vergebung, die Befähigung zum Guten und durch die Absage an das Böse. Indem die so erneuerten Menschen ihr Umfeld prägen und von innen heraus verwandeln, hat das Konsequenzen für die ganze Menschheit und alle gesellschaftlichen Bereiche.

Die Evangelisierung trägt die Frohe Botschaft in alle Bereiche der Menschheit. Diese Botschaft verwandelt die Menschheit von innen her, erneuert sie. Es gibt eine erneuerte Menschheit aber nur durch erneuerte Menschen. Ohne *Bekehrung* – ein Wort, das uns so schwer über die Lippen kommt –, ohne diese ›metanoia‹, Umdenken und Umwenden, können wir keine adäquate Antwort auf Gottes Liebesangebot geben.

Dabei geht es auch um einen realen Bruch mit dem Bösen. Es braucht also heute nicht nur ein kurzes und vielleicht oberflächliches emotionales Berührt-Werden der Menschen, sondern um ein konkretes Aufzeigen eines Weges mit Gott, der immer auch eine Wandlung des Lebens beinhaltet. Auf diesem Weg kommt uns aber Gott mit seiner Güte und Zärtlichkeit unentwegt entgegen.

Vor allem aber zeigt der *Bekehrte* eine erste grundlegende Reaktion auf die erfahrene Liebe: »Dass er das Wohl der anderen wünscht und anstrebt als etwas, das ihm am Herzen liegt« (EG 178). Die persönliche Beziehung mit Gott ist untrennbar mit dem Aufbau einer gerechteren Gesellschaft verbunden: »Geht und verkündet: Das Himmelreich ist nahe« (Mt 10,7).

Zu oft wurde allerdings die Botschaft als *Hoffnung auf das ewige Heil* in der Vergangenheit als unzureichende Vertröstung empfunden. Aber die jüngsten Missionserfahrungen, vor allem auch im europäischen Raum, zeigen, wie elementar eine starke Verkündigung der Auferstehung und des ewigen Lebens ist. Nicht nur der Ausblick auf die Ewigkeit wird zunehmend als heilsam und beglückend für die Menschen von heute erfahren, sondern auch die Zusage, dass es im Hier und Jetzt schon beginnt und die endgültige Heimat bei Ihm schon erfahren werden kann.

Die Einholung dieser Dimension eröffnet dem Menschen eine neue Wirklichkeit, so *Evangelii Nuntiandi*: »Die Evangelisierung muss folglich die prophetische Verkündigung eines Jenseits enthalten, das eine tiefe, endgültige Berufung des Menschen ist, die zugleich eine Fortsetzung und ein völliges Übersteigen des jetzigen Zustandes darstellt: (...) jenseits des Menschen selbst, dessen wahres Geschick sich nicht in seiner zeitlichen Gestalt erschöpft, sondern erst offenbar werden wird im ewigen Leben« (EN 28).

Bekehrung heißt: Hinwendung zu dem, der die Liebe ist – zu Gott. Diese Hinwendung muss zugleich eine Hinwendung zum anderen sein. Sein Wohlergehen hier und sein Heil im Haus des Vaters sind in der Mission nicht voneinander zu trennen.

Was in der
Bibel dazu steht

Mission Jesu
und Aussendung
Mt 9,35–38

»Jesus zog durch alle Städte und Dörfer, lehrte in ihren Synagogen, verkündete das Evangelium vom Reich und heilte alle Krankheiten und Gebrechen. Als er die Volksscharen sah, wurde er von Mitleid ergriffen; denn sie waren geschunden und preisgegeben wie Schafe, die keine Hirten haben. Da sagte er zu seinen Jüngern: Die Ernte ist groß, aber es gibt nur wenig Arbeiter. Bittet daher den Herrn der Ernte, Arbeiter für seine Ernte zu schicken.«

Aussendung
der zwölf Jünger
Mk 6,7–13

»Er rief die Zwölf zu sich und begann sie paarweise auszusenden. Er gab ihnen Vollmacht über die unreinen Geister und gebot ihnen, außer einem Stab nichts auf den Weg mitzunehmen, kein Brot, keine Tasche, kein Geld im Gürtel. Nur Sandalen sollten sie tragen, aber keine zwei Röcke anziehen. Und er sagte zu ihnen: Wo ihr in ein Haus einkehrt, da bleibt, bis ihr von dort weiterwandert. Und wenn ein Ort euch nicht hören will, dann geht fort und schüttelt den Staub von eueren Füßen, zum Zeugnis. Darauf zogen sie aus und predigten Umkehr. Sie trieben viele Dämonen aus und salbten viele Kranke mit Öl und heilten sie.«

Aussendung
der 72 Jünger
Lk 10,1–20

»Danach bezeichnete der Herr noch zweiundsiebzig andere und sandte sie zu zweien vor sich her in jede Stadt und Ortschaft, in die er selbst kommen wollte. Er sagte zu ihnen: Die Ernte ist groß, aber es gibt nur wenig Arbeiter; bittet daher den Herrn der Ernte, dass er Arbeiter in seine Ernte sendet. Geht! Ich sende euch wie Lämmer mitten unter die Wölfe. Nehmt weder Sack noch Tasche mit. Grüßt niemand unterwegs! Wenn ihr in ein Haus eintretet, so sprecht zuerst: Friede diesem Haus! Ist dort ein Sohn des Friedens, so wird euer Friede auf ihm ruhen. Wenn aber nicht, wird er zu euch zurückkehren. Bleibt in diesem Haus, esst und trinkt, was euch vorgesetzt wird; denn der Arbeiter ist seines Lohnes wert. Geht nicht von Haus zu Haus! Wenn ihr in eine Stadt kommt und man euch aufnimmt, so esst, was euch angeboten wird. Heilt die Kranken, die dort sind, und sagt ihnen: Das Reich Gottes hat sich euch genaht! Wenn ihr aber in eine Stadt kommt und man euch nicht aufnimmt, so geht hinaus auf ihre Straßen und ruft: Selbst den Staub, der von euerer Stadt an unseren Füßen haftet, lassen wir euch zurück; doch das sollt ihr wissen: Das Reich Gottes ist nahe! Ich sage euch: Sodom wird es an jenem Tag erträglicher gehen als dieser Stadt. Weh dir, Chorazin! Weh dir, Betsaida! Wenn in Tyrus und Sidon die Machttaten geschehen wären, die bei euch geschehen sind, längst schon hätten sie sich, in Sack und Asche sitzend, bekehrt. Doch Tyrus und Sidon wird es im Gericht erträglicher gehen als euch. Und du, Kafarnaum: Wirst du wohl bis zum Himmel erhoben werden? Bis zur Unterwelt wirst du hinabfahren! Wer euch hört, der hört mich, und wer euch verachtet, verachtet mich; wer aber mich verachtet, verachtet den, der mich gesandt hat. Die Zweiundsiebzig kehrten voll Freude zurück und sagten: Herr, selbst die Dämonen sind uns untertan in deinem Namen. Da sagte er zu ihnen: Ich sah den Satan wie einen Blitz vom Himmel fallen. Seht, ich habe euch die Vollmacht gegeben, auf Schlangen und Skorpione zu treten und (Macht) über alle Gewalt des Feindes; nichts wird euch schaden können. Doch freut euch nicht darüber, dass euch die Geister unterworfen sind; freut euch vielmehr, dass euere Namen im Himmel eingeschrieben sind.«

Die Beauftragung des Auferstandenen an die Jünger
Joh 20,19–23

»Als es an jenem ersten Wochentag Abend geworden war und die Jünger dort, wo sie sich befanden, aus Furcht vor den Juden die Türen verschlossen hatten, kam Jesus, trat in ihre Mitte und sagte zu ihnen: Friede sei mit euch! Als er dies gesagt hatte, zeigte er ihnen seine Hände und seine Seite. Da freuten sich die Jünger, dass sie den Herrn sa-hen. Da sagte er noch einmal zu ihnen: Friede sei mit euch! Wie mich der Vater gesandt hat, so sende auch ich euch. Als er dies gesagt hatte, hauchte er sie an und sagte zu ihnen: Empfangt den Heiligen Geist! Wem ihr die Sünden vergebt, dem sind sie vergeben, und wem ihr sie nicht vergebt, dem bleiben sie unvergeben.«

Universale Sendung vor der Himmelfahrt Jesu
Mk 16,15–20

»Und er sagte zu ihnen: Geht hinaus in alle Welt und verkündet das Evangelium allen Geschöpfen! Wer glaubt und sich taufen lässt, wird gerettet. Wer aber nicht glaubt, wird verdammt werden. Denen aber, die glauben, werden diese Zeichen folgen: In meinem Namen werden sie Dämonen austreiben, in neuen Sprachen reden; Schlangen werden sie aufheben und wenn sie etwas Todbringendes getrunken haben, wird es ihnen nicht schaden; Kranken werden sie die Hände auflegen und sie werden gesund werden. Nachdem Jesus, der Herr, zu ihnen gesprochen hatte, wurde er in den Himmel aufgenommen und setzte sich zur Rechten Gottes. Sie aber zogen hinaus und predigten überall, und der Herr wirkte mit ihnen und bestätigte das Wort durch die begleitenden Zeichen.«

Mach's konkret!

Eine persönliche Aufgabenstellung
zum Ausprobieren – Aufgabe 1

**»Worüber ich
nicht schweigen kann?«**

Jeder Mensch kann etwas über Gott sagen! Ob gläubig, suchend oder atheistisch, jeder hat einmalige Erfahrungen damit gemacht. Wir können sehr viel voneinander lernen, wenn wir uns diese Erfahrungen und Eindrücke mitteilen.

Versuche in einer stillen Stunde zu notieren, was dir Hoffnung gibt! Was ist es, worüber du nicht schweigen kannst oder willst? Kannst du persönliche Erfahrungen mit Gott bzw. dem Glauben erzählen, die für dich entscheidend sind? Wie hast du in deinem Leben die Nähe Gottes oder einfach Güte erfahren? Wie hat das dein bisheriges Leben verändert? Versuche dich dabei auf einige wesentliche Momente für eine spätere mündliche Erzählung in der Kleingruppe zu beschränken.

Otto Neubauer – Mission Possible

Über verstaubte Barockengel, indische Reinigungsrituale und einen guten alten Freund.

Norbert Oberndorfer, Medien-Projektmanager

»Es muss wohl irgendwann in meiner Studentenzeit *passiert* sein, dass ich aufgehört habe, in die Kirche zu gehen. Als Kind begleitete ich noch meine Oma in die Kirche und lernte die Grundlagen des christlichen Glaubens, Traditionen und Riten kennen. Was das alles mit meinem Leben zu tun haben soll, blieb mir fremd. Anpacken und mich in unterschiedlichen Sozialprojekten zu engagieren, das war schon immer mein Ding. Den Rest mit Glauben, Beten, Kirche nahm ich zunehmend als überholt und fragwürdig wahr.

Einige Jahre später kam der unerwartete Telefonanruf meines indischen Freundes mit der Einladung zu seiner 5-tägigen Hochzeit nach Delhi. Indien war unglaublich bunt, lebendig. Der Glaube war allgegenwärtig. Direkt nach der Hochzeit verbrachte ich einige Tage in einem Ashram in Rishikesh, einem hinduistischen, klosterähnlichen Meditationszentrum. Ich lernte beeindruckende, hinduistische Rituale kennen und traf Menschen, die für ihren Glauben brannten.

Wieder daheim in Österreich, wollte ich meinem eigenen Glauben auf den Grund gehen, nach meinen Wurzeln graben. Ich dachte mir, verstaubte Barockengel, lebensferne Predigten und alte Traditionen aus vergangenen Zeiten können doch nicht alles sein. Da muss es mehr geben.

Ich landete bei einem Männerhüttenwochenende in Tirol bei ganz normalen jungen Männern, die viel Sport machten, Spaß hatten, beteten und sogar einen Gottesdienst miteinander feierten. Sie diskutierten über ihren Glauben, als wäre es das Normalste der Welt. Diese Mischung war absolut neu für mich: locker und doch glaubwürdig ernsthaft.

Zwei Monate später zog es mich zu Ostertagen für junge Erwachsene in den deutschen Wallfahrtsort Altötting. Ich fand mich in einer Kirche mit vielen anderen jungen Menschen wieder, überall Kerzenlichter und ruhige, meditative Musik. Ich hörte, dass Gott wirklich gegenwärtig sei. Schwer zu beschreiben warum: Da war plötzlich diese Gewissheit in mir, dass es stimmt. Es war, als ob ich einen guten alten Freund wieder traf und seitdem mit ihm unterwegs bin.«

2.
Was habe
ich zu sagen?

Der zentrale Inhalt
der Botschaft

»Ich war sechs Jahre im Gefängnis.
Dort haben mir meine Roma-
Freunde eine religiöse CD geschenkt.
In einer ruhigen Stunde, allein in
der Zelle, habe ich dann ein Lied
angehört, das mich direkt ins Herz
traf. Es war, als würde es über mich
gesungen werden: mein kriminelles
Leben, das Geld, die Macht, die
Suche. Ich musste weinen, spürte,
wie sehr ich Hilfe brauchte und
dass Gott mich trotz allem einfach
annahm – so wie ich war. Von da
an begann ein neuer Weg.«

Boris Sajn, Maler und Anstreicher

Warum kompliziert, wenn es auch einfach geht

»Vor einigen Jahren: ein Talk, von Freunden initiiert, in einem Wiener Kaffeehaus. Der Wiener Erzbischof, Kardinal Christoph Schönborn, und zwei bekannte Schauspieler reden über Gott und die Welt, öffentlich und mit Publikum, viele junge Leute, Studierende, manche kirchenfern, manche nahe.

Sehr bald geht es heiß her – ein aufgeregtes Hin und Her an Fragen über Gott und die Welt. Die versuchten Antworten scheinen nicht zufriedenzustellen, es wird wiederholt und vehement nachgefragt.

Da bekennt ein Schauspieler, vielen als beliebter Kommissar eines Serienkrimis vertraut, ganz offen: »Ich bin aus der Kirche ausgetreten.« Es gab dort keinen Platz für ihn mit seinem offensichtlich unmoralischen Lebenswandel.

Er hat ja Kinder von mehreren Frauen. Außerdem hat er überhaupt nie verstanden, was die Kirche wirklich sagen wolle. Alles kommt viel zu abgehoben und zu kompliziert daher.

Aber, so sagt der Schauspieler: Es gibt die sehr aktuelle Ausnahme, die sich unerwartet mit Papst Franziskus aufgetan hat. »Der ist der Erste in der Kirche, den ich klar und deutlich verstehe, seine Botschaft ist auf einen ganz einfachen Nenner zu bringen.«

Da wird der Kardinal neugierig und fragt interessiert nach, was denn dieser Nenner sei. Darauf der Schauspieler: »Die Botschaft des Papstes ist doch ganz klar – und ich kann mit ihr was anfangen, weil sie ins Schwarze trifft: Ich bin ein Sünder – und ich bin geliebt!«

Otto Neubauer – Mission Possible

Über den entscheidenden Vorrang einer Liebe

Was würdest du auf die Frage antworten: Was ist das Wichtigste, das Christen der Welt zu sagen haben?

Wir verlieren heute angesichts der Fülle an Botschaften, die uns als *christliche* angeboten werden, immer häufiger den Blick für den wesentlichen Inhalt der Glaubensweitergabe. Themen werden aus dem Zusammenhang gerissen und verlieren so ihren Sinn. Vor allem, wenn wir mit Auseinandersetzungen um zweitrangige moralische oder kirchenpolitische Fragestellungen konfrontiert werden.

Diese Entwicklungen fügen der Verkündigung mitunter großen Schaden zu. Der guten Nachricht wird so »Sinn, Schönheit und Anziehungskraft« (EG 34) geraubt, hat Papst Franziskus beklagt. Sie könne verstümmelt oder gar pervertiert werden.

Aus der Erfahrung vieler Gespräche während der Missionsprojekte war und ist es für uns tatsächlich schmerzlich, zu realisieren, dass offensichtlich für viele Zeitgenossen die DNA der Kirche noch immer aus Herrschen und Urteilen besteht. Eine Wiener Philosophieprofessorin aus gänzlich säkularem Umfeld stellte selbst nach einem beeindruckenden mehrjährigen Weg im christlichen Glauben fest, dass für sie das Hauptwort für die katholische Kirche bis vor Kurzem noch *Urteil* oder *Verurteilung* geheißen hatte. Also exakt das Gegenteil der eigentlichen Botschaft.

Worauf kommt es also an?

Mit guten Gründen hat nicht nur das Zweite Vatikanische Konzil festgehalten, dass es eine *Hierarchie der Wahrheiten* gibt: wichtigere und nachgeordnete. Und die wichtigere Botschaft oder die wichtigste Botschaft überhaupt *erleuchtet* alle weiteren und ordnet sie ins Gesamte richtig ein. Das Entscheidende und Zentrale muss alle Detailfragen durchdringen, so wie das Blut den gesamten Kreislauf des Körpers durchfließt und ihm Leben verleiht.

Im Zentrum der Mission steht für Christen das Zeugnis für die Liebe des Vaters:
– Wie sehr er die Welt liebt, hat er uns durch seinen Sohn Jesus Christus gezeigt.
– Er hat alles aus Liebe geschaffen und uns alle zu einem ewigen Leben mit ihm gerufen.
– Er ist unser Vater, wir alle sind seine Kinder und untereinander Geschwister.

Die Botschaft ist ganz einfach und klar: *Gott liebt jeden grenzenlos! Das wissen und erfahren wir durch Jesus Christus.*

Die Kirche hat immer wieder auf dieses *Kerygma* (»Grundverkündigung«) hingewiesen, wenn von der Schönheit der alles heilenden Liebe Gottes gesprochen wurde, die sich im gestorbenen und auferstandenen Jesus Christus gezeigt hat: **»Jesus Christus liebt dich, er hat sein Leben hingegeben, um dich zu retten, und jetzt ist er jeden Tag lebendig an deiner Seite, um dich zu erleuchten, zu stärken und zu befreien«** (EG 164).

Wenn wir diese Kernbotschaft immer wieder in den Mittelpunkt stellen, verliert sie nichts an Tiefe und Wahrheit, sie verflacht nicht, vielmehr wird sie an Überzeugungs- und Strahlkraft

© Theresa Pewal

»Mein Glaube beutelt mich wie eine intensive Freundschaft: Bei allem Hin und Her akzeptiert man einander so, wie man ist. Auch wenn ich mit manchen Aussagen der Kirche gar nicht übereinstimme, lassen wir nicht voneinander; wie bei guten Freunden eben. Besonders stark finde ich die ganze Geschichte mit der Vergebung. Vergebung zu empfangen und anderen vergeben zu können, das wünsche ich mir für mein Leben.«

Denise Mveto, Politikstudentin

gewinnen (vgl. EG 34). Jede weitere Entfaltung dieser Botschaft darf diese auch nicht ersetzen, sondern nur weiter vertiefen. Jesus hat im Disput mit den Gesetzeslehrern alle Verengungen, Verdrehungen und Verzerrungen dieser Botschaft unentwegt zurückgeführt zum Wesentlichen: zur Gottes- und Nächstenliebe.

Die empfangene Liebe lädt zu Gegenliebe ein: »Das Evangelium lädt vor allem dazu ein, dem Gott zu antworten, der uns liebt und uns rettet – ihm zu antworten, indem man ihn in den anderen erkennt und aus sich selbst herausgeht, um das Wohl aller zu suchen. (…) Alle Tugenden stehen im Dienst dieser Antwort der Liebe« (EG 39).

Mit Thomas von Aquin betont Papst Franziskus, dass gerade die moralische Botschaft der Kirche eine Rangordnung braucht, nämlich den Glauben zu haben, der »der durch Liebe wirksam ist« (Gal 5,6):

»Die Werke der Nächstenliebe sind der vollkommenste äußere Ausdruck der inneren Gnade des Geistes (…) An sich ist die Barmherzigkeit die größte der Tugenden. Denn es gehört zum Erbarmen, dass es sich auf die anderen ergießt und – was mehr ist – der Schwäche der anderen aufhilft; und das gerade ist Sache des Höherstehenden. Deshalb wird das Erbarmen gerade Gott als Wesensmerkmal zuerkannt; und es heißt, dass darin am meisten seine Allmacht offenbar wird« (Thomas von Aquin/EG 37).

Es gibt viele Aspekte des christlichen Glaubens. Am wichtigsten aber ist die Liebe. Nur von ihr her erklärt sich alles Weitere.

Mit der Nächstenliebe steht und fällt die ganze Mission

Es klingt so selbstverständlich und gehört doch zum Herausforderndsten: Die christliche Botschaft wird zuerst und am besten durch die Erfahrung einer konkreten Liebe verständlich gemacht. So wird die *Menschwerdung* Jesu, dieses Sichtbar-Werden Gottes, durch die Begegnung mit den Mitmenschen unentwegt fortgeführt. »Was immer ihr einem dieser meiner geringsten Brüder getan habt, das habt ihr mir getan« (Mt 25,40).

Die Nächstenliebe hat eine *göttliche* Dimension und ist innerstes Wesen der Kirche. »Seid barmherzig, wie euer Vater barmherzig ist! Richtet nicht und ihr werdet nicht gerichtet werden; verurteilt nicht und ihr werdet nicht ver-

urteilt werden; vergebt und euch wird vergeben werden. Gebt, so wird euch gegeben werden« (Lk 6,36–38). Wenn wir nicht danach leben, wie könnte die Welt erfahren, dass wir Gott mit allen Kräften lieben wollen?

»Die absolute Vorrangigkeit des ›Aus-sich-Herausgehens auf den Mitmenschen zu‹ als eines der beiden Hauptgebote«, muss noch klarer zum Ausweis unseres Christseins werden. »Wie die Kirche von Natur aus missionarisch ist, so entspringt aus dieser Natur zwangsläufig die wirkliche Nächstenliebe, das Mitgefühl, das versteht, beisteht und fördert« (EG 179).

Liebe muss konkret werden. Nur wer sich dem anderen öffnet, auf ihn zugeht, liebt.

Die revolutionäre Botschaft: Jesus Christus

Die Aufgabe ist, in dem diffusen Bild von der Kirche heute den Kern ihrer Botschaft freizulegen.

Diese Aufgabe ist dringender und notwendiger, als vielen lehrenden Theologen zumeist bewusst ist. Am besten geschieht diese Aufklärungsarbeit im Blick auf Jesus Christus selbst. Denn da treffen wir auf die alles entscheidende Mitte der Verkündigung. Wir tun dies aber nicht im Sinne eines Fundamentalismus, der den Blick nicht weitet und glaubt, den vielfältigen Reichtum der Tradition abschneiden zu können.

Der Schlüssel zur Botschaft: Wir verkündigen eine Wahrheit, die *Person* ist! Das Christentum ist keine Buchreligion, so wahr, faszinierend und inspirierend die Texte der Bibel auch sind. Hätte ich etwa von meiner Frau nur durch Texte erfahren, wäre das auch interessant und anziehend gewesen, aber doch noch nichts im Vergleich mit ihrem tatsächlichen Leben und unserer Begegnung und der wunderbaren Erfahrung, mit ihr leben zu dürfen.

Die Christen verkündigen keine bestimmten Satzungen, kein Parteiprogramm. Die Kirche ist keine Moralinstitution mit Vorschriftenlisten. Nein, die Christen verkündigen nicht etwas, sondern *jemanden*, sie verkündigen *Jesus Christus*! Und dieser ist nicht nur ein Prophet oder ein Weisheitslehrer, sondern Gott selbst.

Das ist religionsgeschichtlich einmalig: Gott hat sich als *Mensch* sichtbar gemacht. Er ist Mensch geworden – und hat uns als Gott *menschlich* geliebt. ER selbst ist die Botschaft! Er hat uns so Einblick in das innerste Wesen Gottes gewährt und damit das Liebesgeschehen eines dreifaltigen Gottes offenbart. Das höchst Erstaunliche daran: Auch heute dürfen wir diesem Jesus tatsächlich *begegnen* und mit ihm leben. Nicht ohne Grund bezeichnen das viele als *die Revolution* schlechthin.

Wenn Christen ihn auch nicht direkt angreifen und sehen können – wie seine Jünger –, so rufen sie doch aus, wenn sie eine *Begegnung* mit ihm erfahren haben: »Er lebt!« Auf vielfältige Weise sind Christen Zeugen geworden von der konkreten Zuneigung Gottes, von seiner geheimnisvollen Gegenwart, von seiner Hingabe an die Menschen.

Seine *Missionare* sind Boten dieser Hingabe Jesu. Das heißt, zuallererst sind sie gerufen zu *lieben*! Das hat gar

nichts zu tun mit einer verbissenen Verteidigung einer bestimmten Weltanschauung. Das Wort Gottes weist eindringlich darauf hin, dass derjenige, der nicht liebt, der nicht verzeiht, nicht in der Wahrheit sein kann, ja sogar ein *Lügner* ist. Die Wahrheit verstehe und vertrete ich demnach nur, wenn ich sie existenziell aufnehme und in ihr lebe und mich – wie ER – anderen hingebe, auch wenn ich das immer nur in Ansätzen und in Bruchstücken vermag.

Damit steht und fällt Mission.

Jesu Lehre ist sichtbar an seinem Leben. Beim ersten großen öffentlichen Auftreten im Tempel bringt Jesus sich selbst als Retter ›ins Spiel‹. Das mag verwundern. Es gibt offensichtlich eine tief greifende Not, die einer tatsächlichen Rettung bedarf. Trotz der Abwendung der Menschen – seines Volkes – von Gott, steht am Anfang nicht das Urteil über die, die Schuld auf sich geladen haben, sondern eine gute Nachricht. Und die ist ER selbst.

»Der Geist des Herrn ruht auf mir, weil er mich gesalbt hat. Er hat mich gesandt, den Armen frohe Botschaft zu bringen, den Gefangenen Befreiung zu verkünden und den Blinden das Augenlicht, die Zerschlagenen in Freiheit zu entlassen, auszurufen ein Gnadenjahr des Herrn« (Lk 4,18–19).

Jesus Christus hat dieses *Heil* jedem Menschen angeboten. Es ist das Geschenk schlechthin. Seine Zusage ist *nicht exklusiv*, sondern *inklusiv*. Sie gilt nicht nur einigen Auserwählten, einem einzelnen Volk oder einer Glaubensgemeinschaft. Insbesondere das Zeichen des Kreuzes, die Hingabe am Kreuz, unterscheidet nicht im Sinne der Aus-

»Ich liebe wertvolle Perlen. Schon als Kind war ich stolz, aus der alten Juweliersfamilie zu stammen, die die berühmten Kaiserin-Sisi-Sterne entworfen hat. Später – als rastloser junger Mann – entdeckte ich eine Perle, die die wertvollste meines Lebens werden sollte: die einmalige Erfahrung, voll und ganz geliebt zu sein! Mithilfe meiner Freunde habe ich mich diesem Jesus Christus der Bibel angenähert, für den jeder Mensch kostbar ist.«

Christoph Köchert, Juwelier

schließung. Nein: Die ausgestreckten Arme am Kreuz werden zur Umarmung der ganzen Welt.

Diese Liebe ist grenzenlos. Sie schließt alle Menschen aller Weltanschauungen, Religionen und Lebensrealitäten mit ein. Alle sind in die Familie Gottes berufen.

Welch ungeahntes Wunder für den Menschen! Was für eine gute Nachricht: Der Mensch wird von Selbst- und Außenanklage befreit, es wird ihm Vergebung vom Kreuz Christi geschenkt und sogar eine Freundschaft mit Gott angeboten, eine intime Gemeinschaft, die bis in alle Ewigkeit gehen soll.

In Wahrheit ist der Mensch nie mehr allein. Nie mehr fern von ihm, weil Gott überall und immer gegenwärtig ist. Er ist jedem von uns näher, als wir uns selbst nahe sein könnten. Der Mensch wird zum Erben Gottes. Alles was Gott gehört, soll auch dem Menschen zugänglich werden. Alle sollen am *Reich Gottes* teilhaben. Selbst wenn dies erst in den letzten Momenten des irdischen Lebens erkannt werden sollte: »Heute noch wirst du mit mir im Paradies sein!« (Lk 23,43), sagt Jesus dem Schwerstverbrecher an seiner Seite am Kreuz kurz vor seinem Tod. Und schon zuvor hören wir: Am Kreuz erhöht, werde ich *alle* an mich ziehen (vgl. Joh 12,32).

Das Heil, das Christus verkündet und das er selbst ist, ist allen Menschen zugedacht. Seine ans Kreuz geschlagenen Arme umarmen die ganze Welt.

Seine Lieblinge, die *Armen* und die *Sünder*

Bemerkenswert ist, dass Jesus eine eindeutige Priorität für die Adressaten seiner universalen Sendung hat.

»Wenn einer das Evangelium liest, findet er eine ganz klare Ausrichtung: nicht so sehr die reichen Freunde und Nachbarn, sondern vor allem die Armen und die Kranken, diejenigen, die häufig verachtet und vergessen werden, die ›es dir nicht vergelten können‹ (Lk 14,14). Es dürfen weder Zweifel bleiben, noch halten Erklärungen stand, die diese so klare Botschaft schwächen könnten. Heute und immer gilt: ›Die Armen sind die ersten Adressaten des Evangeliums‹« (EG 48).

Mahnend vertieft wird dieser Vorrang in *Evangelii Gaudium* noch mit dem besonderen Blick auf die sogenannten ›Fernen‹: »Johannes Paul II. hat uns ans Herz gelegt, anzuerkennen, dass ›die Kraft nicht verloren gehen [darf] für die Verkündigung‹ an jene, die fern sind von Christus, denn dies ist ›die erste Aufgabe der Kirche‹.«

Gleichzeitig sind die Adressaten nicht nur Empfänger der Botschaft, sondern sie selbst sind Inhalt der Mission, nicht Objekt, sondern Subjekt. Die Mission zielt ja auf ein Leben in Gemeinschaft mit ihnen ab, welche die ganze Familie Gottes vereint.

Heute wie damals ist diese Wahl für die *Armen*, die *Fernen* und *Sünder* das große Ärgernis für die ›Schriftgelehrten‹ und die sogenannten ›Gesetzestreuen‹, oder für jene, die sich als solche betrachten. Ihnen antwortet Jesus bei der Tischgemeinschaft mit Matthäus und anderen Zöllnern und Sündern: »Geht und lernt verstehen, was das heißt: Erbarmen will ich und nicht Opfer. Denn ich bin nicht gekommen, Gerechte zu berufen, sondern Sünder« (Mt 9,13). Weil eben nicht das bloße Einhalten von Geboten rettet, sondern Gottes Erbarmen.

Jesus macht deutlich, wie groß die Verblendung ist, zu glauben, kein Sünder zu sein bzw. der Vergebung nicht bedürftig zu sein. Wie verkehrt es doch ist, dass einige sich das Recht herausnehmen, andere in *Sünder* und *Gerechte* einzuteilen. Vielmehr ist die eigentliche Gerechtigkeit die Barmherzigkeit Gottes, die allen unverdient durch die Kraft von Tod und Auferstehung zuteilwird (vgl. Röm 10,3–4). Niemandem soll die Türe zugeschlagen werden. Gottes Liebe darf nicht mehr auf ein menschliches Maß beschränkt werden, sie kennt nämlich keine Grenzen. Sie zeigt sich vor allem darin, dass Gott niemanden von uns aufgibt, jeden von uns unaufhörlich sucht und seine Vergebung und Liebe anbietet.

Aber Jesus hat sich doch ausdrücklich zuerst an die Juden gewandt? Natürlich hat die Sendung Jesu zuallererst seinem Volk Israel gegolten, dem Bundesvolk, dem die nie zurückgenommene Verheißung geschenkt wurde. In verschiedenen Etappen dehnt sich aber kontinuierlich der Adressatenkreis aus, bis hin zu einem universalen Sendungsauftrag Jesu für den gesamten Erdkreis und jedes Geschöpf. Es ist wohl die große göttliche Pädagogik einer immer größeren Weitung der Liebe. Auch wenn sich die Exegeten uneinig darüber sind, wann nun wirklich der eigentliche Schritt in die Heidenmission durch Jesus beginnt, so ist doch klar, dass Jesus gewaltige innere und äußere Grenzüberschreitungen hin zu den Heiden, den Nichtjuden, vollzogen hat.

Zu sehr haben wir uns an die Erzählung von der nichtjüdischen Syrophönizierin (vgl. Mk 7,24–30) und an die Geschichte vom heidnischen Hauptmann von Kafarnaum (vgl. Mt 8,5–13/Lk 7,1–10) gewöhnt, um uns der Dramatik der Worte Jesu in der damaligen Zeit bewusst zu sein. Jesus nimmt sogar religiös und gesellschaftlich Ausgestoßene wie den Zeloten Simon Kananäus in seinen engsten Kreis auf.

Die zahllosen Begegnungen Jesu mit gesellschaftlichen Randgruppen, mit den sogenannten *Sündern*, von denen die Bibel berichtet, sind unmissverständliche Zeichen für einen Neu-

anfang Gottes mit der Menschheit, der sich im universalen göttlichen Heilswillen äußert.

Jesus ist arm in die Welt eingetreten, ausgesetzt in einer Notunterkunft im Stall bei den Hirten. Und er ist als Ausgestoßener am Schandzeichen des Kreuzes außerhalb der Mauern Jerusalems gestorben. Geburt und Tod Jesu lassen auf eine besondere Solidarisierung Gottes mit den Schwachen und Ausgegrenzten schließen. Dieses Lebenszeugnis Jesu allein reicht schon aus, um zu zeigen, dass Jesus zwar keine Beschränkung in seinem Adressatenkreis kannte, es aber dennoch die Prioritätensetzungen und Entwicklungen in seiner Sendung gab.

Die Bibelstellen vom endzeitlichen Hochzeitsmahl und vom Weltgericht (Mt 25,31–46) überbieten und verbieten eigentlich jegliche menschliche Zuordnung oder Eingrenzung der *Geretteten*. Dies macht Jesus wiederholt durch den Verweis auf das Herz des Menschen, das nur der Vater kennt, deutlich.

Niemand ist von Jesu Sendung ausgeschlossen. Seine Priorität liegt aber auf den Armen, den Sündern, den Fernen.

Deine persönliche Geschichte zählt

Wenn der Schlüssel zur Botschaft Jesu nur die konkrete Liebe sein kann, so geschieht die erste Evangelisierung durch unser Leben – von der Banalität unseres Alltags bis hin zu unseren herausgehobenen Aufgaben. Alle Menschen können es lesen und verstehen, sagt der heilige Paulus. »Euch sieht man es ja an, dass ihr ein Brief Christi seid, von uns ausgefertigt, geschrieben nicht mit Tinte, sondern mit dem Geist des lebendigen Gottes, nicht auf steinerne Tafeln, sondern auf Tafeln von Herzen aus Fleisch« (2 Kor 3,3). Anstelle so manch komplizierter Verkündigung können tatsächlich schlichte, für sich sprechende Formen der Nächstenliebe die dahinterliegende Botschaft besser erhellen.

© privat

»Früher war es eine Überwindung für mich, über meinen Glauben zu sprechen. Ich hatte immer das Gefühl, jemanden von etwas überzeugen zu müssen – wie ein Staubsaugervertreter, dessen Produkt in Wirklichkeit keiner haben will. Doch dann habe ich gemerkt, je mehr ich die Person Jesus und seine Perspektive auf mich und die Menschen kennenlerne, desto mehr spricht auch mein alltägliches Leben davon.«

Tini Brüning, Sozialpädagogin

Durch das Zeugnis unseres Lebens werden wir aber auch unweigerlich herausgefordert werden, Rechenschaft über unsere Hoffnung zu geben (vgl. 1 Petr 3,15). Das heißt anderen zu erzählen, was uns erfüllt. Spätestens hier beginnt es für nicht wenige in den etablierten Kirchengemeinden schwierig zu werden, zu sehr haben wir uns hinter ritualisierten Formen versteckt.

Dass sich in den letzten Jahrzehnten neue junge Gruppen und Bewegungen der katholischen Welt wie auch anderer christlicher Gemeinschaften auf die Straßen oder dann in Internetforen gewagt haben, um öffentlich über ihren persönlichen Glauben an Jesus Christus zu sprechen, hat irritiert, aber auch ermutigt. Vielfach erstaunt uns Katholiken, wie derzeit die Freikirchen mit ihrem klaren und zeugnishaften Christusbekenntnis weltweit den größten Zuwachs an Gläubigen verzeichnen können.

Die Kritik, dass hier wie dort allzu Einseitiges und Intimes preisgegeben werde oder zu subjektiv Emotionales in den Vordergrund trete, ist sicherlich ernst zu nehmen. Es ist ja nicht zu leugnen, dass der Glaube auch eine sehr intime, persönliche Dimension hat. Und wer will schon gerne auf der Straße oder an der Wohnungstür auf vergleichbar Intimes wie auf die eigene Sexualität angesprochen werden? Gleichzeitig zeigen unzählige Erfahrungen, dass gerade persönliche Glaubenszeugnisse, wenn sie respektvoll, freundlich und in einem geeigneten Rahmen erzählt werden, viel Dankbarkeit und Begeisterung auslösen können.

Meine Frau erinnert mich öfter daran, dass sie erst durch das Erzählen ihrer Freundin und ihres Freundeskreises zum Glauben gefunden hat. Endlich sei hinter einer grauen Wolke von Theorien, alten Kirchenmauern und Folklore das konkrete Leben hervorgetreten; und weil das Zeugnis ehrlich und glaubwürdig war, war es anziehend. Es hat fasziniert und neugierig gemacht, mehr zu erfahren.

Mehrfach sind wir nach dem Konzil auch in der katholischen Kirche erinnert worden: »Der heutige Mensch hört lieber auf Zeugen als auf Gelehrte, und wenn er auf Gelehrte hört, dann deshalb, weil sie Zeugen sind« (EN 41). Es geht also darum, zu bezeugen, was wir selbst mit Gott erlebt haben, was wir an Gutem und Wahrem entdeckt haben.

All das braucht zunächst nur ein schlichtes Eintreten in eine Schule des *Sehens*. Die Frage ist so einfach und elementar: Was ist uns *heute* alles geschenkt worden? Und wer zu danken lernt, sieht besser. Nicht selten berichten Glaubenszeugen zudem von einem besonderen Moment der Wandlung, einer Begegnung, die dem Leben eine entscheidende Wende gegeben hat; einige können es sogar mit einem genauen Datum festmachen.

Es gibt eine Gemeinschaft, die dich trägt

Die Art und Weise dieser Glaubens- und Lebensgeschichten könnte vielfältiger nicht sein, mindestens so vielgestaltig wie es Menschen gibt. Diese subjektive Dimension der Verkündigung steht nicht im Gegensatz zum objektiven Auftrag in der Evangelisierung, wie wir es aus kirchlichen Lehrtexten kennen: »Es gibt keine wirkliche Evangelisierung, wenn nicht der Name, die Lehre, das Leben, die Verheißungen, das Reich, das Geheimnis von Jesus von Nazareth, des Sohnes Gottes, verkündet werden« (EN 22).

Der Glaube ist allerdings ein Weg – mit einer Geschichte, die nur ganz konkret mit all den Bruchstücken Schritt für Schritt gelebt werden kann. Es ist letztlich die Geschichte einer Freundschaft – mit Rückschritten und Vorankommen. Wir brauchen mit der Weitergabe nicht zu warten, bis wir perfekt sind. Wir dürfen uns aber immer wieder aufs Neue vom Evangelium und vom anderen bestärken lassen.

»Wenn wir nicht den innigen Wunsch verspüren, diese Liebe mitzuteilen, müssen wir im Gebet verweilen und ihn bitten, dass er uns wieder eine innere Ergriffenheit empfinden lässt. (…) Die beste Motivation, sich zu entschließen, das Evangelium mitzuteilen, besteht darin, es voll Liebe zu betrachten, auf seinen Seiten zu verweilen und es mit dem Herzen zu lesen. Wenn wir es auf diese Weise angehen, wird uns seine Schönheit in Staunen versetzen, uns wieder und wieder faszinieren« (EG 264).

Der Gründer der ökumenischen Gemeinschaft von Taizé, Frère Roger Schütz, prägte eine einfache Regel: ›Lebe das, was du vom Evangelium verstanden hast! Und wenn es noch so wenig ist, aber lebe es!‹ Dann werde das Reich Gottes in dir zu wachsen beginnen. Und genau das ist es, was wir in der Gemeinschaft mit anderen

teilen können und uns gegenseitig aufrichten wird.

Die Sammlung zu einer Gemeinschaft ist elementar für ein christliches Leben und gibt unserem gemeinsamen Zeugnis eine besondere Note. »So treten also jene, deren Leben umgewandelt ist, in eine Gemeinschaft ein, die selbst ein Zeichen der Umwandlung, ein Zeichen des neuen Lebens ist: es ist die Kirche, das sichtbare Sakrament des Heiles« (EN 23). Diese Einladung zum konkreten und sichtbaren Eintritt in die Gemeinschaft der Kirche soll unser Herz aber nicht für die vielen geheimnisvollen und für uns oft unsichtbaren Wege des Herrn mit den Menschen verschließen.

Gerade Papst Benedikt XVI. hat sehr oft die Worte des heiligen Augustinus in Erinnerung gerufen: »Viele, die drinnen sind, sind draußen, und viele, die draußen sind, sind drinnen.« Zudem bemerken wir heute bei vielen Suchenden, die sich an Glaube und Kirche annähern, dass der Weg zu einem deklarierten Bekenntnis vielleicht lange dauert, oder andere und neue Formen annimmt als die, an die wir gewöhnt sind. Entscheidend bleibt dabei das Hineinwachsen in eine größere Liebe – und wenn es geschenkt wird, in eine echte Freundschaft mit Christus.

Vertrauen wir wirklich auf Jesus Christus, dann wird das unser Leben prägen. Und dann wird unser Leben zur Verkündigung für andere – und es führt uns in eine Gemeinschaft mit denen, die dasselbe Vertrauen haben.

Mach's konkret!

Eine persönliche Aufgabenstellung
zum Ausprobieren – Aufgabe 2

»Woran glaubst denn du?«

Die richtigen Fragen stellen, und dann nur mal zuhören und nicht kommentieren – vor allem das braucht es, wenn wir innere Lebenseinstellungen oder Weltanschauungen eines anderen besser verstehen wollen. Erstaunlicherweise prägen sich gerade gegenüber ›Vertrauten‹, den Freunden, Bekannten und Familienangehörigen viele Vorurteile über ihre Lebens- und Glaubenseinstellungen ein. Kennen wir sie denn wirklich? Vielleicht lohnt es sich, einmal darüber zu sprechen. Nicht nur, dass sich dahinter sehr oft Überraschendes verbirgt, man kommt einander auch (befreiend) nahe.

Führe ein ›Interview‹ über den Glauben mit einer Person aus dem Freundes- bzw. Bekanntenkreis, die mit Sicherheit ein anderes Lebenskonzept als du hat. Womöglich hat er/ sie wenig bis gar nichts mit Glaube und Kirche zu tun. Du hörst nur zu, weder kommentierst noch bewertest du die Antworten. Solltest du diese Übung im Rahmen eines Kurses machen, kannst du dir die Antworten notieren. Für eine spätere Reflexion mit anderen garantierst du aber deinem Gegenüber, dass diese Umfrage anonym (ohne Namen) und diskret behandelt wird. Folgende Fragen können dir einen inhaltlichen Leitfaden geben: – Was gibt dir im Leben Freude und Hoffnung? – Was macht dir Angst und Sorgen? – Was verbindest du mit dem Wort ›Gott‹? – Welche Geschichte aus der Bibel fällt dir spontan ein? – Wer ist Jesus Christus für dich? – Glaubst du an ein Leben nach dem Tod? – Was gibt deinem Leben Sinn?

Zuhören setzt
Ungeahntes frei

Robert Himaberger
(Name vom Autor aus Diskretionsgründen geändert)

»Ich sollte jemanden befragen, der ein ganz anderes Lebenskonzept hat als ich, so die Aufgabe im Rahmen dieses Mission-Possible-Kurses. Das Interview war für mich die Gelegenheit, etwas zu tun, das ich schon sehr lange tun wollte, wieder den Kontakt mit meinem Patenkind aufzunehmen. Eigentlich lag mir sehr viel daran, ihm einen Zugang zum Glauben zu ermöglichen. Doch für ihn hatte die Kirche einfach nie eine große Rolle gespielt.

Wir trafen uns also im Kaffeehaus und zu meiner Erleichterung entwickelte sich ein überraschend offenes und unkompliziertes Gespräch. Vor allem kam mir die Form des Interviews entgegen, da ich ja nur zu fragen brauchte und in erste Linie zuhören konnte. Ich war betroffen davon, wie wenig Relevanz die christliche Botschaft tatsächlich für mein Patenkind hatte. Erst nach längerem Zuhören habe ich dann etwas besser seine Lebenssituation und seine Ansichten verstehen können. Besonders erstaunlich fand ich dann, dass es ihm paradoxerweise überhaupt nicht »wurscht« war, wie die Kirche junge Menschen besser ansprechen könne. Er wurde sogar sehr erfinderisch und kreativ mit möglichen Neuansätzen. Erst durch das Zuhören, durch den Verzicht auf schnelle Antworten, konnte ich die Gedankenwelt meines Patenkindes so kennenlernen. Nach dem Interview war für uns beide klar, dieses Gespräch möchten wir gerne fortsetzen.

Mich hat diese schlichte Begegnung schon sehr nachdenklich gestimmt. Wie wenig es doch braucht, um über Wesentliches in ein tiefes und gutes Gespräch einzutreten. Durch das einfache Zuhören habe ich nach so vielen Jahren Einblick in die Hoffnungen und Ansichten meines Patenkindes bekommen, von denen ich zuvor nichts geahnt hatte.«

3.
Wie soll
das geschehen?

Die Mission als
Dialog mit der Welt

»Ich liebe es, auf Partys zu gehen
und unter Leuten zu sein. Dass ich
gläubig bin, ist für viele erst mal ein
Schock. Dennoch spüre ich, dass
diese Sehnsucht nach ›Mehr‹ uns
verbindet. Hier geht es nicht darum,
Moralpredigten zu halten. Ich glaube,
das Geheimnis liegt vor allem darin,
sich für die Fragen und Lebensgeschichten der anderen zu öffnen und
einfach von dem zu erzählen,
was mein Leben ausmacht.«

Therese Neubauer, Grafikstudentin

Schattenlinien überspringen

An einem schönen Herbsttag vor gut 25 Jahren: Ich bummle nach der Arbeit durch die engen Gassen der Grazer Innenstadt, biege in die dicht bevölkerte Herrengasse ein und stoße auf eine gute Freundin. Und neben ihr: ihre Schulfreundin, eine Biologiestudentin im ersten Semester. Das wusste ich da natürlich noch nicht. Aber es war so etwas wie Liebe auf den ersten Blick. Von Beginn an pure Anziehung. Unvergesslich, unendlich kostbar – dieser erste Moment der Liebe.

Aber Achtung! Diese junge Biologin ist zu gefährlich für dich frommen Menschen, meinte bald meine Umgebung. Sie ist ein Kind unserer säkularisierten Welt. Gerade noch getauft und gefirmt. Sonst aber hatte sie gar nichts mit Kirche und Glauben zu tun. Und damit noch nicht genug: Sie wollte weder heiraten noch Kinder! Das passte ins Bild.

In umfangreicher Jugendarbeit hatte ich damals großen missionarischen Eifer entwickelt. Trotzdem konnte ich mir beim besten Willen nicht vorstellen, dass diese so weltliche junge Dame je Interesse für den Glauben finden könnte. Gar eine Bekehrung? Völlig außerhalb meiner Vorstellungskraft. Eine echte Beziehung mit ihr schien selbst nach einem Jahr sehnsüchtigen Wartens außer jeder Reichweite. So unterschiedlich waren unsere Welten.

Es war wie eine Schattenlinie, die unmöglich zu überspringen war. Bis sich mir eines Morgens nach einer schweren Nacht eine Art innere Stimme meldete und Klarheit brachte: »Wenn sich Carola jemals bekehren soll, dann musst du zuerst dich selber bekehren!«

Ich wusste, dass es eine elementare Kehrtwende bei mir brauchte. Aber das Wie und Was hatte ich noch nicht verstanden. Es brauchte lange Zeit und viele kleine Schritte, um zu lernen: Das tief greifende Umdenken, das ich brauchte, betraf meinen scheinbar frommen Blick auf diese so ›weltliche‹ junge Frau – und eigentlich auf die Welt überhaupt! In Wahrheit war es nämlich ein herablassender Blick.

Ich war mir kaum bewusst, wie bedürftig ich selbst war, und wie viel Selbstgerechtigkeit sich in mir ausgebreitet hatte. Ich ahnte nicht, wie unverdient ich von Gott geliebt bin. Ich dachte, ich wäre der Gute. Das ließ mich auf die Menschen dieser Welt selbstsicher herabschauen. Ich kann heute sagen, dass ich dadurch einen Schatten auf sie geworfen und eine Linie zwischen mir und ihnen gezogen habe. Auch zwischen mir und Carola. Für das Überspringen dieser Schattenlinie habe ich einer tief greifenden Bekehrung bedurft.

Heute ist diese junge Frau Mutter von sechs Kindern und engagiert sich mit ihrem Ehemann ganz in der Mission. Der Ehemann darf tatsächlich ich sein. Ein Glück, das mich bis heute immer wieder aufs Neue überrascht!

Das Wunder einer besonderen Nähe

Das ›WIE‹ der Mission gibt der Botschaft eine konkrete und sichtbare Gestalt, ein *Antlitz*, ein Gesicht. Es geht ja nicht bloß um die praktische Umsetzung einer Theorie, sondern es offenbart sich unsere Grundhaltung zum Menschen und zur Gesellschaft. Diese Mission können wir eigentlich nicht selber machen oder inszenieren, vielmehr treten wir in die Mission Gottes ein, die sich schon unentwegt vollzieht. Wir lassen uns von ihm mitnehmen, der uns von Überraschung zu Überraschung führt.

Würden wir dies nicht tun, blieben wir bei uns selbst stehen, in unseren engen menschlichen Grenzen und Möglichkeiten. Dann werden wir vielleicht eine neue Methodik der Glaubensweitergabe kreieren oder uns heldenhaft auf eine alte berufen. Aber das Risiko wäre groß, dass wir uns in einem abgesteckten menschlichen Horizont in Fragen festbeißen, mit denen wir uns einer göttlichen – und damit freisetzenden – Dynamik versperren.

Dann lassen wir uns beispielsweise von der bedrängenden Frage vieler ein-engen: Wie können wir möglichst effizient christliche Werte in einer Gesellschaft durchsetzen, die uns scheinbar immer gleichgültiger, argwöhnischer oder feindlicher gegenübersteht? Solch ein zum Teil durch Angst begründeter Eifer hat einen allzu innerweltlichen Mechanismus zur Folge: Gerade in Zeiten der Unsicherheit beginnen wir die Türen zu schließen und die Fenster zu verriegeln. Wir halten Distanz und schützen uns. Oder aber, wenn wir von Natur aus mutiger und angriffslustiger sind, dann planen wir vielleicht eine Art von Offensive, machen uns fitter; zumindest verteidigen wir uns entsprechend. Womöglich werden wir im Ernstfall gar angreifen und kämpfen, wenn auch nur mit Worten.

Christen heute scheinen immer häufiger in die einen wie die anderen Szenarien hineinzuschlittern. Nicht selten verstecken wir uns entweder in unseren sicheren Welten oder wir blasen zum Kampf. Bei den Offensiveren nimmt es zunehmend kulturkämpferische Züge an; das klingt manchmal edler und klüger, dann wieder wesentlich grobschlächtiger. Wirklich besorgniserregend daran ist, dass uns all das in innerer Distanz zu den Menschen hält.

Betrachten wir hierzu die Ereignisse mit den besten Freunden Jesu in seiner direkten Umgebung, mit seinen Jüngern. Sie haben sich nach dem zentralen Ereignis der Weltgeschichte, nach Tod und Auferstehung des Messias, fest eingeschlossen. Sie haben sich versteckt. Aus Angst – vor den anderen!

Und dann passiert etwas völlig Unerwartetes: Jesus selbst kommt durch verschlossene Türen und Mauern hindurch zu ihnen, ganz *nahe*, und mitten in ihrer erdrückenden Angst ruft er sie zum Aufbruch – hinaus zu den Menschen draußen! In die ganze Welt! Aber eben nicht mit der Hilfe menschlicher Kampfmethoden, mit Strategien, Taktiken, Manövern, Kniffen, nicht einmal mit Argumenten.[15] Er spricht ihnen schlicht den Geist des Friedens zu, und ausdrücklich den Geist der

© Peter Goda

»Gott öffnete nicht ein Fenster im Himmel
und rief mit einem Megafon zu uns: ›Hallo,
ihr da unten, ich liebe euch!‹ Nein, er kam
selber zu uns, wurde Mensch, war in seiner
Nachbarschaft unterwegs. Als Jugendlicher
entdeckte ich, dass sich das Christentum
nicht um Regeln und Vorschriften dreht,
sondern um eine persönliche Beziehung.
Und das geht nur auf Augenhöhe.«

Mike Pilavachi, Gründer von »Soul Survivor«

Vergebung, den sie weitergeben sollen
(Joh 20,19–23). Sie sollen einfach bezeugen, was sie erlebt haben.

Und als sie diese Geisteskraft dann
in vollen Zügen im Pfingstereignis in
Jerusalem erfahren, werden sie davon
überrascht, wie unglaublich nahe sie
dadurch plötzlich den Menschen kommen. Selbst die noch gefürchteten Juden werden von dem Ereignis angezogen, sie sammeln sich unmittelbar um
die Jünger. Von allen Seiten strömen
Menschen zusammen und bei allem
Durcheinander, mancher Skepsis und
noch Ungeklärtem ereignet sich eine
Art von göttlicher Zusammenfüh-
rung, eine Nähe, eine Gemeinschaft
über alle zwischenmenschlichen Bar-
rieren hinweg.

Das *Antlitz* der Jünger hat sich völlig verändert. Ihre Freude soll so groß gewesen sein, dass einige sie zunächst für betrunken hielten. Menschen aus den unterschiedlichsten Herkunftsländern haben die Worte der Jünger in ihren eigenen Muttersprachen hören und verstehen können. So innerlich nahe ging es ihnen, weil die Botschaft sie ›mitten ins Herz‹ getroffen hat, so berichtet jedenfalls die Apostelgeschichte.

Später wird der Theologe Paulus in seinen Briefen diese Geisteskraft, den Heiligen Geist, identifizieren als die Liebe Gottes in unserem Herzen (vgl. Röm 5,5). Durch diesen wusste auch er sich so reich beschenkt, dass er allen Menschen diese liebende Nähe von oben zeigen wollte. Erst nach und nach realisierte er, dass er nach dem *Erfüllt-Werden* diese *Nähe* auch leben musste. Die Geist-Erfahrung musste durch konkrete Entscheidungen *Fleisch* werden.

So lernte Paulus, »allen alles zu werden« (vgl. 1 Kor 9,22) – dem Juden ein Jude, dem Gesetzlosen ein Gesetzloser, dem Schwachen ein Schwacher. Für die Jünger damals und für alle, die ihnen folgen werden, geschieht diese erstaunliche Wandlung – auf dem Weg von einer ängstlichen Distanz zu einer wundersam heilsamen Nähe. Sie werden in alle Himmelsrichtungen aufbrechen, damit überall und allen Menschen diese Nähe Gottes und sein Frieden geoffenbart werden.

Missionierung vollzieht sich in erster Linie nicht durch die Verkündung von Prinzipien, Lehren oder Werten, sondern durch unsere liebende Nähe zu den Menschen.

Öffnet die Fenster, die Türen, die Herzen!

Richten wir unseren Blick allein auf das letzte halbe Jahrhundert der Kirchengeschichte: Da ringt die Kirche genau um diesen Weg – von der Distanz zur Nähe. Wie können wir mit dem Heiligen Geist wieder Distanzen überwinden, damit überhaupt Begegnungen und Gemeinschaft möglich werden, die direkten Zugang zur Botschaft, vor allem zu Gott selbst, schaffen?

Papst Johannes XXIII. hat am Beginn des wirklich pfingstlichen II. Vatikanischen Konzils darum gebeten, die *Fenster* der Kirche zu öffnen. Papst Johannes Paul II. hat mit den ersten Worten seines Pontifikates dazu eingeladen, die *Türen* für Christus zu öffnen. Und die leidenschaftliche Bitte von Papst Franziskus ist, dass die Kirche ihre *Herzen* für Christus und für die Menschen von heute öffnet.

Es beeindruckt, wie stark sich die inspirierende Schubkraft des Zweiten Vatikanischen Konzils in den letzten Jahrzehnten durchgezogen und weiter an Ausdruck gewonnen hat. Ohne Übertreibung muss von diesem Konzil als einem neuen Anfang, ja sogar als einer tief greifenden Wende der Kirche gesprochen werden. Dieser Wandel zu einer neuen *Nähe* umfasst sowohl die Sichtweise der Kirche auf die Welt als auch ihre Selbstwahrnehmung.[16]

Zwar versteht sich die Kirche auch nach dem Konzil als das Grundsakrament und das universale Heilswerkzeug, das Gott zur Rettung der Menschheit eingesetzt hat. Es wird aber deutlicher, dass die Kirche sich ihrem Selbstverständnis zufolge nicht mehr als getrennt von der Welt versteht, so wie der *goldene Rest* (vgl. Sach 13,8–9), sondern als ein Teil der Welt und dennoch gleichsam unterschieden von dieser.[17]

Aufgrund dessen hat das Zweite Vatikanische Konzil auch keine Verurteilungen im Stile der meisten früheren Konzilien vorgenommen.[18] Die Kirche erkennt sogar die Hilfe an, die sie selbst durch die Welt erfährt und die dazu beiträgt, die menschliche Gemeinschaft aufzubauen. »Ja selbst die Feindschaft ihrer Gegner und Verfolger, so gesteht die Kirche, war für sie sehr nützlich und wird es bleiben« (GS 44).

Es soll keine *trennende Mauer* mehr geben, mit der sich die Kirche vor der *sündigen* Welt schützen wollte,[19] um sich selbst nicht *schmutzig* zu machen. Für das II. Vatikanische Konzil dürfen wir nun das Bild der *offenen Arme* verwenden, um das Verhältnis von Kirche und Welt zu beschreiben. Einladend und schützend zugleich ruft die Kirche nun mit den Worten Jesu: »Kommt alle zu mir, die ihr mühselig und beladen seid; ich will euch Ruhe verschaffen« (Mt 11,28).

Es reicht nicht aus, dieses Konzil nur unter dem Aspekt einer sogenannten *Aktualisierung* zu betrachten. Als würde es genügen, eine neue und zeitgerechte Sprache zu finden, um sich verständlicher zu machen. Das alles ist natürlich mehr als notwendig. Aber es geht vielmehr um einen notwendigen, tief greifenden Prozess der *Umkehr* der Kirche selbst, also von uns; sodass es unser Herz zerreißt (vgl. Joël 2,13), dass uns nämlich die Welt wieder *ans Herz geht*. Dass es uns wieder um nichts anderes als um ihre Rettung geht.

Das Konzil zielte in den beiden großen Dokumenten *Gaudium et Spes* (GS) und *Lumen Gentium* (LG) ganz klar auf das Zentrum des reformbedürftigen, kirchlichen Selbstverständnisses; nämlich auf den *armen* Christus selbst, der *herunter-gekommen* ist und sich klein gemacht hat, um uns ganz *nahe* zu sein. Christus, der selbst ein Armer und Leidender war, hat die Kirche gegründet und nur durch ihn erfährt sie die Heiligkeit (vgl. LG 8).

Für die Kirche bedeutet diese Öffnung, erneut in diese Bewegung Christi des *Herunterkommens* einzusteigen – wie er wieder *ärmer* werden, um den Armen *nahe* sein zu können und ihnen zu dienen. Das beinhaltet eine entschieden neue Haltung des Dienstes an der Welt.

Wir müssen feststellen, dass sehr oft und äußerst eindrücklich das Konzil die Kirche mit den Worten Jesu mahnt, der Welt nicht mit Macht und Selbstgerechtigkeit zu begegnen. Die Geistsendung dient eben nicht nur der eigenen Erbauung, sondern um das tun zu können, was Jesus vorgelebt hat: »Denn auch der Menschensohn ist nicht gekommen, sich bedienen zu lassen, sondern um zu dienen und sein Leben hinzugeben als Lösegeld für viele« (Mt 20,27).

Jesus hat den Auftrag zu einem armen und einfachen Lebensstil an verschiedenen Stellen bekräftigt, besonders aber beim Missionsauftrag: »Kommt alle zu mir, die ihr mühselig und beladen seid; ich will euch Ruhe verschaffen« (Lk 9,3). Diese Aufforderung soll vor allem zu einer Haltung führen, die alles von Gott erwartet.

Die wahre Freude wächst mit der Erfahrung des Beschenkt-Werdens.

Es kostet die Kirche scheinbar viel, einfacher und ärmer an Macht, Einfluss, Geld und Ansehen zu werden. Im Hinblick auf die Mission heißt das aber auch, nicht erst mit der Mission zu beginnen, wenn man schon alles Nötige dafür hat, sondern sich *allein* im Vertrauen auf Gott auf den Weg zu machen.

Wenn die missionierende Kirche sich in der Nachfolge Christi sieht, muss sie wie er sein – vom hohen Ross herabgestiegen.

Gemeinschaft mit den ›Verlorenen‹

In dem herausragenden Werk *Einführung in das Christentum* hat der große Theologe Joseph Ratzinger und spätere Papst Benedikt XVI. den eigentlichen Sinn von *Heiligkeit* ganz mit dem Wesen dieser *Nähe-Erfahrung* verdeutlicht. Die wahre Heiligkeit besteht demnach gerade nicht darin, sich abzusondern, sondern wie Christus »als Vermischung mit den Sündern, (…) bis dahin, dass er selbst ›zur Sünde‹ gemacht wurde, den Fluch des Gesetzes in der Hinrichtung trug – vollendete Schicksalsgemeinschaft mit den Verlorenen (2 Kor 5,21; Gal 3,13). Er hat die Sünde an sich gezogen, zu seinem Anteil gemacht und so offenbart, was wahre ›Heiligkeit‹ ist: nicht Absonderung, sondern Vereinigung, nicht Urteil, sondern erlösende Liebe.«[20]

Für eine *heilige* Kirche kann es daher niemals um eine Abgrenzung zur Welt gehen oder nur um ein Ertragen

dieser Welt, sondern um ein gegenseitiges Tragen und Sich-tragen-Lassen. Papst Franziskus übersetzt es gleich sehr konkret: »Man kann keine Gemeinschaft aufbauen, ohne sich einander nahe zu fühlen. Man kann keinen Frieden schließen, ohne sich einander nahe zu fühlen. (…) Jesus ging hin und berührte die Aussätzigen. Mehr noch: Als er sie berührte, wurde er selbst unrein! Das ist das Geheimnis Jesu: Er nahm unseren Schmutz auf sich.«[21]

Überdies, so betont der Papst, hat Jesus den Aussätzigen nicht nur gesund gemacht, sondern ihn vor allem wieder in die Gesellschaft eingegliedert. Im Mittelpunkt steht immer die Rettung und nicht die Verurteilung der Menschheit. Weil wir also erfahren haben, wie groß die Güte Gottes für jeden Menschen ist, haben wir das *Recht*, auch in widrigsten Umständen das Beste für jede und jeden zu erhoffen. Das Zweite Vatikanische Konzil schreibt von dieser besonderen Berufung eines *jeden* Menschen: »Die Heilige Synode bekennt darum die hohe Berufung des Menschen, sie erklärt, dass etwas wie ein göttlicher Same in ihn eingesenkt ist, und bietet der Menschheit die aufrichtige Mitarbeit der Kirche an, zur Errichtung jener brüderlichen Gemeinschaft aller, die dieser Berufung entspricht« (GS 3).

Schon in den ersten Sätzen der großen Pastoralkonstitution *Gaudium et Spes* wird das Wie des Verhältnisses von Kirche und Welt ganz klar und eindeutig auf den Punkt gebracht. Es geht um eine tiefe existenzielle Solidarität der Kirche mit den Menschen von heute. Ohne Wenn und Aber führt eine geisterfüllte Evangelisierung zuallererst zu

»Als meine Tochter mit 23 Jahren starb,
und dann auch noch mein Mann, fühlte ich
mich wie in einem tiefen, dunklen Loch.
Meine Enkeltochter nahm mich zu KISI,
einer christlichen Musicalgruppe für Kinder
und Jugendliche, mit. Obwohl ich eindeutig
nicht mehr jugendlich bin, war auch ich
dort willkommen und angenommen.
Sie haben meine Trauer geteilt und nach
und nach konnte ich mich auch von ihrer
Freude anstecken lassen – einer Freude,
die mir neue Hoffnung gegeben hat.«

Elfi Reichsiegl, Pensionistin

einer tiefen Einheit mit allen Menschen dieser Erde: **»Freude und Hoffnung, Trauer und Angst der Menschen von heute, besonders der Armen und Bedrängten aller Art, sind auch Freude und Hoffnung, Trauer und Angst der Jünger Christi. Es gibt nichts wahrhaft Menschliches, das nicht in ihren Herzen seinen Widerhall fände«** (GS 1).

Diese tiefe Solidarität hängt gleichzeitig untrennbar mit der Weitergabe dieser empfangenen Heilsbotschaft zusammen: **»Ist doch ihre eigene Gemeinschaft aus Menschen gebildet, die, in Christus geeint, vom Heiligen Geist auf ihrer Pilgerschaft zum Reich des Vaters geleitet werden und eine Heilsbotschaft erhalten haben, die allen auszurichten ist«** (GS 1).

Demnach *SIND* Freude und Leiden der Welt auch Freude und Leiden der Jünger Christi! Kann die Nähe zur Welt noch intensiver ausgedrückt werden!? Christus nachahmen bedeutet folglich, *MIT* den Menschen zu sein und ihnen auf diesem Weg die Frohbotschaft zu bringen.

Mit einer so verstandenen Verhältnisbestimmung von Kirche und Welt verwahrt sich die Kirche vor einem Rückzug in die Sakristei oder einem überhöhten Kult. Diese Art von Mission bleibt eine Herausforderung, weil sie beständige Umkehr und damit einen beständigen Aufbruch erfordert.

Doch wie ist das möglich?

Letztlich kann es nur Gott selbst sein, der dies in uns bewirkt und es möglich macht, weil *er* uns bereits im Herzen der Welt entgegenkommt. Mission ist keine außergewöhnliche Magie, die wir von oben mit einem außergewöhnlichen Gebetskult in die dunkle böse Welt hineinziehen müssten. Gott wohnt bereits in dieser Welt! Wir erkennen sein Antlitz schon in den Ärmsten.

Übersetzen wir die oben formulierten Sätze aus *Gaudium et Spes* ins konkrete Leben einer Gemeinde hinein, dann entwickelt sich fast wie von selbst eine großartig einfache Methodenschulung für die konkrete Evangelisation der Kirche vor Ort. Dann wird sich zeigen, ob wir überhaupt am Leben der Menschen unserer Umgebung interessiert sind. Ob es noch *wehtut*, dass viele unserer Freundinnen und Freunde und Arbeitskolleginnen und -kollegen in Not sind oder von Christus kaum etwas gehört haben?

Einerseits brauchen wir das Gebet füreinander, damit uns Christus dieses *Interesse*, dieses Mitleiden und diese Mit-Freude, wieder ins Herz gibt. Und gleichzeitig müssen wir ganz konkrete Schritte tun, damit wir den Menschen auch wirklich begegnen.

Die Kirche missioniert die Menschheit nicht von außen her, sondern von innen, als ein Teil von ihr. Weil Gott bereits in dieser Welt ist, begegnen wir ihm in den Menschen dieser Welt.

Brücken bauen durch Dialog

Wie können wir nun die konkrete Welt mit dem *Blick Gottes, dem Blick Christi*, wahrnehmen? Jesus selbst, der Sohn Gottes, hatte es nötig, die Menschen direkt zu treffen – und er *sah* sie an. Der Start der öffentlichen Mission Jesu beginnt nach dem Matthäusevangelium mit dem zu Herzen gehenden Blick für die Misere der inneren *Heimatlosigkeit* der Menschen: »Als er die Volksscharen sah, wurde er von Mitleid ergriffen; denn sie waren geschunden und preisgegeben wie Schafe, die keinen Hirten haben« (Mt 9,36).

Wenn wir den Menschen nicht mehr in die Augen schauen, können wir ihr Leid nicht sehen und dieses auch nicht teilen. Deshalb ist für das wirkliche Kennenlernen der direkte Dialog mit den Menschen über Leben und Glauben so entscheidend. Immer wieder neu müssen wir uns auf die Straßen und Plätze dieser Welt begeben, die Wohnungen und Häuser besuchen.

Wir wissen, dass das nicht immer einfach ist, aber gerade darin liegt auch die wiederkehrende Freude über das überraschende Wirken des Heiligen Geistes. Das Konzil fasst diesen Weg der Kirche in der Mission auf einmalige Weise zusammen, indem es die tiefe »Verbundenheit, Achtung und Liebe gegenüber der ganzen Menschheitsfamilie« bekundet, und »in einen Dialog eintritt über all diese verschiedenen Probleme; dass es das Licht des Evangeliums bringt (...) Es geht um die Rettung der menschlichen Person, es geht um den rechten Aufbau der menschlichen Gesellschaft« (GS 3).

Das Leben des Menschen ist die größte Ehre Gottes. Wenn Gott für jeden Menschen alles gegeben hat, sogar dafür ans Kreuz gegangen ist, dann besitzt auch jeder Mensch eine unendliche Würde. Diese Würde hat er von Gott her. Wie könnten wir uns nicht, zur Familie Gottes gehörig, zum Nächsten eines jeden Menschen machen?

Im Hervorheben der Achtung jeder Person ist das Konzil kaum zu überbieten: »Alle müssen ihren Nächsten ohne Ausnahme als ein »*anderes Ich*« ansehen, vor allem auf sein Leben und die notwendigen Voraussetzungen eines menschenwürdigen Lebens bedacht. Sonst gleichen sie jenem Reichen, der sich um den armen Lazarus gar nicht kümmerte (vgl. Lk 16,19–31)« (GS 27).

Christliche Verkündigung ist schlicht nicht zu trennen von der Sorge um Flüchtlinge oder Gastarbeiter, denen ungerechte Geringschätzung begegnet. Ein Christ kann einfach nicht gleichgültig bleiben, wenn der Nachbar seine Arbeit verliert oder ein älterer Mensch in seiner Umgebung an Einsamkeit leidet.

In allen Fällen geht es in der Mission um einen Brückenbau zu den Menschen und zwischen verschiedenen Welten. Christus selbst ist diese Brücke, die jeden noch so tiefen Graben überwindet. Ein Christ ist ein *Brückenbauer*! Und wer Mauern zwischen Menschen, Völkern und Gemeinschaften baut, ist eben kein Christ, so Papst Franziskus.

Selbst bei inhaltlichen Auseinandersetzungen können wir als Brückenbauer agieren, indem wir unbedingte Toleranz gegenüber Andersdenkenden zeigen. Der Dialog bekommt eine ganz neue Dimension, wenn wir Andersdenkende oder sogar Feinde als ein *anderes Ich* wahrnehmen können. Wir müssen hier mit allem Nachdruck in Erinnerung rufen, dass die Kirche die Toleranz verteidigt und vehement einfordert: »Achtung und Liebe sind auch denen zu gewähren, die in gesellschaftlichen, politischen oder auch religiösen Fragen anders denken oder handeln als wir. Je mehr wir in Menschlichkeit und Liebe *inneres Verständnis* für ihr Denken aufbringen, desto leichter wird es für uns, mit ihnen ins Gespräch zu kommen« (GS 28).

Dieses *innere Verstehen* eines anderen ist der neuralgische Punkt. Es verlangt von uns eine nicht zu unterschätzende Anstrengung, nämlich nach Gründen zu suchen, die uns eine andere Meinung zugänglicher – oder *verzeihbarer* – machen.

Natürlich machen uns die Güte und Liebe keineswegs gleichgültig gegenüber der Wahrheit und dem Guten. Wir werden aber dazu ermutigt, zu

»Ich musste meine Heimat Syrien verlassen,
um ein neues sicheres Zuhause zu finden.
Jetzt lebe ich als Muslim in einer christlichen
Gemeinschaft mit Studierenden aus ganz
Europa und erfahre genau das, was mir
auch schon meine Familie beigebracht hat:
die anderen anzunehmen und zu lieben,
ihre Ideen zu respektieren, auch wenn ich
eine andere Sichtweise habe. Was ich neu
entdeckt habe: Nicht aus Angst zu glauben,
sondern weil Gott alles Leid mit mir trägt
und mir hilft.«

Abdo Abu Assaf, Anglistikstudent

»unterscheiden zwischen dem Irrtum, der immer zu verwerfen ist, und dem Irrenden, der seine Würde als Person stets behält, auch wenn ihn falsche oder weniger richtige religiöse Auffassungen belasten. Gott allein ist der Richter und Prüfer der Herzen; darum verbietet er uns, über die innere Schuld von irgendjemandem zu urteilen« (GS 28).

Wie viel an Entlastung und Trost würde unsere unmittelbare Umgebung erfahren, wenn wir diese Haltung des Verstehens stärker verinnerlichen und ausüben würden. Schließlich wird uns ein echter christlich geführter Dialog zu einem Ringen um eine Feindesliebe einladen, die uns zu scheinbar *Menschen-Unmöglichem* herausfordert: denen

Gutes zu tun, die uns hassen, und für die zu beten, die uns verfolgen und verleumden (vgl. Mt 5,43–44).

Dankbar dürfen wir in der langen Missionsgeschichte auf viele solcher Missionare blicken, die in dieser Feindesliebe Beeindruckendes vorgelebt haben. Es lohnt sich, nur einige von ihnen besser kennenzulernen – wie den polnischen Franziskaner P. Maximilian Kolbe, der sein Leben für einen anderen Häftling im KZ Auschwitz geopfert hat, oder den Einsiedler Charles de Foucauld sowie die Mönche von Tibhirine, die inmitten der Muslime und kriegerischen Auseinandersetzungen in Algerien Friedensstifter waren.

Missionieren heißt Brücken schlagen zu Menschen, die anders, mitunter sogar feindlich sind. Ein inneres Verstehen für die anderen führt dazu, selbst denen Gutes tun zu können, die uns hassen.

Das Wirken des Geistes im Herzen eines jeden Menschen

Die würdevolle Zuwendung jedem Menschen gegenüber muss ergänzt werden – um das Bewusstsein für die grundlegende Gleichheit aller Menschen. Das Konzil führt uns mit Nachdruck vor Augen: »Da alle Menschen eine geistige Seele haben und nach Gottes Bild geschaffen sind, da sie dieselbe Natur und denselben Ursprung haben, da sie, als von Christus Erlöste, sich derselben göttlichen Berufung und Bestimmung erfreuen, darum muss die grundlegende Gleichheit aller Men-

schen immer mehr zur Anerkennung gebracht werden« (GS 29).

Wir dürfen glauben, dass wir grundlegend gleich sind, dass Gott aber mit jedem einzelnen Menschen einen ganz eigenen und einmaligen Weg geht, den letztlich nur er kennt. Papst Johannes Paul II. wurde nicht müde, immer wieder hervorzuheben, dass der Geist Gottes überall und in jedem Menschen wirken kann:

»Das Zweite Vatikanische Konzil erinnert an das Wirken des Geistes im Herzen jedes Menschen, durch ›die Samen des Wortes‹, auch durch religiöse Anregungen, durch Anstrengungen allen menschlichen Handelns, sofern es auf die Wahrheit, auf das Gute, auf Gott ausgerichtet ist. (…) Der Geist steht ebenso am Ursprung edler Ideale und guter Initiativen der Menschheit auf deren Wege« (RM 28–29).

Deswegen ist die Verkündigung in Form eines respektvollen Dialogs so essenziell, weil es nicht nur dem Heiligen Geist Raum gibt zu wirken, wie er will, sondern auch großzügig anerkennt, wo er wirkt. Deutlich wird dies auch im Verhältnis der Kirche anderen Religionen gegenüber. Es ist von einem doppelten Respekt bestimmt – »dem Respekt vor dem Menschen bei seiner Suche nach Antworten auf die tiefsten Fragen des Lebens und dem Respekt vor dem Handeln des Geistes im Menschen« (RM 29).

In den Lehren und Lebensweisen der Religionen wird sich »nicht selten ein Strahl jener Wahrheit erkennen lassen, die alle Menschen erleuchtet« (*Nostra Aetate* 2). Die Kirche hat mehrfach die tiefe Überzeugung bekundet, dass jedes Wirken des Geistes im

Herzen der Menschen und in der Geschichte letztlich die Vorbereitung der Verkündigung zum Ziel hat.

Die freundschaftliche und respekvolle Haltung den anderen Menschen gegenüber hindert uns nicht, allen die Frohe Botschaft anzubieten. Die Achtung gegenüber dem anderen gebietet uns vielmehr, das Angebot der Freundschaft von Christus gerne zu bezeugen. Die Kirche scheut sich auch im II. Vatikanum nicht, die Einmaligkeit des Namens Jesu zu bekräftigen, der »unter dem Himmel den Menschen gegeben (ist), in dem sie gerettet werden sollen« (GS 10). Im Dialog darüber wird die Offenheit und Aufnahmebereitschaft gerade durch gegenseitigen Respekt eher gestärkt.

Die dem anderen entgegengebrachte Achtung schließt aber auch ein, dass ich vielleicht mit einer expliziten Wortverkündigung warte bzw. unter bestimmten Bedingungen darauf verzichte oder einfach eine mögliche Ablehnung respektiere. Eine wachsende Liebe vertreibt jedenfalls die Angst, auf alle Menschen zuzugehen, auch wenn uns ihr Leben fremd oder gar moralisch verwerflich erscheinen mag.

Wir können ausnahmslos in jedem Menschen die Gegenwart Christi erkennen und ihm begegnen. Auch wenn dieser sich uns als ein *Ferner*, ein *am Kreuz Verlassener* zeigt, woran die Gründerin der Fokolar-Bewegung, Chiara Lubich, oder Mutter Teresa so eindrücklich erinnert haben. Erfahrene Gottesferne oder Ablehnung heißen nicht, dass wir nicht weiter auf seine geheimnisvolle Gegenwart hoffen dürfen.

Auch wenn viele heute mit guten Gründen eine tiefe Religions- oder Gottlosigkeit in weiten Teilen Europas und anderswo diagnostizieren, dürfen wir darauf vertrauen, dass jeder Mensch ganz tief in seinem Herzen bewusst oder unbewusst die Sehnsucht nach Gott in sich trägt. Letztlich handelt es sich bei der Frohen Botschaft nicht um etwas dem Menschen gänzlich Äußerliches oder Fremdes, sondern um etwas, für das er in seinem Innersten empfänglich ist.

Papst Benedikt XVI. erstaunte bei seiner letzten Deutschlandreise, indem er provozierend den Kircheninsidern die Agnostiker gegenüberstellte: »Agnostiker, die von der Frage nach Gott umgetrieben werden, Menschen, die unter ihrer Sünde leiden und Sehnsucht nach dem reinen Herzen haben, sind näher am Reich Gottes als kirchliche Routiniers, die in ihr nur noch den Apparat sehen, ohne dass ihr Herz davon berührt wäre, vom Glauben berührt wäre.«[22]

Nicht wir verändern die Menschen, sondern der Heilige Geist. Er wirkt, wo er will und wie er will, in allen Menschen. Das müssen wir anerkennen, darauf dürfen wir uns aber auch verlassen.

Die Sprache der Gastfreundschaft lernen

Es ist konsequent, die aktuellen Veränderungen des gesellschaftlichen Miteinanders in unserer stark pluralistischen Welt ernst zu nehmen. Wir dürfen uns davon berühren lassen und auf neue Weise darauf reagieren.

Durch die Verabschiedung einer vorherrschenden christlichen Kultur sind wir nun in Europa aufgefordert, andere soziale und kulturelle Zugangsformen in der Verkündigung zu finden. Zumeist wird dieser Dynamik der kulturellen Ausformung von Glauben zu wenig Beachtung geschenkt. Aber ohne die Kulturwerdung kann keine *Inkarnation*, das heißt keine *Fleischwerdung* des Glaubens, passieren.

Wir müssen heute eine starke Abspaltung der christlichen Räume vom *normalen* Leben feststellen. Viele Aufbrüche in der Kirche der letzten Jahrzehnte waren solche, bei denen sich Erneuerung und Erweckung auf der Basis einer alten christlichen Kultur ereignet haben. Heute findet sich eine solche christlich geprägte Basiskultur nur mehr in speziellen und manchmal sehr abgeschotteten Welten.

Aber genügt es, von der christlichen Mission einer solchen sogenannten *kreativen Minderheit* auszugehen, die im Geist der *kleinen Herde* Altes in neuem Gewand in die Welt einbringt? Nimmt dies tatsächlich Freude und Hoffnung, Trauer und Angst der Menschen von heute auf?

Inzwischen haben sich doch völlig andere, zum Teil sehr unterschiedliche Formen der Kultur in weiten Teilen unserer Gesellschaft losgelöst vom Christentum entwickelt. Müssten wir nicht schon längst in diese vollkommen neuen Kulturwerdungsprozesse ganz mit hineinsteigen, welche die Weite und Vielfalt des *Volkes* wahrnehmen?

Gott ist doch in den uns oft *fremden Welten* gegenwärtig und sagt sein JA zu den Menschen. Deswegen dürfen wir dem Wirken seines Geistes auch neue Ausdrucksformen zutrauen. Insbesondere mit Papst Franziskus bewegt sich die Kirche von einer allzu direktiven *Magistra*, einer Lehrmeisterin, hin zur *Mater*, einer Mutter – einer Kirche des Empfangens, des Begleitens und *Sich-hinein-Vermischens*.

Die *Lehre* verliert dadurch nicht an Bedeutung, sie nährt sich nur wesentlich stärker aus der Erfahrung aktuellen Lebens. In *Evangelii Gaudium* stellt uns Papst Franziskus geradezu programmatisch einen faszinierend zeitgerechten und höchst kultursensiblen Missionsweg vor, den er bezeichnenderweise als *Mystik* deutet: **»Wir spüren die Herausforderung, die ›Mystik‹ zu entdecken und weiterzugeben, die darin liegt, zusammenzuleben, uns unter die anderen zu mischen, einander zu begegnen, uns in den Armen zu halten, uns anzulehnen, teilzuhaben an dieser etwas chaotischen Menge, die sich in eine wahre Erfahrung von Brüderlichkeit verwandeln kann, in eine solidarische Karawane, in eine heilige Wallfahrt«** (EG 87).

Lassen wir uns von der Missionsbewegung dieser drei Wegstrecken, dieser drei Orte, mit hineinnehmen,
– in die *chaotische Menge*,
– in die *solidarische Karawane* und
– in die *heilige Wallfahrt*.

»Mission fängt für mich damit an, jede und jeden willkommen zu heißen. Das kostet mich auch etwas, ich muss aus meiner Komfortzone heraus und mich stören lassen. Dabei bin ich oft wunderbar überrascht worden, wie viel Schönes in jedem Menschen steckt. Es sind ganz unerwartete Freundschaften entstanden.«

Hanna Winter, Hauswirtschaftliche Betriebsleiterin

Chaotische Menge meint die unübersehbare Vielfalt an Lebensformen und Weltanschauungen. Größter Wert wird hier zuerst auf das *Zusammenschließen mit anderen* gelegt, auf das *Aus-sich-selbst-Herausgehen*, auf ein solidarisches Leben. Dies wird nicht nur als eine große Quelle der Hoffnung, sondern als ein wahres *Heilsereignis* wahrgenommen. Jede Form, sich aus der Selbstbezogenheit hin zum anderen zu befreien, tut nach Papst Franziskus unglaublich gut.

Bedeutsam ist dabei, dass dies auch für die vielen sogenannten Nicht- oder Andersgläubigen gilt, mit denen wir in der *Karawane* unterwegs sind. In der ganzen Unterschiedlichkeit der Be-

kenntnisse ist man in einer Karawane vollkommen voneinander abhängig.

Wenn nun echte Solidarität passiert, dann passiert das Unglaubliche – es ereignet sich eine *Wallfahrt*, eine Begegnung mit Gott. Diese muss sich nicht zwingend in bekannt geistlicher Form wie einer ausdrücklichen Entscheidung für Christus zeigen. Dennoch ist es wahrlich eine heilige Wallfahrt, eine Ausgießung des Geistes Christi.

Es ist ein Weg mit Gott, der womöglich nicht als so *heilig* erscheinen mag, wenn wir in unseren alten, lange geprägten Mustern denken. Einigen wird auf dem Weg in diesen Karawanen eine explizite Beziehung mit Christus geschenkt. Andere aber gehen einfach mit und haben auf ihre eigene Art daran Anteil – aber sie haben Anteil!

Diese Art von *neuer Zugehörigkeit* war einer der großen geheimnisvollen Lernprozesse, in die wir in den letzten Jahren eintauchen durften. Weil die vielen offensichtlich *Nicht-Bekehrten* unsere Freundinnen und Freunde, ja sogar Mitstreiterinnen und Mitstreiter in Dialog-Projekten wurden, könnten wir heute unmöglich sagen, dass sie nicht dazugehören. Mitunter erstaunt es uns, welch reines Empfangen und welch eine Freude der *Kindschaft* (vgl. Röm 8,34) sich mitten in einer agnostischen Welt durch herzerfülltes solidarisches Leben offenbart.

Und wenn wir gefragt werden, wo denn Gott Platz bei diesen *anderen* hätte, wenn sie sich nicht ausdrücklich zu ihm bekennen? Die Antwort kann nur auf ein Geheimnis treffen, das uns weit übersteigt und sich nur bruchstückhaft zeigt: »In ihm leben wir, bewegen wir uns und sind wir«, so unbeschreiblich nahe konstatiert der heilige Paulus unsere Wirklichkeit mit der Wirklichkeit Gottes (Apg 17,28). Der für viele noch *unbekannte Gott* ist eben kein entfernter Gott, im Gegenteil, er ist uns unglaublich nahe, weiß der bekannte tschechische Theologe Tomáš Halík aus dem Kontext einer völlig atheistischen Umgebung von Prag zu deuten: »Sein Unbekannt-Sein beruht nicht auf seiner Entfernung, sondern umgekehrt: auf seiner allzu großen Nähe.«[23] Und wir dürfen mit Papst Benedikt fortführen: »So eine Art ›Vorhof der Heiden‹ müsse die Kirche auch heute auftun, wo Menschen irgendwie sich an Gott anhängen können, ohne ihn zu kennen (...) und

die doch nicht einfach ohne Gott bleiben, ihn wenigstens als Unbekannten dennoch anrühren möchten.«[24]

Beide Missionswege gilt es heute mit Entschiedenheit zu gehen: zum einen all die vielfältigen Prozesse zu fördern, die auf einem Glaubensweg zu einer Entscheidung für Jesus Christus führen; und zum anderen, den Weg des Dialogs und der »solidarischen Karawane« mit Menschen aller Weltanschauungen.

Das muss kein Hintereinander oder Nebeneinander der Wege bedeuten. Es wäre umso schöner und besser, wenn sie sehr eng ineinandergreifen. So wird ein breites Netz vieler Wege und zwischen vielen Menschen gespannt – in der Mitte von denen zusammengehalten, die direkt an Christus hängen.

Die Mitte ist entscheidend, von der aus die Liebe genährt wird. Wie das eine gute Herdfeuer ein ganzes großes, weites und offenes Haus erwärmen kann, in dem viele Menschen ein- und ausgehen können, so kann eine Glaubensgemeinschaft viele mit auf den Weg nehmen. Betonen möchte ich hier, dass wir in diesem Vertrauen auf seine unmittelbare Nähe in jedem Geschehen der Liebe, bei jeder Zuwendung, konkret bei den verschiedenen Dialog- und Missions-Aktivitäten, zuerst selbst evangelisiert werden.

Papst Franziskus bestärkt uns darin, wenn er in diesem Zusammenhang an das Beispiel des großherzigen Missionars Charles de Foucauld erinnert, der zu seinen Lebzeiten keine einzige sogenannte ›Bekehrung‹ zum christlichen Glauben in seiner Umgebung erleben konnte: »Denn in der Liebe zum anderen lernt man, Gott zu lieben; indem man sich zum Nächsten niederbeugt, erhebt man sich zu Gott. Durch die brüderliche und solidarische Nähe zu den Ärmsten und Verlassensten verstand er, dass letztlich gerade sie es sind, die uns evangelisieren, indem sie uns helfen, in der Menschlichkeit zu wachsen.«[25]

Überhaupt baue die Logik der Evangelisierung nicht auf Programme und Strategien auf, sondern indem man lernt, Gastfreundschaft zu gewähren, Menschen »willkommen zu heißen«, geschwisterlich mit anderen zu leben.

»Die Kirche ist eine Mutter mit offenem Herzen, die aufzunehmen und zu empfangen versteht (…) Die Kirche ist das Haus der Gastfreundschaft. (…) Wie viele Wunden, wie viel Verzweiflung kann man heilen in einem Heim, wo einer sich willkommen fühlen kann. Deswegen müssen wir die Türen immer offen halten, vor allem die Türen unserer Herzen. Gastfreundschaft gegenüber dem Hungrigen, dem Durstigen, dem Fremden, dem Nackten, dem Kranken, dem Gefangenen (vgl. Mt 25,34–37), dem Aussätzigen, dem Gelähmten. Gastfreundschaft gegenüber dem, der nicht so denkt wie wir, gegenüber dem, der keinen Glauben hat oder der ihn verloren hat. Gastfreundschaft gegenüber dem Verfolgten, dem Arbeitslosen. Gastfreundschaft gegenüber den verschiedenen Kulturen (…) Gastfreundschaft gegenüber dem Sünder.«[26]

Nicht erst mit der Bekehrung, sondern schon lange davor beginnt die tiefe Gemeinsamkeit der Kinder Gottes. Missionarisches Handeln mit dem Ziel, den anderen zum Glauben zu führen, und solidarisches Handeln greifen ineinander.

Ein Dialog über die Wahrheit

Auf vielerlei Weise haben wir versucht, zu einer dialogischen, großherzigen und zeugnisorientierten Mission einzuladen. Nicht wenige vermissen dabei das dezidierte Sprechen über die *Wahrheit*, ohne die die Botschaft allzu schnell ins subjektiv Beliebige abgleiten würde. Es ist ja kein Geheimnis, dass das Festhalten des Wahrheitsanspruches im Christentum für das freiheitliche Selbstverständnis des Menschen in der heutigen Zeit eine Provokation schlechthin darstellt. Und zu Recht hat in einem pluralistischen Wertesystem, wie dem in Europa, auch das Christentum eine Begründungspflicht.

Wie kann also in dieser Zeit überhaupt noch jemand behaupten, *die Wahrheit* gefunden zu haben und gleichzeitig dialogfähig bleiben? Hier gilt es tatsächlich sehr genau nachzufragen, von welcher Art Wahrheit wir Christen denn überhaupt sprechen und welche Konsequenzen dies für ihre Weitergabe hat.

Wir befragen dazu keinen geringeren als denjenigen, für den die Resignation der Wahrheit gegenüber zur wesentlichen Krise des Westens gehört. Es ist Papst Benedikt XVI., der nicht nur einmal den Relativismus im Denken und in der Moral angeprangert hat, weil man mit der Unfähigkeit zur Wahrheitsfindung letztlich auch nicht mehr Gut und Böse unterscheiden könne. Das führe zu furchtbaren Bedrohungen bis hin zur Zerstörung des Menschen und der Welt.

In seiner herausragenden Ansprache während der Wallfahrt nach Mariazell in Österreich im Jahr 2007 ging er sehr direkt auf das Wesen des christlichen Wahrheitsbegriffes ein und klärte dazu für uns Wesentliches zur Frage der Mission. Einmal mehr sprach er sehr klar von der Wahrheit als *Person*, von Jesus Christus. Nur dieser sei die Brücke, die Menschen mit Gott verbinden könne, derer letztlich alle bedürften. Gleichzeitig sei »dies keine Verachtung der anderen Religionen und keine hochmütige Absolut-Setzung unseres eigenen Denkens, sondern es ist das Ergriffensein von dem, der uns angerührt und uns beschenkt hat, damit wir auch andere beschenken können«[27]. Die Sorge und Scheu vor der Größe der Wahrheit sei wohl nachzuvollziehen: »Aber freilich, aufgrund unserer Geschichte haben wir Angst davor, dass der Glaube an die Wahrheit Intoleranz mit sich bringe. Wenn uns diese Furcht überfällt, die ihre guten geschichtlichen Gründe hat, dann wird es Zeit, auf Jesus hinzuschauen.«[28]

Dann bringt er zwei entscheidende Bilder von Christus, die für unseren Zugang zur Mission elementar sind und das eigentliche Wesen von Wahrheit erhellen: Jesus als Kind auf dem Arm der Mutter – und als der Gekreuzigte!

»Wahrheit setzt sich nicht mit äußerer Macht durch, sondern sie ist demütig und gibt sich dem Menschen allein durch die innere Macht ihres Wahrseins. Wahrheit weist sich aus in der Liebe. Sie ist nie unser Eigentum, nie unser Produkt, so wie man auch die Liebe nicht machen, sondern nur empfangen und weiterschenken kann. Diese innere Macht der Wahrheit brauchen wir.«[29]

Nur solch einer inneren Macht von Wahrheit würden wir Christen trauen, für sie können wir Zeugen sein. Wir könnten sie nur in der Weise weiterschenken, wie sie sich uns geschenkt hat. Papst Benedikt wandte sich deshalb dezidiert gegen eine Moralisierung des Christentums und bekräftigt: »Nicht wir schaffen das Gute – das wäre bloßer Moralismus –, sondern die Wahrheit geht auf uns zu.«[30] Weil sie eben eine Wahrheit in Person sei, könne das Aufnehmen dieser Wahrheit somit nur ein *dialogisches Ereignis* sein: »Sie beginnt damit, dass er auf uns zugeht – er, der die Wahrheit und die Liebe ist –, dass er uns an die Hand nimmt, unser Sein durchdringt. In dem Maß, in dem wir uns von ihm berühren lassen, in dem Begegnung zu Freundschaft und Liebe wird, werden wir selbst Reine von seiner Reinheit her und dann Mitliebende, die auch andere in seine Reinheit und Liebe hineinführen. (...) Wir tasten nicht im Dunkeln. Wir suchen nicht vergeblich herum, was das Rechte sein könnte.«[31]

Diese Wahrheit führe so immer zur Freude, die sich allerdings nie im Gewand des Triumphalismus zeigen könne. »(...) Es ist ja nicht unsere Tüchtigkeit, die uns den wahren Willen Gottes gezeigt hat. Es ist ein unverdientes Geschenk, das uns zugleich demütig und froh macht.«[32] Nach Papst Benedikt besteht die *reine Religion* in der Liebe zum Nächsten. Vor allem »zu denjenigen, die unser am meisten bedürfen. (...) Das Gesetz als Wort der Liebe ist nicht Widerspruch zur Freiheit, sondern Erneuerung von innen her durch die Freundschaft mit Gott.«[33] Sehr eindringlich hat auch Papst Johannes Paul II. auf ein Freiheitsverständnis verwiesen, das aus der Nächstenliebe erwächst. Die Kirche wende sich »an den Menschen im vollen Respekt vor seiner Freiheit. Die Mission bezwingt die Freiheit nicht, sondern begünstigt sie. Die Kirche schlägt vor, sie drängt nichts auf: Sie respektiert die Menschen und Kulturen, sie macht halt vor dem Heiligtum des Gewissens« (RM 39).

Der Verzicht darauf, den anderen zu belehren, ist kein Verzicht auf die Wahrheit. Wenn wir dem Nächsten dienen, dienen wir auch der Wahrheit, die uns in Christus entgegenkommt und die sich in der Liebe ausweist.

Den Weg zur Wahrheit finden – mit *Sympathie*

Für die pastoralen Konsequenzen hängen wir uns nun direkt auch an den antiken Philosophen Platon an, bei dem die Kirche oft Anleihe genommen hat. Er hat nämlich einen Wahrheitszuwachs mit dem Wachsen an Freundschaft verbunden. Der Weg der Erkenntnis der Wahrheit hat für Platon den Charakter eines gemeinschaftlichen Lebens. Er war überzeugt, dass durch »häufige familiäre Unterredung« und mit wachsender gegenseitiger Sympathie »plötzlich jene Idee in der Seele entspringt wie aus einem Feuerfunken das angezündete Licht, um sich dann selber weiter Bahn zu brechen«[34].

Das Miteinander-Entdecken von Wahrheit als Beziehungsereignis lässt sich unmittelbar mit dem Ansatz von Benedikt XVI. verbinden, der die Wahrheit als Liebesereignis definiert. Gott, der die Wahrheit ist, »kommt nicht mit äußerer Macht, sondern er kommt in der Ohnmacht seiner Liebe, die seine Macht ist. Er gibt sich in unsere Hände. Er bittet um unsere Liebe (…).«[35]

Wir sind also nie *Besitzende der Wahrheit* oder *Herren über die Wahrheit*, sondern vom Wesen her *Beschenkte*. Für uns Christen erschließt sich die Wahrheit durch Gottes Geist – in der gegenseitigen Liebe. Für unser Missionsverständnis hat das entscheidende Folgen. Wir lassen uns dazu auch noch vom Philosophen Sokrates an der Hand nehmen, der zur Beschreibung der Funktion des Philosophen das Bild der *Hebamme* gebraucht, die *nur* hilft, dass sozusagen das Kind *Wahrheit* geboren werden kann. Dieses Bild des *Hebammen-Prinzips* kann Anregung und Vorbild für ein adäquates Missionsverständnis im Miteinander sein.

Folglich würde Mission bedeuten, dem anderen dienstbar zu sein und ihm zu helfen, die Wahrheit zu entdecken, die schon in ihm als Same angelegt ist und wächst. Diese Vorgehensweise erfordert den Respekt und die Geduld eines Freundes oder vertrauten Begleiters, sodass sich die Wahrheit selbst ihren Weg bahnen kann. Es ist letztlich der Geist Gottes, der im Herzen des Menschen die Gegenwart Christi erkennen lässt: »Wenn aber jener kommt, der Geist der Wahrheit, wird er euch zur vollen Wahrheit führen« (Joh 16,13).

Im Geist eines freundschaftlichen Dialogs darf und soll ein Missionar zeigen, wodurch er im Glauben beschenkt wurde. Gleichzeitig muss er zu verstehen versuchen, wodurch der andere beschenkt wurde und was diesen trägt oder worunter er leidet. Auf diesem Weg kann auch der Missionar zum Missionierten werden.

All das ist weit entfernt von Arroganz, Rechthaberei, Besserwisserei, stolzer Selbstverteidigung oder versteckt bitterem Märtyrergehabe. Eben weil sich Wahrheit nur als Geschenk und in der Liebe offenbart, kann sie sich nur in echter Demut unsererseits und in großem Respekt vor dem einmaligen und unverwechselbaren Weg Gottes mit dem anderen ereignen. Die Aufforderung des heiligen Paulus: »Vielmehr achte in Demut jeder den anderen höher als sich selbst« (Phil 2,3) führt in diesem Kontext in die Mitte der Frage nach der Wahrheitserkenntnis. Ja, gerade die Wahrheit in Person, Jesus Christus, der sich im Herabstieg und in der tiefsten Demütigung erst vollends offenbart hat, zeigt uns den eigentlichen Weg einer christlichen Mission.

Wahrheitsfindung wird durch die Kraft des Heiligen Geistes zum Ereignis des *Herabsteigens* und der Hingabe. Selbst Grundwahrheiten des Katechismus können sich nur richtig erschließen, wenn sie sich im Liebesereignis zeigen oder darin aufleuchten. Ansonsten könnten sie das Gegenteil bewirken. Jede Verkündigung muss durchsichtig auf das Lebenszeugnis dahinter sein. Auf den Punkt gebracht heißt das: Ein Christ, der nicht dienend liebt, kann nicht adäquat Christus als Wahrheit bezeugen. Wo aber Christen mit Freude dienen, erschließt sich die Wahrheit wie von selbst.

Liebendes Handeln ist eine Erkenntnisquelle. Wo Christen mit Freude dienen, erschließt sich ihnen die Wahrheit wie von selbst.

Eine Charta
der Grundhaltungen
für Begegnungen
und Gespräche

A
Respekt für jeden Menschen

– Mit jedem Menschen hat Gott bereits eine Geschichte. Ausnahmslos jeder ist von Gott geliebt und zu einer ewigen Beziehung mit ihm berufen. So steht der Mensch mit einer unglaublichen Würde vor mir, ihm gilt in jeder Begegnung mein liebender Blick.

– Wir dürfen uns zuallererst über jede und jeden freuen und die Begegnung dankbar als Geschenk annehmen.

B
Begegnung ohne Vorurteile

– Mein Gegenüber bleibt mir immer ein Geheimnis. Nur Gott allein kennt sie/ihn. Ich habe kein Recht zu einem Urteil.

– Die Meinung des anderen ist vielmehr zu *retten* als zu verurteilen. Ich nehme wahr, was schön ist im Herzen des Nächsten.

– Ich bin selbst ein *Armer*, der aber einen Schatz gefunden hat, den er weiterschenken möchte. Ich bin nicht besser als mein Gegenüber. Auch ich bin auf dem Weg und werde durch diese Begegnung beschenkt.

C
Aufbau von Zutrauen
und Vertrauen

– Ich achte mein Gegenüber höher als mich selbst. Ich schaue nicht herab, sondern *hinauf*. Ich komme in der Haltung eines *Dienenden*.

– Ich treffe die Vorentscheidung, dem anderen einseitig zu vertrauen und ihm das Beste zu *unterstellen*.

– Wirkliches Interesse heißt auch, die Vorlieben und Begabungen des anderen wertschätzen zu lernen und an seinen Nöten und Freuden Anteil zu nehmen.

– Die Widerstände und Aggressionen des anderen können als ernstes Suchen bzw. als möglicher Ruf nach konkreterer Antwort verstanden werden.

D
Austausch von Erfahrungen anstatt Belehrungen

– Dialog lebt vor allem vom Zuhören: »Hab ich dein Ohr nur, find ich schon mein Wort« (Karl Kraus). Wir haben zwei Ohren und einen Mund – ich kann doppelt so viel hören wie sprechen. Und Dialog lebt vom Erzählen. In einer freundschaftlichen Atmosphäre kann die Wahrheit am besten wachsen.

– Das Beste im anderen entdecken lernen und gleichzeitig selbst das Beste geben, ohne sich dem anderen aufzudrängen. So kann echter Dialog entstehen, in dem ich von dem Glauben, der mich erfüllt, Zeugnis geben kann.

– Die Kraft der Botschaft, die ich weitergebe, wirkt für sich selbst; ich muss sie nicht krampfhaft verteidigen, wohl aber mutig bezeugen.

E
Dem anderen das Evangelium zutrauen

– Jeder Mensch hat das Recht, vom Evangelium zu erfahren. Ich traue jedem Menschen diese Botschaft zu.

– Wenn ich eine grundsätzliche Offenheit beim anderen wahrnehme, kann ich die Kraft und die Schönheit des Evangeliums sichtbar machen. Ich erzähle möglichst einfach und konkret, was mich persönlich erfüllt.

F
Gastfreundschaft gewähren und annehmen

– Wenn sich Menschen durch diese Begegnungen angesprochen fühlen, laden wir sie auch ein, an unserem Leben, an unserer Gemeinschaft teilzuhaben.

– Gerade durch das Gebet für diejenigen, denen wir begegnen, wird unser Herz weiterhin von ihnen *bewohnt*. Wir sind bereit, das zu empfangen, was Gott uns durch sie gibt.

– Wir lassen uns auch einladen und werden zu Gästen, wenn andere uns an ihrem Leben Anteil geben.

Mach's konkret!

Eine persönliche Aufgabenstellung zum Ausprobieren – Aufgabe 5

»Wie führe ich einen Dialog über den Glauben?«

Echter Dialog lebt von gegenseitigem Respekt und der Bereitschaft voneinander zu lernen. Nicht immer ist es so einfach, in einer hitzigen Debatte auf all die Haltungen zu achten, die eine dialogische Begegnung ausmachen. Sind wir nicht doch allzu oft versucht, in der Diskussion über strittige Themen die Oberhand zu behalten, den anderen von unserer eigenen Meinung zu überzeugen? Und doch gewinnt auch unsere eigene Perspektive erst an Kraft, wenn wir uns auf den anderen ganz einlassen und versuchen, ihn in seinen Ansichten zu verstehen.

Wir schlagen dir vor, dir eine der im letzten Kapitel genannten Grundhaltungen auszusuchen, die dich besonders herausfordert oder die du gerne an dir verändern möchtest. Achte in den Gesprächen, die du in der nächsten Woche führen wirst, egal ob in der Familie, der Arbeit, mit Freunden etc., ganz besonders auf diese Haltung und notiere dir, wo dir dies gut gelungen ist.

Politically
Incorrect

Maja Schanovsky, Sozialpädagogin

»Eine mehrtägige Straßenaktion in Graz – auf einem größeren Platz gab es eine Bühne mit Live-Musik und wir konnten die Passanten in ein nahe gelegenes Lokal auf einen Kaffee einladen und mit ihnen ins Gespräch kommen. Jeden Tag stand mehrere Stunden ein Mann vor der Bühne und hörte zu. Ihm gehörte ein kleiner Kiosk auf dem Platz, in dem er Zigaretten und Zeitungen verkaufte.

Am dritten Tag dachte ich mir, ich könne ihn ja einmal ansprechen und ihn fragen, wie ihm das Programm gefalle. »Ja, gut«, meinte er, »es ist schön, die vielen jungen Leute zu sehen und die Musik gefällt mir.« So ermutigt wollte ich ihn zu unserem Abendprogramm einladen und erzählte ihm, dass es am Abend ein Event gemeinsam mit der afrikanischen Gemeinde gäbe. Daraufhin sagte er ziemlich brüsk: »I mog kane Schwoazn!« Eigentlich macht mich eine solche Aussage – also ›Politically Incorrect‹ – eher sprachlos, aber ohne viel nachzudenken, antwortete ich: »Dann kommen Sie doch morgen, da gibt es eine andere Veranstaltung.« Die Antwort war: »Weil Sie das gesagt haben und mich wegen dieser Aussage nicht gleich verurteilt haben – jetzt will ich mit Ihnen reden. Kommen Sie, ich lade Sie auf ein Bier ein!« Eineinhalb Stunden lang führten wir dann ein sehr tiefes Gespräch über Gott und den Glauben. Was ich damals ganz spontan gemacht hatte, versuche ich seitdem ganz bewusst umzusetzen: niemanden wegen seiner Aussage oder Meinung zu verurteilen, sondern dem anderen stattdessen eine neue Türe zu öffnen, über die wir einander begegnen und ins Gespräch kommen können.«

4.
In welchem Geist?

Inspiration für eine
Revolution der Barmherzigkeit

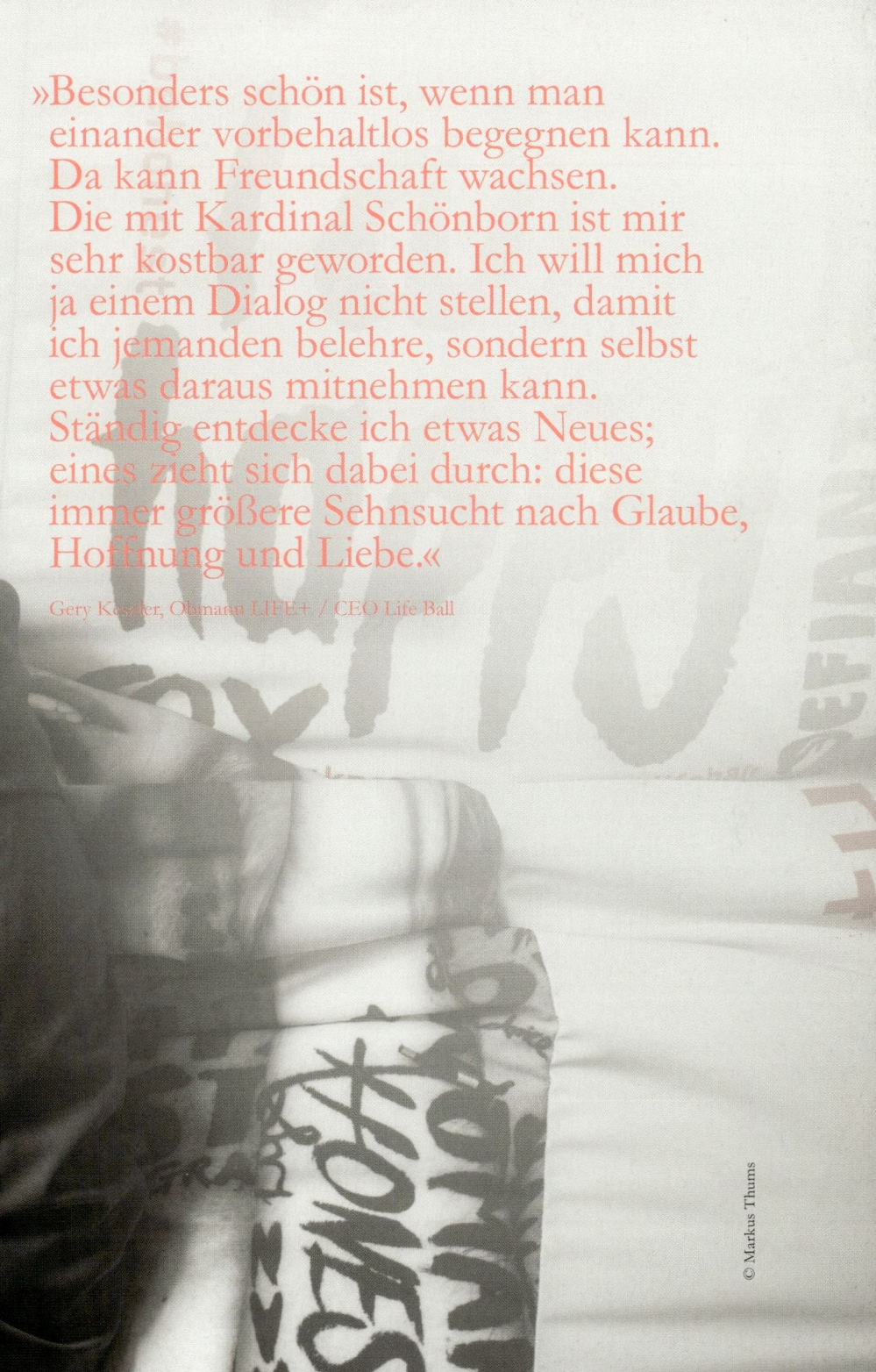

»Besonders schön ist, wenn man einander vorbehaltlos begegnen kann. Da kann Freundschaft wachsen. Die mit Kardinal Schönborn ist mir sehr kostbar geworden. Ich will mich ja einem Dialog nicht stellen, damit ich jemanden belehre, sondern selbst etwas daraus mitnehmen kann. Ständig entdecke ich etwas Neues; eines zieht sich dabei durch: diese immer größere Sehnsucht nach Glaube, Hoffnung und Liebe.«

Gery Keszler, Obmann LIFE+ / CEO Life Ball

© Markus Thums

Zu schrill für die Barmherzigkeit?

Wenn sich gute 100 Meter von meinem Arbeitsplatz entfernt all die Weltstars bei der schrillsten und glamourösesten Party des Jahres am Wiener Rathausplatz tummeln, dann kann man sich dieser Aura nicht ganz entziehen. Viel neugieriger machte mich allerdings der – für mich immer etwas rätselhafte – Gründer dieser europaweit größten Fundraising-Veranstaltung für Aidskranke, Gery Keszler. Für die einen gilt er als großer Wohltäter, und für andere steht er mit seinem Produkt ›Life Ball‹ für ein ausschweifendes Leben wie im biblischen Sodom und Gomorra. Ein Event mit zu viel nackter Haut, zu exzessiv, mit zu vielen Schwulen und Transvestiten.

Trotz vieler Widerstände wagten wir es, Herrn Keszler zu einer Begegnung mit Kardinal Schönborn einzuladen, ohne Scheinwerferlicht, in privatem Rahmen. Als Gastgeber mussten wir schon bei der ersten Begegnung zutiefst beschämt eingestehen, dass Herr Keszler so gar nicht unseren (Vor-)Urteilen entsprach. Er überraschte uns mit seiner Offenheit, seiner ernsten Suche nach Wahrheit und Liebe und nach der Begegnung mit Gott. Es gleicht einem Wunder, was in den vielen Zusammenkünften inzwischen passiert ist. Vor allem ist zuerst das Wunder unserer eigenen Bekehrung passiert – vom hohen Ross unserer Urteile und Selbstgerechtigkeit hinunterzusteigen, um vom anderen, mit all seinen Kostbarkeiten und Wunden, berührt zu werden.

Wir lernten, dass Gott nicht in unseren Kategorien denkt, sondern in das Herz der Menschen sieht. So hat es dann der Kardinal bei seinem ersten öffentlichen Statement bei einem Benefizkonzert für Aidskranke vor einem voll besetzten Wiener Burgtheater ausgedrückt: Zwei Menschen sind einander begegnet, nicht Kategorien oder Institutionen. In seiner darauffolgenden Rede antwortete Gery Keszler, dass er an einen ›christlichen‹ Gott glaube – weil er der ›Barmherzige‹ ist. Dies verändere alles, auch ein Vierteljahrhundert Life-Ball-Geschichte. Das ganze Leben drehe sich letztlich um Glaube, Hoffnung und Liebe.

Was damals noch niemand zu denken wagte: Am 25. Jahrestag der Gründung des Life Balls, gleichzeitig auch Welt-Aidstag, feierte der Kardinal gemeinsam mit der Life-Ball-Community und Vertretern der österreichischen Politik im Wiener Stephansdom einen Gottesdienst im Gedenken an alle Aids-Verstorbenen. Es war das Life-Ball-Team, das dieses Requiem detailliert vorbereitet hatte. Sänger und Travestiekünstler Conchita Wurst und andere Stars trugen die Fürbitten vor und das Vaterunser wurde vom teilnehmenden Life-Ball-Publikum mehr oder weniger laut gebetet. Diesmal sollte es nun doch im Licht unzähliger Scheinwerfer des Fernsehens für eine Liveübertragung passieren – ein klassisches Mozartrequiem, und doch so außergewöhnlich. Eines wurde mir klar: Trotz so vieler ungeklärter Fragen – es ist der Geist Gottes, der scheinbar unüberwindbare Gräben überwinden kann.

Ein neuer Geist

Die Frage nach dem ›Spirit‹ ist eine zutiefst menschliche. Werbeslogans wie ›Be Inspired!‹ haben in den vielfältigsten Ausformungen eine ganze Generation überschwemmt. Offenbar drängt es uns alle nach dem belebenden *Spirit, der Flügel verleiht.* Diesem starken Bedürfnis nach Inspiration wird mit zahllosen Angeboten auf dem Markt entsprochen, die dieser Mangelerfahrung abhelfen sollen. In der Tat brauchen wir nichts mehr als eine gute Motivation für all unsere Aufgaben, die kleinen und die großen.

Gerade im Kontext der Mission begegnet uns in der Bibel die erstaunliche Zusage Jesu: Dieser Wunsch nach Inspiration kann immer und überall erfüllt werden! Er muss nur ehrlich sein: »Wenn nun ihr, die ihr böse seid, eueren Kindern gute Gaben zu geben wisst, wie viel mehr wird euer Vater im Himmel heiligen Geist denen geben, die ihn bitten.« (Lk 11,13). Dazu bedarf es nicht einmal außerordentlicher energetischer Sonderübungen, sondern nur einer schlichten Herzensöffnung mit der Bitte um den Geist. Dazu finden wir wieder sehr klare Hilfestellungen in der Bibel und in den kirchlichen Texten, etwa in *Evangelii Nuntiandi* (Nr. 75–80) wie auch in *Evangelii Gaudium* (Nr. 259–281).

Unsere Hoffnung auf eine starke Inspiration basiert zunächst auf der elementaren und schlichten Bitte um den Heiligen Geist. Selbst die beste und nützlichste Methode und die geschickteste Vorbereitung kann nichts ohne das verborgene Wirken des Heiligen Geistes ausrichten: »Ohne das Wirken des Heiligen Geistes wird die Evangelisierung niemals möglich sein. (…) Er ist derjenige, der heute wie in den Anfängen der Kirche in all jenen am Werk ist, die das Evangelium verkünden und sich von ihm ergreifen lassen; er legt ihnen Worte in den Mund, die sie allein niemals finden könnten, und bereitet zugleich die Seele des Hörers auf den Empfang der Frohbotschaft und der Verkündigung des Gottesreiches vor« (EN 75).

Missionarische Inspiration gibt es gratis und jederzeit – und ohne dazu ein spiritueller Meister sein zu müssen.

Es liegt auf der Hand, dass wir uns auch in der Mission um gute Methoden und um Professionalität bemühen müssen, wenn wir das Beste für andere geben wollen. All das wird aber erst zu einer wirklichen Gabe Gottes, wenn es eine Seele hat. Es ist ein spürbar belebender Geist, der uns überhaupt erst zur Mission bewegt und antreibt. Nur er allein kann das geheimnisvolle Geschehen einer Gottesbegegnung in uns und im anderen bewirken. Durch unsere Worte und Taten einer liebenden Zuwendung bilden wir einen Kanal für das Wirken des Geistes. Aber weder das verkrampfte Vertrauen in unser eigenes Machwerk noch ein davon losgelöstes, magisches Verständnis eines Gebetskults werden uns voranbringen.

Der Heilige Geist soll die Seele der Kirche sein. Die wiederholte Bitte um den Heiligen Geist gehört demnach zur vorrangigen Praxis jeder Mission. So haben wir es uns zur guten Gewohnheit gemacht, vor jeder noch so kleinen Aktion ein Gebet zum Heiligen Geist zu sprechen; ob dies nun sehr persönlich in der Stille des Herzens passiert oder in der gemeinsamen laut ausgesprochenen Bitte. Wenn wir uns selbst zurücknehmen, kann Gott in uns diesen Raum einnehmen. Dann verkündigen wir nicht uns selbst und unsere Erkenntnis, sondern unsere Erkenntnisse und Begabungen werden durch den Heiligen Geist gewandelt. Auf diese Weise werden wir auch freier von uns selbst und können uns ganz dem Wirken des Geistes überlassen. »Wir müssen ihn jeden Tag anflehen, seine Gnade erbitten, dass er unser kaltes Herz aufbreche und unser laues und oberflächliches Leben aufrüttle« (EG 264).

© Theresa Pewal

»Beten ist für mich wie ein Gespräch mit einem guten Freund, etwas Alltägliches und Schönes, das dem Leben Geschmack gibt. Wenn ich nicht mehr weiterweiß oder wenn andere große Sorgen haben, dann sag ich oft: ›So, Gott, jetzt musst du was machen.‹ Ich glaube, dass Gott sich für jede Kleinigkeit in unserem Leben interessiert, besonders auch für die Sorgen.«

Katharina Sperrer, Pädagogin

Speziell herausgehoben werden muss hier das von vielen wiederentdeckte kontemplative und *stille Gebet*. Diese anbetende Haltung vor Gott kann uns wieder eine innere Ergriffenheit für die Liebe Gottes schenken, die uns dazu drängt, sie mit anderen zu teilen. Unser Leben mit Gott ist keine isolierte Beziehungskiste, sondern öffnet uns immer wieder neu für die anderen, die Gemeinschaft, die Gesellschaft.

Immens wichtig ist deswegen das *Fürbittgebet*, das uns »nicht von der echten Betrachtung abbringt, denn die Betrachtung, welche die anderen draußen lässt, ist eine Täuschung« (EG 281). Die Fürbitte motiviert uns vor allen Dingen zu einer Evangelisierung, die das Wohl der anderen sucht. Durch die Fürbitte wird unser Herz mit Menschen *angefüllt*, so wie uns der heilige Paulus ein gutes Beispiel davon gibt: »Ich danke meinem Gott, sooft ich an euch denke, und bete allezeit in jedem meiner Gebete mit Freude für euch alle (…) weil ich euch im Herzen trage« (Phil 1,4.7). Auf diese Weise werde das Herz des Christen großzügiger, »befreit von einer abgeschotteten Geisteshaltung und begierig, das Gute zu tun und das Leben mit den anderen zu teilen« (EG 282).

Papst Franziskus macht uns darauf aufmerksam, dass es bei der Geistererfahrung letztlich nie um ein Abheben in schwindelnde Höhen gehe. Wir sollen einfach auf das enge geistvolle Zusammenwirken von *Beten und Arbeiten* vertrauen, das erst zu echtem missionarischen Schwung verhilft: »Vom Gesichtspunkt der Evangelisierung aus nützen weder mystische Angebote ohne ein starkes soziales und missionarisches Engagement noch soziales oder pastorales Reden und Handeln ohne eine Spiritualität, die das Herz verwandelt« (EG 262).

Wenn wir aus Liebe zum anderen missionieren wollen, brauchen wir alle drei: die Bitte um den Heiligen Geist, die Anbetung und die Fürbitte.

Eine Revolution im Geist der Barmherzigkeit

Der entscheidende Schlüssel zum Verstehen der christlichen Mission ist die tatsächliche Erfahrung von Barmherzigkeit. Sie ist das Herz von allem, die eigentliche Revolution. Mit einer solchen Erfahrung treten wir in eine Logik Gottes ein, die uns in allem übersteigt und doch am tiefsten unsere Sehnsucht trifft. Oft reagieren wir darauf mit Erstaunen: Warum um alles in der Welt sollte es einen Gott geben, der so großherzig ist? Und warum ist es so schwer, die eigene Hartherzigkeit zu überwinden?

Selbst wenn Papst Franziskus unüberhörbar und unermüdlich alle zu einer neuen Hinwendung zu diesem Geist der Barmherzigkeit eingeladen hat, so verstehen nicht alle gleich dasselbe darunter. »Das Reden über Barmherzigkeit ist mir geradezu unerträglich – diese so paternalistische, herrschaftliche und von oben herablassende und Almosen gebende Haltung; das ist doch würdelos und demütigend! Helfen in einer aufgeklärten Gesellschaft muss doch anders aussehen!?«, so das aufgeregte Statement einer jungen engagierten Studentin bei einer nervös geführten Diskussion zum Flüchtlingsthema in Wien. Sie zeigte sich weltanschaulich eher agnostisch orientiert, wie viele andere Studierende auch, die wir an diesem Abend zu einem Dialog über Gott und die Welt in ein bekanntes politisch linkes Kulturzentrum eingeladen hatten. Diese Anfrage oder dieser Vorwurf ist uns freilich nicht neu und dennoch stimmt er in der Häufigkeit, wie er vor allem im säkularen Kontext vorgetragen wird, nachdenklich. Es lohnt sich, doch ein wenig genauer hinzuhören. Womöglich ist es sogar signifikant für die bewusste oder unbewusste externe Wahrnehmung von Kirche oder christlicher Religion in unserer Gesellschaft.

Aus der Erfahrung vieler Gespräche während der Missionsprojekte war und ist es für uns wahrlich schmerzlich, zu realisieren, dass offensichtlich für viele Zeitgenossen der eigentliche Geist der Kirche noch immer von Herrschen und Urteilen geprägt ist. Die Frage quälte uns zunehmend, wie das denn sein könne, wo doch die Kirche in unserem Europa längst zu einem Minderheitenprogramm geworden ist. Wo wir uns als Christen doch zurückgedrängt und zuweilen verfolgt wissen. Und wo zudem viele überhaupt keinen direkten Kontakt mehr zur Kirche haben, um sich von ihr verletzt oder gedemütigt zu fühlen.

Von der verurteilenden Analyse zur Wahrnehmung der Wunden

Wenn auch die Gründe dafür vielfältiger und komplexer sind, so müssen wir doch für heute eines ernsthaft festhalten und zugeben, dass wir uns in unseren kirchlichen Gruppen erstaunlich beharrlich in stolzer besserwisserischer Beurteilungsmentalität und

Selbstverteidigung bewegen. Vor allem sind heute zunehmend Jüngere vom Eifer beseelt, die Feinde in der Welt genau festzumachen, um gezielter gegen sie kämpfen zu können. Die oft heilige Absicht, Heiliges zu schützen, endet nicht selten in scharfer und erbarmungsloser Analyse der Gesellschaft oder anderer geschmähter kirchlicher Gruppen. Wenn Andersdenkende Fehler machen, gibt man »allzu leicht (…) der Versuchung nach, solche Situationen auszunutzen und auf diese Weise Öl ins Feuer des Misstrauens, der Angst und des Hasses zu gießen«[36]. Natürlich gilt weiterhin, dass man »das Böse unnachgiebig verurteilen muss«, aber wo bleibt unsere Fähigkeit, all die Nöte dieser Gesellschaft nicht nur als Vergehen, sondern auch als geschlagene Wunden wahrzunehmen, die der Öle der Heilung bedürfen? Warum nur gerät so sehr in Vergessenheit, dass Jesus gekommen ist, um die Sünder zu retten und nicht die Gerechten, die Kranken und nicht die Gesunden?

Den Schlüssel zu dieser neuerlichen Umkehr formuliert Papst Franziskus in *La conversione pastorale* mit Johannes 13,14: »Wenn nun ich, der Herr und Meister, euch die Füße gewaschen habe, müsst auch ihr einander die Füße waschen!« Wir wissen, wie schwer Petrus diese Umkehrung von Sklave und Meister gefallen ist – und bis heute vielen von uns in der Kirche schwerfällt. Der Stolze, so der Papst, blicke immer von oben herab nach unten, der Demütige blicke von unten nach oben. Um in dieses Geheimnis einzutreten, müsse man sich beugen, sich erniedrigen. Diese Wirklichkeit hat uns gelehrt, unsere Geisteshaltung umzukehren, uns zu beugen, um in dieser säkularen und pluralistischen Gesellschaft anderen die *Füße zu waschen.*

Es gibt wohl kaum einen herausfordernderen und gleichzeitig beglückenderen Umkehrprozess in unserer Evangelisierungsarbeit als genau diesen: *unsere Knie* vor den Menschen dieser Welt *zu beugen* – so wie sie sind. Diese große Vision der Barmherzigkeit in der konkreten Evangelisation nährt sich von den vielen kleinen täglichen Erfahrungen des *Herabsteigens,* um den Menschen Nähe und Mitgefühl zu zeigen. Erst indem man sich zum Nächsten niederbeugt, erhebt man sich zu Gott.[37] Es braucht eine wahre Umkehr zu einer befreienden Demut, um ganz und gar auf das Urteil über andere zu verzichten. Vor wenigen Jahren wäre es noch undenkbar gewesen, dass ein Papst mit seinen Worten und Gesten wie nie zuvor die ganze Welt fesseln kann. Nur diese Güte könne uns wirklich erleuchten und die wahre Freude zurückschenken. Nur sie könne uns aus der Selbstbezogenheit befreien.

Bezeichnend ist eine gewisse Scheu, sich diesen Fragen ganz auszusetzen. So sagt der große deutsche Schriftsteller Martin Walser, ein Agnostiker, er wage das Wort *Güte* kaum auszusprechen noch zu schreiben, es sei zu kostbar und zu groß. Und doch wäre sie ja so rettend. Güte ist ein schönes anderes Wort für Barmherzigkeit. Wir können Walsers Respekt, aber auch seine Sehnsucht und die gleichzeitige Unsicherheit in die Reihe so vieler heute stellen, auch wenn sie dies auf ganz unterschiedliche Weise ausdrücken.

Im 20. und zu Beginn des 21. Jahrhunderts wurden wir mehrmals mit großen Proklamationen der Barmherzigkeit in herausragenden Momenten der katholischen Kirche konfrontiert. Nicht nur, dass wir mit Papst Franziskus ein Heiliges Jahr der Barmherzigkeit begehen durften und überhaupt sein ganzes Pontifikat diesem Thema gewidmet ist. Schon Papst Johannes XXIII. hat bei der Ausrufung des Zweiten Vatikanischen Konzils die Kirche eingeladen, sich wieder neu an der Barmherzigkeit zu orientieren und aus ihr heraus zu reformieren. Und wie oft hat Papst Johannes Paul II. im Laufe seiner langen Amtszeit die göttliche Barmherzigkeit in das Zentrum seiner Mission gestellt! Als ein Zeichen unter vielen bestimmte er den zweiten Sonntag der Osterzeit, den Weißen Sonntag, zum *Sonntag der Göttlichen Barmherzigkeit.* Er folgte damit einer Bitte der heiligen Maria Faustyna Kowalska, die unmittelbar vor dem Zweiten Weltkrieg Visionen vom barmherzigen Jesus hatte. Der Papst bekräftigte dabei den zentralen Auftrag der Kirche: »Die Barmherzigkeit ist eines der schönsten Attribute des Schöpfers und des Erlösers, und die Kirche existiert, um die Menschen zu dieser unerschöpflichen Quelle zu führen, deren Hüterin und Ausspenderin sie ist. Deshalb wollte ich der göttlichen Barmherzigkeit meine Heimat, die Kirche und die gesamte Menschheit weihen.«[38]

Die Kirche ist dazu da, den Menschen in die Barmherzigkeit Gottes zu führen.

Logik der Wiedereingliederung

Es ist das neue Denken Jesu, das dazu führt, dass seine Barmherzigkeit Ärgernisse verursacht. Gerade diesem Denken müssen wir uns aber in der Mission stellen: »Es sind zwei Arten von Logik des Denkens und des Glaubens: die Angst, die Geretteten zu verlieren, und der Wunsch, die Verlorenen zu retten.«[39] Nach Papst Franziskus sei die ganze Kirchengeschichte von diesen beiden Arten der Logik – *ausgrenzen* und *wiedereingliedern* – durchzogen. Jesus wolle demnach nichts anderes, als die Ausgeschlossenen wieder in die Gesellschaft einzugliedern, »ohne sich in Vorurteilen selbst zu beschränken, ohne sich der herrschenden Mentalität der Leute anzupassen, ohne sich über die Ansteckung überhaupt Gedanken zu machen«. In seiner Barmherzigkeit wolle Jesus die Entfernten suchen, berühren, umarmen, aufnehmen und wiedereingliedern. Die ganze Mission ziele ja auf die Eingliederung aller in die Familie Gottes ab. Wenn die Kranken, die Sünder in die Gemeinschaft aufgenommen werden, werde doch keinem Gesunden oder Gerechten Schaden angetan. In der Logik der Gesetzeslehrer allerdings werde die Gefahr nur durch Distanzierung und Ausschluss gebannt. Die großherzige Wiedereingliederung der Sünder »bedeutet nicht, die Gefahr zu unterschätzen oder die Wölfe in die Herde eindringen zu lassen, sondern den verlorenen Sohn aufzunehmen, entschieden und mutig die Verletzungen der Sünde zu heilen, sich die Ärmel aufzukrempeln und nicht darin zu verharren, passiv das Leiden der Welt zu beobachten. Der Weg der Kirche ist der, niemanden auf ewig zu verurteilen, die Barmherzigkeit Gottes über alle Menschen auszugießen, die sie mit ehrlichem Herzen erbitten. Der Weg der Kirche ist genau der, aus der eigenen Umzäunung herauszugehen, um in den wesentlichen Randgebieten der Existenz die Fernen aufzusuchen.«[40]

Es ist unerlässlich, dass wir Christen uns von dieser Herzenshaltung formen lassen. Für Papst Franziskus folgt daraus: »Die Liebe kann nicht neutral, aseptisch, gleichgültig, lau oder unparteiisch sein! Die Liebe steckt an, begeistert, wagt und bezieht ein! Denn die wirkliche Liebe ist immer unverdient, bedingungslos und gegenleistungsfrei (1 Kor 13). Die Liebe ist kreativ, wenn es darum geht, die richtige Sprache zu finden, um mit all denen Verbindung aufzunehmen, die als unheilbar und darum unberührbar angesehen werden.«[41]

Die Barmherzigkeit Gottes ist darauf ausgerichtet, alle hereinzuholen und niemanden auf immer hinauszuweisen – zu retten und nicht zu richten.

Herausragende Zeugen der Barmherzigkeit

Das liebende Werben ist kein sentimentales Getue, sondern ein echter Kampf. Einer der Menschen aus der Zeit Jesu, der tief verstanden hat, wie viel Jesus für uns einzusetzen bereit war, ist Maria Magdalena. Unter dem Kreuz musste sie mit ansehen, was es Jesus gekostet hat, dass er sie von sieben Dämonen befreit hat (vgl. Lk 8,2). Erst dort hat sie die wirkliche Größe der Liebe

© privat

»Ich hatte das Leben, von dem viele träumen: Jet-Set-Life, unglaublichen Erfolg mit meinen »Nachtschicht«-Clubs, eine Frau, viele Affären. Innerlich war ich allerdings bankrott und kurz davor, mir das Leben zu nehmen. An diesem Tiefpunkt grub ich meine alte Bibel aus und stieß auf das Gleichnis vom verlorenen Sohn. Beim Lesen fühlte ich mich wie dieser Sohn, der endlich bei Gott daheim ankommt, dem alles vergeben wurde. Noch unglaublicher: Sogar meine Frau konnte mir vergeben.«

Andreas Schutti, Gastronomieberater

Gottes erkennen können. Viele Heilige haben betont, dass die Schwere des Leidens Jesu wohl nicht zuerst die Schmerzen der Geißelung und der Kreuzigung waren, sondern der Schmerz, dass *die Liebe nicht geliebt worden ist*.

So hatte die heilige Margareta Maria Alacoque in Paray-le-Monial, dem bekannten Herz-Jesu-Wallfahrtsort im französischen Burgund, ab dem Jahr 1673 mehrere Visionen und sah das *von Liebe entflammte Herz Jesu* brennen. Dabei sagte Jesus zu ihr: »Sieh da, dieses Herz, das die Menschen so sehr geliebt hat, dass es nichts sparte, ja sogar sich erschöpfte und verzehrte, um ihnen seine Liebe Gottes zu bezeugen. Als Anerkennung erhalte ich von den meisten nur Undank.«[42]

Die heilige Therese von Lisieux, die Patronin der Mission und Kirchenlehrerin, ist davon beseelt, dass der konkreten Liebe des Alltags schlicht alles möglich sei – sie rette sogar Seelen! Therese wollte zunächst *Priesterin, Prophetin, Kirchenlehrerin, Missionarin, Märtyrerin* werden. Sie stieß dann auf eine Stelle bei Paulus und entdeckte endlich – sie war 22 Jahre alt – ihre eigentliche Berufung: »Im Herzen der Kirche, meiner Mutter, werde ich die Liebe sein. Auf diese Weise werde ich alles sein.« Ihr einziger Wunsch war: »Seelen zu retten.« Christus zeige uns, »dass es die kleinsten, aus Liebe getanen Handlungen sind, die sein Herz gewinnen (...) Ah! Wenn es darauf ankäme, große Dinge zu vollbringen, wie sehr wären wir zu bedauern. (...) Aber wie glücklich sind wir, weil Jesus sich durch die kleinsten Dinge fesseln lässt (...).«[43]

Die heilige Maria Faustyna Kowalska verbreitete von Krakau/Lagiewniki aus in die ganze Welt die Botschaft von der grenzenlosen Barmherzigkeit, die selbst den größten Sündern gilt. In den späteren 1930er-Jahren hört sie Christus in einer Vision zu ihr sagen: »Sprich zur ganzen Welt über meine unergründliche Barmherzigkeit (...). Bevor ich als der Gerechte komme, öffne ich zuerst weit die Tore meiner Barmherzigkeit. Wer aber nicht durch die Tore der Barmherzigkeit gehen will, der muss durch die Tür meiner Gerechtigkeit gehen.«[44]

In diese Reihe passt Dietrich Bonhoeffer, der evangelische Theologe und Märtyrer im Deutschland der NS-Zeit, wenn er aufgrund dieser übergroßen Hingabe Jesu von der *teuren Gnade* spricht. Nicht eine *billige*, die den Herrn, Gott selbst, nichts gekostet hätte. Es hat ihn alles gekostet – sein Leben! – um uns sein Erbarmen ganz zu zeigen. Die Sünde wird nicht kleingeredet, im Gegenteil. Gerade das Kreuz zeigt die Größe der Sünde und gleichzeitig die Übergröße des Erbarmens Gottes. Bonhoeffer selbst hat mit der *teuren Gnade* ernst gemacht und

sein Leben in der verbrecherischen Hitler-Diktatur hingegeben. »Billige Gnade ist der Todfeind unserer Kirche. (...) Teuer ist die Gnade (...) weil uns nicht billig sein kann, was Gott teuer ist. Teure Gnade ist sie vor allem darum, weil Gott sein Sohn nicht zu teuer war für unser Leben, sondern ihn für uns hingab. Teure Gnade ist Menschwerdung Gottes.«[45]

Barmherzigkeit ist kein leichter Weg. Selbst Gott *bezahlt* seine Barmherzigkeit mit dem Martertod am Kreuz. Billige Barmherzigkeit ist der Todfeind der Kirche.

Das Ringen um Moral und Erbarmen

Dass die Kirche ein ersehnter Ort rettender Zuwendung, eine Oase der Barmherzigkeit, ist – auch durch Missstände in der Kirche selbst – in weiten Teilen der Gesellschaft fast zur Gänze verloren gegangen. Für einige ist die Kirche bestenfalls noch so recht und schlecht als Dienstleistungsbetrieb für Wertevermittlung brauchbar, zeitweilig auch als Wohlfühloase oder als Ort persönlicher Erbauung. Bestimmte kirchliche Brauchtümer werden noch als Reste willkommener Erziehungsmomente für das Familien- und Gemeindeleben erlebt.

Wo muss nun die Kirche im Diskurs mit der Gesellschaft vorrangig ansetzen? Dass unsere Gesellschaften einer Vielzahl von Nöten ausgesetzt sind, die einer gesunden Moral bedürfen, muss gar nicht extra ausgeführt werden. Dass wir uns unmittelbar um die Not der Ärmsten und Notleidenden kümmern müssen, wird an anderen Stellen des Buches eingehend erörtert.

Eine sehr schwerwiegende und fürs Erste nicht so augenscheinliche Not sei hier unbedingt herausgegriffen: der Mangel an Selbstvertrauen. Diese Not ist in einem hohen Maße einer zunehmend sorglosen Kultur der Kritik und Be-/Verurteilung – auch als Schwerpunkt medialer Kommunikation – geschuldet. Sich beständiger Beurteilung unterschiedlichster Art aussetzen zu müssen, kann die Seele sehr stressen. Auch unzählige einseitige Psychologisierungen in diversen Ratgebern für das Beziehungs- und Familienleben können auf Dauer ein tief verwurzeltes schlechtes Gewissen generieren. Mit Versagen und Schuld alleingelassen, kann der Mensch aber nicht existieren. Er sucht Auswege verschiedenster Art. Wenn ihm nicht geholfen wird, das Wissen von seiner Schuld zu tragen bzw. zu ertragen, kann er seine Vergangenheit und sich selbst nicht annehmen.

Uns ist bewusst, dass Wahrheit ohne Liebe *verletzt* und *zerstört* (vgl. EN 79). Letztlich hilft uns das Wissen um Gottes Gegenwart und Barmherzigkeit, die Realität zu sehen und anzunehmen. Was für ein Geschenk es doch ist, Versagen annehmen zu können, zu bekennen und soweit wie möglich wiedergutzumachen. Die *Sünde* und die *Liebe* treffen ja letztlich wieder am Kreuz zusammen. Wiederholt lohnt sich der Blick auf das Kreuz, wie es hier Papst Johannes Paul II. als *den* Ort von Vergebung festmacht: »Im Kreuz neigt sich Gott am tiefsten zum Menschen herab und zu allem, was der Mensch insbesondere in schwierigen und schmerzlichen Augenblicken als sein unglückliches Schicksal bezeichnet. Im Kreuz werden gleichsam von einem heilenden Hauch der ewigen Liebe die schmerzlichsten Wunden der irdischen Existenz des Menschen berührt; es ist die letzte Vollendung des messianischen Programms (Lk 4,18–21).«[46]

Das Kreuz macht auch in dem immer wieder aufflammenden öffentlichen Diskurs deutlich: Für das Christentum ist der Gekreuzigte Angelpunkt und Schlüssel der kostbarsten Botschaft des Menschseins: Mensch, du bist nicht verurteilt, dir ist vergeben! Du kannst neu beginnen! Du wirst nicht verstoßen! Diese Botschaft ist alles andere als nur für die intime Meditation reserviert, die nur für Eingeweihte nach langem Reifungsprozess erreichbar ist. Nein, auf dem Hügel Golgotha wurde genau das öffentlich demonstriert unter den Schaulustigen, Mördern, Verzweifelten, Liebenden und Spöttern. Vor aller Welt ausgesetzt, bittet der am Kreuz erhöhte Jesus seinen Vater: »Vergib ihnen, denn sie wissen nicht, was sie tun« (Lk 23,34).

Die mögliche Sorge, dass diese Betonung einer großherzigen Vergebung ein Freibrief für weiteres Fehlverhalten sein könnte, trifft nicht die Realität. Im Gegenteil, echte Vergebung macht erst das Ausmaß der begangenen Tat deutlich, aber gleichzeitig eröffnet sie eine neue Zukunft, so die Religionsphilosophin Hanna-Barbara Gerl-Falkovitz: »Dann führt Güte zu dem Paradox: dass die Schuld im Eingeständnis bereits im Schwinden ist, weil sie nur angesichts der Vergebung wirklich eingestanden werden kann. Noch grundsätzlicher: Nur im Radius des Vergebens wird Schuld überhaupt sichtbar; an der Entlastung wird die Last in ihrem Gewicht gespürt und abgeworfen.«[47] Sollte nicht gerade die Kirche in einer Be- und Ver-urteilungsgesellschaft ein wahrer Zufluchtsort des Erbarmens sein, an dem unerträgliche Last abgeworfen werden kann?

Es ist unerlässlich, die Verwundungen der Gesellschaft zu benennen und ihre Heilung zu betreiben. Gerade dafür ist es aber auch notwendig, die stärkste Quelle der Heilung öffentlich anzusprechen und erfahrbar zu machen – die grenzenlose Vergebung durch die Barmherzigkeit Gottes.

Miteinander der Frauen und Männer im Volk

Die Gefahr einer einengenden Privatisierung und Verbürgerlichung christlichen Lebens bleibt eine stete Herausforderung. Wie ansteckend wirken mein eigenes Leben und der Alltag unserer Gemeinde tatsächlich auf unsere Umgebung? Wie groß ist unsere Sorge für unser unmittelbares und weiteres soziales Umfeld wirklich? Interessant ist, dass Papst Franziskus wiederholt den Blick Jesu und seine Leidenschaft gerade für das *ganze Volk* hervorhebt.

Im Petrusbrief wird auch diese Realität des *Volkes* stark gemacht: »Die einst Nicht-Volk waren, sind jetzt Gottes-Volk« (1 Petr 2,10). Die Kirche bekräftigt aktuell mit Nachdruck: »Von seinem Vorbild fasziniert, möchten wir uns vollständig in die Gesellschaft eingliedern, teilen wir das Leben mit allen, hören ihre Sorgen, arbeiten materiell und spirituell mit ihnen in ihren Bedürfnissen, freuen uns mit denen, die

fröhlich sind, weinen mit denen, die weinen, und setzen uns Seite an Seite mit den anderen für den Aufbau einer neuen Welt ein« (EG 269).

Christinnen und Christen bedürfen der Geisteshaltung, *Männer und Frauen des Volkes* zu sein, und sich nicht als sonderbare Elitetruppen verstehen, die sich nicht mit dieser Welt schmutzig machen wollen. Das wirkliche *Sich-hinein-Mischen* in das Volk macht gerade das Leben so »wunderbar komplex« (AL 308). Jedes *Antlitz* sei dabei wichtig, sagt uns Papst Franziskus: »Jenseits aller äußeren Erscheinung ist jeder unendlich heilig und verdient unsere Liebe und unsere Hingabe. Deswegen, wenn ich es schaffe, nur einem Menschen zu helfen, ein besseres Leben zu haben, rechtfertigt dies schon den Einsatz meines Lebens. Es ist schön, gläubiges Volk Gottes zu sein. Und die Fülle erreichen wir, wenn wir die Wände einreißen und sich unser Herz mit Gesichtern und Namen füllt!« (EG 274).

Christinnen und Christen müssen hinein ins volle Leben und ins ganze Volk. Offenheit für jeden Einzelnen und jede Not, die uns dort begegnen!

Im Geist des Wortes und der Einheit

Wie weiß ich nun, was der Geist sagt? Nichts ist verständlicher als das Leben Jesu selbst, als seine Erzählungen und seine Lehren. Das Wiederentdecken des gemeinsamen Lesens der Bibel in Gruppen gehört weltweit zu den Motoren der Erneuerungen kirchlichen Lebens und des Wachstums und der Gründung neuer christlicher Gemeinden. In solchen *Small Christian Communities* wird besprochen, wie die Botschaft Jesu konkret in ihrem Umfeld umgesetzt werden kann. Und wie ein Sauerteig durchwirkt es dann die Gesellschaft. Wir dürfen dem Geist auch zutrauen, dass er das Entscheidende einer Gruppe von Menschen, die sich miteinander über das Evangelium austauschen, verstehbar macht.

Nicht ohne Grund schärfte schon der Kirchenvater Hieronymus, der große Gelehrte der alten Kirche, den Christen ein: »Die Schrift nicht kennen, heißt Christus nicht kennen.« Erst durch das Lesen des Wortes Gottes sehen wir klarer den Weg, den wir gehen können.

Außerdem, so Papst Franziskus, ist es die beste Motivation, anderen das Evangelium mitzuteilen, wenn wir uns entschließen, »es voll Liebe zu betrachten, auf seinen Seiten zu verweilen und es mit dem Herzen zu lesen. Wenn wir es auf diese Weise angehen, wird uns seine Schönheit in Staunen versetzen, uns wieder und wieder faszinieren« (EG 264).

Die Botschaft sei nicht so kompliziert, sie sei eine gute Nachricht für das Volk. »Das ganze Leben Jesu, seine Art, mit den Armen umzugehen, seine Gesten, seine Kohärenz, seine tägliche und schlichte Großherzigkeit und schließlich seine Ganzhingabe – alles ist wertvoll und spricht zum eigenen Leben. Sooft einer dies wiederentdeckt, ist er davon überzeugt, dass es genau das ist, was die anderen brauchen, auch wenn sie es nicht erkennen: ›Was ihr verehrt, ohne es zu kennen, verkünde ich euch‹ (Apg 17,23)« (EG 265).

Ermutigend ist zudem, wie sehr uns ein neues Hören auf das Wort Gottes stärker mit allen christlichen Kirchen und Gemeinschaften zusammenschließt. Nicht nur die wachsende ökumenische Gemeinsamkeit, sondern auch die gemeinsame Mission durch Laien und Kleriker, Große und Kleine, Starke und Schwache, Frauen und Männer, Überzeugte und Suchende, sogar durch Liberale und Konservative könnte ein besonderes fruchtbringendes Charakteristikum heutiger Mission sein. Es braucht dieses – oft einseitige – Zutrauen, dass Gott auch im anderen wirkt. Nicht selten werden dadurch Wege eröffnet, die in uns und im anderen das Beste freisetzen.

Auf diese Weise zieht es uns alle auf geheimnisvolle Weise zu Gott und verbindet uns untereinander. Gemeinschaftliche Mission braucht bei allem Konfliktpotenzial das bewusst verzeihende und gütige Miteinander. So formt uns der missionarische Dialog miteinander zu *Zeugen der Barmherzigkeit*. Dann wird auch für andere klarer, dass wir nicht uns selbst oder eine Ideologie verkündigen, sondern Gott selbst Raum geben. Und woran erkennt man das? Der römische Schriftsteller Tertullian sagte über die ersten Christen: Seht, wie sie einander lieben!

Gemeinsam die Bibel lesen, und zwar mit dem Herzen lesen! Das öffnet uns für den Anruf Gottes – und stärkt die Gemeinschaft mit allen Christen aller Konfessionen.

»Undankbarkeit – das habe ich zu spüren bekommen, als ich für mehrere Monate in einem
irischen Obdachlosenheim mithalf. Den Damen
fiel es sehr schwer, Liebe zu zeigen, sie hatten sie
ja selbst kaum erfahren. Erst nach fast acht
Monaten begannen sie, mir ihre Wertschätzung
dafür zu zeigen, dass ich für sie da war, kochte,
putzte, zuhörte und betete. Selten habe ich Menschen getroffen, die so offen sind, so sehr suchen
und leiden. Es ist so wichtig, es Jesus gleichzutun
und für jene am Rand der Gesellschaft da zu sein.«

Resi Schmalzbauer, Germanistikstudentin

Mit Realitätssinn und der Kraft der Auferstehung

Bei allem Reden über die Kraft des Geistes dürfen wir uns nicht frömmelnd über die zahllosen Gebrochenheiten des Lebens mit all ihrer Tragik und all dem Ungelösten hinwegschwindeln. Ungerechtigkeit und Hass hören nicht auf. Trotz des Evangeliums werden Fragen unbeantwortet bleiben.

Nicht selten sind wir bis zu den Grenzen unserer Belastbarkeit herausgefordert, unsere unmittelbare und die weite Welt als solche, wie sie ist, anzunehmen. Wie viel bleibt doch beim Kampf gegen Ungerechtigkeit noch offen! Mitten im Alltag können wiederholt auftretende Schwierigkeiten und menschliche Kleinigkeiten sehr wehtun und unsere Bemühungen empfindlich bremsen. Manchen gibt all das gar den Eindruck, dass Gott nicht existiere (vgl. EG 276).

Gleichzeitig wäre es fatal, wenn uns all das als Ausrede dienen würde, nicht kräftig »Hand an den Pflug zu legen«. »Seine Auferstehung gehört nicht der Vergangenheit an; sie beinhaltet eine Lebenskraft, die die Welt durchdrungen hat. Wo alles tot zu sein scheint, sprießen wieder überall Anzeichen der Auferstehung hervor. Es ist eine unvergleichliche Kraft« (EG 276).

Es gilt also, sich der schwierigen Realität auszusetzen, sie auszuhalten lernen – und gleichzeitig sich und diese Welt Gott ganz anzuvertrauen. Wir glauben ja, dass Gott mit seiner unendlichen Kreativität Gutes aus dem Bösen hervorgehen lässt. »Die Auferstehung Christi bringt überall Keime dieser neuen Welt hervor; und selbst wenn sie abgeschnitten werden, treiben sie wieder aus, denn die Auferstehung des Herrn hat schon das verborgene Treiben dieser Geschichte durchdrungen, denn Jesus ist nicht umsonst auferstanden« (EG 278).

Dass die Auferstehung Jesu in der gesamten Wirklichkeit ständig gegenwärtig ist – verborgen oder sichtbar – befähigt zu neuem Eifer in der Verkündigung. Er überwindet Müdigkeit, Enttäuschung und Bequemlichkeit. Papst Paul VI. hat uns in einer kaum zu überbietenden Ermutigung eingeladen, in den widrigsten Umständen den Eifer der Heiligen nachzuahmen: »Bewahren wir also das Feuer des Geistes. Hegen wir die innige und tröstliche Freude der Verkündigung des Evangeliums, selbst wenn wir unter Tränen säen sollten. Es sei für uns (…) ein innerer Antrieb, den niemand und nichts ersticken kann. Es sei die große Freude unseres als Opfer dargebrachten Lebens. Die Welt von heute, die sowohl in Angst wie in Hoffnung auf der Suche ist, möge die Frohbotschaft nicht aus dem Munde trauriger und mutlos gemachter Verkünder hören, die keine Geduld haben und ängstlich sind, sondern von Dienern des Evangeliums, deren Leben voller Glut erstrahlt, die als erste die Freude Christi in sich aufgenommen haben und die entschlossen sind, ihr Leben einzusetzen, damit das Reich Gottes verkündet und die Kirche in das Herz der Welt eingepflanzt werde« (EN 80).

Am klarsten und zugleich unaufdringlichsten hat uns all das Maria, die Mutter Jesu, vorgelebt. Sie ist die vollkommen vom Geist Erfüllte. Sie hat ihren Sohn unter unmöglichsten Umständen in die Welt getragen, den Kreuzweg und das Sterben ihres Sohnes miterleben müssen. Und dennoch hat sie als Erste die Kraft der Auferstehung in sich aufgenommen. Mit ihr wurde und wird alles ganz konkret und zutiefst menschlich. Mit ihrem Gebet um den Geist hat sie am Pfingstmorgen die Evangelisierung mit eingeleitet. Sie hat die Jünger – und damit uns alle – in das unerschütterliche Vertrauen mit hineingenommen: Mit Gott ist alles möglich! Von ihr lernen wir, dass letztlich im Geist der Hingabe und Demut der Sieg der Güte errungen wird. Mit der Bitte um ihre mütterliche Präsenz wird in jeder Evangelisierung der Glaube an die Auferstehung erneuert.

Missionsarbeit konfrontiert uns mit der realen Welt, in der Hass und Ungerechtigkeit nicht auszurotten sind. Und trotzdem ist die Auferstehung überall am Werken und Werden. Wie Maria können wir vertrauensvoll mitten in allen Widrigkeiten unseren Dienst tun.

Was in der Bibel dazu steht

Die Berufung des Matthäus und das Mahl mit den Zöllnern
Mt 9,9–13

»Als Jesus weiterging, sah er einen Mann namens Matthäus am Zoll sitzen und sagte zu ihm: Folge mir! Da stand er auf und folgte ihm nach. Als er in seinem Haus zu Tisch lag, kamen viele Zöllner und Sünder und legten sich mit Jesus und seinen Jüngern zu Tisch. Als die Pharisäer das sahen, sagten sie zu seinen Jüngern: Warum isst euer Meister mit Zöllnern und Sündern? Er aber hörte es und sagte: Nicht die Gesunden brauchen den Arzt, sondern die Kranken. Geht und lernt verstehen, was das heißt: Erbarmen will ich und nicht Opfer. Denn ich bin nicht gekommen, Gerechte zu berufen, sondern Sünder.«

Die Begegnung Jesu mit der Sünderin
Lk 7,36–50

»Ein Pharisäer lud Jesus zum Essen ein. Er ging in das Haus des Pharisäers und legte sich zu Tisch. Da erfuhr eine Frau in der Stadt, eine Sünderin, dass er im Haus des Pharisäers zu Tisch lag. Sie brachte ein Alabastergefäß mit Salböl, trat weinend von hinten an ihn heran und begann seine Füße mit ihren Tränen zu benetzen. Sie trocknete seine Füße mit ihrem Haar, küsste sie und salbte sie mit dem Öl. Als der Pharisäer, der ihn eingeladen hatte, das sah, dachte er: Wenn er ein Prophet wäre, so würde er doch wissen, wer und was das für eine Frau ist, die ihn berührt; sie ist ja eine Sünderin. Da wandte sich Jesus an ihn und sagte: Simon, ich habe dir etwas zu sagen. Er erwiderte: Meister, sprich! Ein Gläubiger hatte zwei Schuldner, der eine schuldete ihm fünfhundert Denare, der andere fünfzig. Da sie aber nicht bezahlen konnten, schenkte er es beiden. Welcher von ihnen wird ihn nun mehr lieben? Simon antwortete: Ich denke der, dem er mehr geschenkt hat. Er sagte zu ihm: Du hast richtig geurteilt. Und sich zu der Frau hinwendend, sagte er zu Simon: Siehst du diese Frau? Ich kam in dein Haus: Wasser für die Füße hast du mir nicht gegeben; sie aber hat meine Füße mit ihren Tränen benetzt und mit ihren Haaren getrocknet. Einen Kuss hast du mir nicht gegeben; sie aber hat, seitdem sie eingetreten ist, nicht aufgehört, meine Füße zu küssen. Du hast mir nicht das Haar mit Öl gesalbt; sie aber hat meine Füße mit Öl gesalbt. Deshalb sage ich dir: Ihre vielen Sünden sind ihr vergeben, weil sie viel geliebt hat; wem aber nur wenig vergeben wird, der liebt auch wenig. Zu ihr aber sagte er: Deine Sünden sind dir vergeben. Da dachten die (anderen) Tischgenossen: Wer ist das, der sogar Sünden vergibt? Er aber sagte zu der Frau: Dein Glaube hat dich gerettet. Geh hin in Frieden!«

Jesus und die Ehebrecherin
Joh 8,2–11

»In der Frühe erschien er wieder im Tempel und alles Volk kam zu ihm. Er setzte sich und lehrte sie. Da brachten die Schriftgelehrten und die Pharisäer eine Frau herbei, die beim Ehebruch ertappt worden war, stellten sie in die Mitte und sagten zu ihm: Meister, diese Frau ist auf frischer Tat ertappt worden.

Mose hat uns im Gesetz vorgeschrieben, solche Frauen zu steinigen. Was sagst du dazu? Das sagten sie, um ihn auf die Probe zu stellen, damit sie eine Anklage gegen ihn hätten. Jesus aber bückte sich und schrieb mit dem Finger auf die Erde. Als sie jedoch hartnäckig weiterfragten, richtete er sich auf und sagte zu ihnen: Wer von euch ohne Sünde ist, werfe als Erster einen Stein auf sie. Dann bückte er sich wieder und schrieb auf die Erde. Als sie das gehört hatten, gingen sie weg, einer nach dem anderen, von den Ältesten angefangen. Er blieb allein zurück mit der Frau, die in der Mitte stand. Da richtete sich Jesus auf und sagte zu ihr: Frau, wo sind sie? Hat keiner dich verurteilt? Sie aber antwortete: Keiner, Herr! Da sagte Jesus zu ihr: Auch ich verurteile dich nicht. Geh und sündige von jetzt an nicht mehr!«

Der verlorene Sohn
und der barmherzige Vater
Lk 15,18–24

»Ich will mich aufmachen und zu meinem Vater gehen und zu ihm sagen: Vater, ich habe gesündigt gegen den Himmel und vor dir. Ich bin nicht mehr wert, dein Sohn zu heißen; halte mich wie einen von deinen Taglöhnern. Dann machte er sich auf und ging zu seinem Vater. Sein Vater sah ihn schon von weitem kommen, wurde von Mitleid bewegt, lief herbei, fiel ihm um den Hals und küsste ihn. Da sagte der Sohn zu ihm: Vater, ich habe gegen den Himmel und gegen dich gesündigt; ich bin nicht mehr wert, dein Sohn zu heißen. Der Vater aber sagte zu seinen Knechten: Holt schnell das beste Kleid heraus und zieht es ihm an und gebt ihm einen Ring an die Hand und Schuhe an die Füße! Holt das Mastkalb und schlachtet es! Wir wollen essen und fröhlich sein; denn dieser mein Sohn war tot und lebt wieder; er war verloren und ist wieder gefunden worden. Und sie begannen, ein Freudenfest zu feiern.«

Jesu Vergebungsbitte am Kreuz
Lk 23,33–34

»Als sie an den Ort kamen, der Schädelstätte genannt wird, kreuzigten sie dort ihn und die Verbrecher, den einen zur Rechten und den anderen zur Linken. Jesus aber betete: Vater, vergib ihnen, denn sie wissen nicht, was sie tun! Dann warfen sie das Los, um seine Kleider unter sich zu verteilen.«

Die Verheißung Jesu
an den Verbrecher
Lk 23,39–43

»Einer der gehenkten Übeltäter verhöhnte ihn: Bist du nicht der Messias? Hilf dir selbst und uns! Doch der andere wies ihn zurecht und sagte: Nicht einmal du fürchtest Gott, obwohl dich doch das gleiche Urteil getroffen hat? Uns allerdings mit Recht; denn wir empfangen, was unsere Taten verdienen; dieser aber hat nichts Unrechtes getan. Dann sagte er: Jesus, denk an mich, wenn du in dein Reich kommst! Jesus antwortete ihm: Amen, ich sage dir: Heute noch wirst du mit mir im Paradies sein.«

Mach's konkret!

Eine persönliche Aufgabenstellung
zum Ausprobieren – Aufgabe 4

»Wie übe ich Barmherzigkeit?«

Wenn wir uns um eine dauerhafte Haltung der Güte und der Barmherzigkeit gegenüber unseren Mitmenschen bemühen, stoßen wir sehr schnell an unsere menschlichen Grenzen. Wo kommt mir die Kraft her, immer wieder bewusst auf andere zuzugehen, verstehen zu wollen, statt zu beurteilen, verzeihen zu können, statt ihre Fehler und Schwächen aufzuzeigen?

Wir merken: Ich kann das nicht alleine! Aber wir können Gott bitten, uns dabei zu helfen.

Nimm dir in der kommenden Woche täglich eine Zeit des stillen Gebets mithilfe des »Gebets um Barmherzigkeit« (siehe folgende Seite). Versuche – so gut es dir möglich ist – bei den einzelnen Inhalten an ganz bestimmte Menschen zu denken und die Schritte im Alltag konkret umzusetzen. Notiere dir zumindest eine Umsetzung, wo dir dies gelungen ist.

Gebet um Barmherzigkeit

Neubearbeitung nach Texten
der heiligen Faustyna

Mein Herr und Gott, du bist zu allen Menschen unendlich gütig und barmherzig. Mache mich heute zu einem liebevollen und barmherzigen Menschen.

Hilf mir heute, dass meine Augen barmherzig schauen, dass ich nicht nach äußerem Anschein verdächtige und richte, sondern wahrnehme, was schön ist in den Herzen meiner Nächsten.

Hilf mir heute, dass mein Gehör barmherzig wird, damit ich mich den Bedürfnissen anderer zuwende und meine Ohren nicht gleichgültig bleiben für Leid und Freude meines Nächsten.

Hilf mir heute, dass meine Zunge barmherzig wird, damit ich nicht über andere abfällig rede, sondern Worte der Hoffnung, des Trostes und der Vergebung finde.

Hilf mir heute, dass meine Hände barmherzig und voller guter Taten sind. Mach mich bereit, auch mühevolle Arbeit für andere auf mich zu nehmen.

Hilf mir heute, dass meine Füße barmherzig sind, damit sie meinen Nächsten zu Hilfe eilen und die eigene Trägheit überwinden.

Hilf mir heute, dass mein Herz barmherzig ist, dass ich vor niemandem mein Herz verschließe und auch mit jenen aufrichtig umgehe, die mich ungerecht behandeln werden.

Danke, dass deine Liebe alles vermag. Amen.

5.
Kann man
Mission planen?

Aufbau und Strategie
konkreter Projekte

»Früher dachte ich nur an mich und bin doch vor mir selbst davongelaufen. Jahrelang hatte ich Alkohol und Drogen zu mir genommen, bis ich total am Ende war. Aus tiefster Not habe ich um Hilfe geschrien. Dann haben sich andere um mich gekümmert und unglaublichen Einsatz gezeigt, jeden Tag, jede Woche, monatelang. Ich verdanke ihnen so viel. Heute setze ich mich für andere ein. Es kostet was, aber es macht mich glücklich.«

Gustáv Scabó, Friseur

Ein Traum wurde wahr

Ich war erst sechzehn. Eingetaucht in das tiefe Rot der blinkenden Spots, hingen wir in einer Bar ab, der damals so berüchtigten südoststeirischen Landdisco ›Die Tenne‹. Nicht nur meine Freundin und ich, ganze Heerscharen junger Menschen pilgerten jeden Samstagabend dorthin. In eben dieser Aura knisternder Erotik und lauter Rhythmen – also nicht in sehnsuchtsbremsenden, strengen Gemäuern – spürte ich eines Abends eine seltsame innere Unruhe, die mich nicht mehr losgelassen hat: Warum wird denn Gott gerade hier nicht wahrgenommen, wo er doch so nahe ist!?

Ja, genau hier und jetzt müssten wir doch darüber reden können! Über das, was wir wirklich vom Leben wollen! Hier, in einer überfüllten Bar, an einem *Pilgerort* par excellence, an dem man endlich der (so oft getarnten) Einsamkeit entkommen wollte. Ohne peinliche Fragen, ohne prüfende Vorgaben. Gerade an solchen Orten müsste doch unter Freunden ein echter Dialog möglich sein. Auch über Gott – oder gar mit ihm. Man müsste ja nicht gleich an ihn glauben, nur ehrlich das Herz sprechen lassen, über Wesentliches miteinander reden. Die Gewissheit, dass Gott hier ist, inmitten der Welt, und dass er hier zum Thema werden möchte, hat mich nie mehr losgelassen.

Keine zehn Jahre nach der ›Tenne‹ war ich erstmals im Wiener Café Hawelka, mit meinen Studienfreunden aus Graz. Dort entwickelte sich wieder einmal ein intensives Gespräch über die Liebe, über Gut und Böse, über Gott und den Teufel. Dann hörte ich spannende Geschichten über dieses Künstlercafé, wo sich in den 60ern und 70ern die Künstlerwelt traf und bis tief in die Nacht diskutierte! All das ließ mich den geheimen Traum nicht vergessen – die Cafés und Bars als Orte für wahrhaft wesentliche Gespräche!

Es hat dann keine weiteren zehn Jahre gebraucht, dass wir in der übervollen hippen SKY-Bar über den Dächern Wiens mit dem Wiener Kardinal, der bekannten Sexualtherapeutin Gerti Senger und weiteren 200 Leuten mit seltener Spannung über Gott, Macht und Sex diskutierten. Bald nach der Jahrtausendwende starteten wir also in Wiens Lokalen eine Serie von Talks über »Gott und die Welt«, die bis heute einfach nicht abbrechen will. Es ist Wirklichkeit geworden, dass Menschen unterschiedlichster Weltanschauung über nichts Geringeres als über Gott, die Welt, über sogenannt Wahres bis in die Nachtstunden miteinander ringen.

Mit vielen jungen Leuten stellen wir uns immer wieder ganz ernsthaft die Frage, wo Jesus denn heute hingehen würde. Und in Wien? Natürlich auch in die unzähligen Cafés, in die Bars, kulturelle Stätten, sogar an die Universität und ins Parlament. Mittlerweile sind es schon Tausende, die sich an diesen Orten begegneten – Atheisten, Agnostiker und Gläubige, und das in seltener Vertrautheit.

Mit Leidenschaft alles einsetzen

Es kommt auf die Leidenschaft an, die wir für ein Anliegen aufbringen. Feste für geliebte Menschen wollen gut geplant sein, dafür aktivieren wir unsere ganze Kreativität. Es ist uns ein Herzensanliegen, unser Bestes zu geben. Und wenn Freunde in Not geraten, dann eilen wir ihnen schnell zu Hilfe und setzen alle Hebel in Bewegung, um Abhilfe zu schaffen. In all dem ist entscheidend, in welcher Absicht unser Herz uns antreibt und ob sich die Beschenkten oder die Hilfesuchenden tatsächlich geliebt und geschätzt wissen.

Nicht viel anders ist die Grunddynamik jedes missionarischen Projektes: mit Leidenschaft etwas für den anderen tun. Da ist es sogar Gott selbst, mit dem wir gemeinsam für andere laufen, gestalten und werken. Dafür muss es eben in uns brennen, heißt es in der Bibel. Deswegen bewegt uns zuallererst die Frage, was denn Jesus selbst gerne für die- oder denjenigen um uns herum tun würde. Wir überlegen und planen – besonders für diejenigen, die uns besonders nötig brauchen, die womöglich nichts von diesem erstaunlichen Freundschaftsangebot Gottes wissen.

Beginnen wir mit den klassischen Pfarrgemeinden. Dort haben wir in den letzten zwei Jahrzehnten im gesamten deutschsprachigen Raum und darüber hinaus Missionsprojekte durchgeführt und dabei gemeinsam mit den Kirchengemeinden unglaublich viel lernen dürfen. Woher kommen überhaupt Eifer und Leidenschaft in den zumeist stetig kleiner werdenden Gemeinden? Für diejenigen, die sich auf den Weg machten, war klar: Auf keinen Fall wollten sie länger unter sich bleiben, sondern wieder direkt in die Gesellschaft hineinwirken. Dass sie dafür zuerst selbst entzündet werden mussten, lag auf der Hand.

In unserem Fall, mit den Evangelisationsschulen der Gemeinschaft Emmanuel, blicken wir zunächst dankbar auf viele Gemeindemissionen, die zu starken und ergreifenden Ereignissen wurden, die aber auch besonders kritisch auf ihre Nachhaltigkeit hin beäugt wurden. Konkret waren es jeweils 10-tägige Pfarrmissionen, die ein ganzes Jahr lang intensiv gemeinsam mit der Gemeinde und einem externen Missionsteam vorbereitet und ein Jahr lang nachbereitet wurden.

Kein Zweifel, dass ein stimulierendes Miteinander von externen Begleitungsteams und einer Pfarrgemeinde vieles neu in Bewegung gebracht hat. Nach wie vor stehen wir mitten in diesem Lernprozess, der uns zu ganz neuen Formen einer Zusammenarbeit von Pfarrgemeinden und Gemeinschaften und Bewegungen geführt hat. Es war dringend notwendig, von dem alten versorgenden Modell einer Mission ›für‹ die Pfarrgemeinden zu dem neuen einer Mission ›mit‹ der Pfarrgemeinde – und einem neuen Miteinander verschiedener Gemeinden – zu finden.

Die Grunddynamik jeder Mission ist: mit Leidenschaft etwas für andere tun. Bei Projekten in Pfarrgemeinden passiert Mission MIT der Pfarrgemeinde und nicht bloß FÜR die Pfarrgemeinde.

Wo würde Jesus heute hingehen?

Es gab für uns eine Schlüsselerfahrung, die eine entscheidende Wende für alle weiteren Projekte einleitete und nachhaltig prägen sollte. Ich muss heute gestehen, dass wir in den ersten Jahren bei aller vermeintlichen Großherzigkeit davon ausgingen, dass wir die Überbringer der richtigen Idee, der Methode und der geistlichen Inspiration waren. Unser geistlicher Eifer hatte eine echte Schlagseite. Wir glaubten viel zu wenig an die Kraft des Geistes, der in den Pfarrgemeindemitgliedern selbst und in allen Menschen guten Willens wirkt.

Ende der 90er-Jahre probierten wir dann erstmals beim ersten Vorbereitungstreffen für eine Gemeindemission ein Experiment und ließen in Kleingruppen Antworten auf die Frage erarbeiten: »Wenn Jesus tatsächlich schon nächste Woche überraschend in unseren Ort käme, was würde er die Tage über bei uns konkret tun? Wo würde er hingehen? Bei wem würde er übernachten? Bei wem würde er essen?« Mich überraschten sogleich die überaus lebhaften und leidenschaftlichen Diskussionen dazu. Und vollends verblüfften mich die Gemeindemitglieder mit der Klarheit ihrer Antworten. Sie nannten genau jene Adressatengruppen wie sie heute auch Papst Franziskus nachdrücklich und wiederholt als die ersten in der Mission nennt: die ›Armen‹, ›Kranken‹ und die ›Sünder‹. »Jesus würde auf die Straße gehen und die Menschen ansprechen. Er würde die Kranken besuchen. Er würde vor allem jene Menschen treffen wollen, die es besonders schwer haben oder die wir als moralisch verworfen betrachten. Er würde in die Gasthäuser und Bars gehen, und und ...«

Es fasziniert mich bis heute – und das bei über 30 Gemeindemissionen, die ich selbst begleitet habe, und unzähligen Einzelprojekten –, dass die Gemeinden, Gruppen und Gemeinschaften eigentlich (fast) immer selbst wissen, was sie tun sollten. Sofern sie sich einer entscheidenden Frage stellten: Wo würde Jesus heute hingehen? Weil genau darin der Auftrag Jesu an seine Kirche liegt (vgl. Lk 10,1).

So entwerfen die Menschen vor Ort selbst die Mission! Bei jeder Gruppe, Gemeinde oder Initiative stelle ich seither immer genau diese eine Frage. Ich muss allerdings hinzufügen, dass in all den Gruppen interessanterweise selten erwähnt wird, dass Jesus sich auch für längere Zeit zum Gebet zurückziehen würde und noch weniger, dass er sich in dieser Zeit Jünger suchen würde. Und die wesentlichste Frage, ob denn Jesus all das auch durch sie, die Pfarrmitglieder, durch uns heute, macht, ist vielen noch nicht wirklich im Bewusstsein.

Glauben wir tatsächlich, dass der Heilige Geist durch uns die Mission Jesu fortsetzen will und kann? Wir orientieren uns dabei immer an den Beispielen Jesu aus der Heiligen Schrift und den konkreten Anforderungen der Menschen vor Ort. In der Rolle der Begleiter sind wir wie Hebammen, die das kreative Potenzial der Mitarbeiter/innen in der Pfarrgemeinde zu heben und für die Menschen außerhalb des kirchlichen Lebenszirkels umzusetzen versuchen.

»Kirchen sind meist leer und zugesperrt.
Das habe ich schon immer traurig gefunden,
denn gerade in einer Pfarre sollten alle
herzlich willkommen sein. Deshalb haben
wir vor über 16 Jahren bei einer Pfarrmission
begonnen, jede Woche die Tore unserer
Kirche zu öffnen und die Vorbeigehenden
einzuladen. Und wir haben bis heute nicht
wieder aufgehört. Oft ergeben sich unglaublich
berührende Gespräche, in denen mir Menschen
tiefe Trauer oder große Anliegen anvertrauen.
Es ist ein Privileg, für sie da zu sein und sie
zu segnen.«

Gabi Einberger, Physiotherapeutin

Für nicht wenige Gemeinde-mitglieder war es wie ein heilsamer Schock – aber auch faszinierend –, nun tatsächlich selbst anstelle Jesu aufzu-brechen und das gewohnte, oft zu ge-schlossene kirchliche Milieu zu verlas-sen. Bei jedem Projekt stellte sich eine unerwartet wundersame und freudige Wende ein: Die Frauen und Männer der Gemeinde wagten sich auf die Straßen, Plätze, in die Wohnungen, die Cafés und Bars des Ortes. Sie fühlten sich wahrlich arm. Plötzlich waren sie in besonderer Weise auf die Hilfe Gottes selbst und seinen verwandelnden Geist angewiesen. Glaubensakte wurden herausgefordert. So bemühte man sich, ein oft kleines und stotterndes Glaubenszeugnis weiterzuerzählen. Und dann stellte sich eine selten starke innere Dankbarkeit bei den Gemeindemitgliedern über so viel Aufnahmebereitschaft ein, die sie nie erwartet hätten – wenn auch Ablehnung und Aggression nicht ausblieben. Nicht minder überraschte, dass gerade Erzählungen von Menschen wie du und ich als besonders glaubwürdig angenommen wurden. Wir haben gelernt, dass es für die Gemeinde wichtig ist, den Schritt nach draußen zu machen, um die Wirklichkeit des Wehens des Geistes zu erfahren.

Mit der Frage »Wo würde Jesus heute in unserer Gemeinde hingehen?« entdecken Gemeinden aus sich heraus eine missionarische Perspektive und bekommen den Mut, schützende Kirchenmauern zu verlassen. Wer sich auf die so gefundenen Wege begibt, aus der schützenden Kirchenmauer hinaus, erlebt nicht selten eine tief greifende Wandlung.

Die Umkehrung vom Gastgeber zum Gast

Und dann stellten die unzähligen Begegnungen eine weitere unserer Vorstellungen auf den Kopf. Wenn man so oft mit sogenannten Fremden face to face spricht, wird man von den vielen Wunden und Sehnsüchten der Menschen tatsächlich berührt. Das kann durchaus destabilisieren und das

eine oder andere Zeugnis verstummen lassen. Es war von uns ein feiner, aber umso wichtigerer Lernprozess gefordert, den ich am liebsten mit den Worten von Karl Kraus ausdrücken möchte: »Hab' ich dein Ohr nur, find' ich schon mein Wort!« Wir mussten neu lernen, wahrhaft zuzuhören, damit die Menschen von heute überhaupt ihre Worte, ihre Erzählung finden konnten. Wir mussten eingestehen, dass wir in der Verkündigung oft zu schnell mit unseren eigenen Worten waren.

Wir lernten, durch das Hören zu verkünden! Das hat unseren Blick tatsächlich – Schritt für Schritt – verändert. Die Rollen wurden neu verteilt. Wir wurden immer öfter von Gastgebern zu Gästen. Wir wurden gleichsam hineingezogen, Jesu Mitgefühl mit denen zu teilen, die ›geschunden und preisgegeben‹ sind (vgl. Mt 9,36). Es war und ist auch ein Berührt-Werden mit den vielfältigen Leiden der ›Müdigkeit‹ der Menschen heute. Von der inneren psychischen Müdigkeit wird ja öfter gesprochen, aber auch von einer Müdigkeit des Denkens. Weil es eben müde macht, wenn das versteckte Heimweh noch kein sichtbares Zuhause erblicken kann.

Wenn wir als Gastgeber selbst zum Gast werden, wissen wir uns immer weniger als Besitzende als vielmehr als unverdient Beschenkte dieser Wahrheit der Heimkehr. Das veränderte die Art der Evangelisation radikal, aber vor allem auch unser Herz. Im Vorfeld einer Gemeindemission in einem sogenannten Problembezirk in Wien wurden wir beispielsweise vor massiven Schwierigkeiten hinsichtlich der Multikulturalität gewarnt. Aber gerade

Otto Neubauer – Mission Possible

dort wurden wir bei Hausbesuchen und Straßenaktionen vor allem von den muslimischen Familien und den Prostituierten am herzlichsten willkommen geheißen. Uns wurde immer klarer: Echte Begegnung funktioniert nicht auf Distanz. Und sie kostet etwas. Wir brechen auf, uns von Christus selbst ansprechen zu lassen, der uns besonders in den Armen, den Bedürftigen begegnet. Es sind die, die Mutter Teresa als die Ärmsten in Europa bezeichnet: die, die sich nicht geliebt und willkommen fühlen, oder für die Gott scheinbar gar kein Thema mehr ist.

Wer anderen eine Begegnung mit Christus ermöglichen möchte, begegnet auf einmal selbst Christus – wenn er ein Zuhörender anstatt eines Belehrenden wird.

Es geht um nichts Geringeres als um eine Begegnung mit Gott

Gott selbst möchte also dem Menschen begegnen und ihn lieben – einzeln und persönlich. Das lernen wir an der gesamten Mission Jesu in den biblischen Berichten. Bei allem notwendigen Eifer für unzählige Detailplanungen sollte es niemals um eine ausgeklügelte Taktik und am Reißbrett geplante Strategie gehen, sondern sollte alles ganz im Dienst dieser liebenden Begegnung Gottes mit dem Menschen stehen. Diese ›Aura‹ zeichnet sich im Wesentlichen durch Barmherzigkeit, Freude und Hoffnung für jeden Men-

schen aus. Das verlangt Flexibilität, sodass alle Tätigkeiten sich neu an die gegebene Situation und an die Bedürfnisse der Menschen anpassen.

Ob wir uns nun im Rahmen eines größer angelegten Gemeindeprojektes engagieren oder einfach einen gemeinsamen Abend im Freundeskreis veranstalten, es braucht dieses Wagnis, es ganz anders zu tun – und auch einmal etwas Neues zu versuchen. Neu vor allem deswegen, weil wir immer im Dialog mit Menschen stehen, die von inneren freien Entscheidungen leben, über die wir nicht verfügen können. Sie sind immer einmalig und kostbar. Die meisten unserer Projekte – ob im Großen wie im Kleinen – waren letztlich von vielen einfachen Begegnungen, von der Haltung des Zuhörens, vom schlichten Austausch und oft unerwarteten Momenten des Gebets geprägt.

Im Wesentlichen wollen wir Brücken zwischen Menschen und Gott und zwischen Menschen untereinander bauen. Wir achten sehr – im Speziellen bei einer Kirchengemeinde – auf die zweifache Grundbewegung von Senden und Sammeln. Diese zwei Grundrichtungen bestimmen die Dynamik: hinauszugehen und einzuladen.

Die Kirche macht sich – wie Jesus – auf den Weg zu den Menschen: z. B. bei Straßenaktionen, Krankenbesuchen, Hausbesuchen, Veranstaltungen in Cafés, Gasthäusern, Clubs, Kulturstätten, Geschäften und Begegnungsstätten aller Art. Kein Ort soll als gottfern gelten. Gott will jedem Menschen seine Nähe zeigen, überall da, wo diese sind. Und die Kirche lädt ein: Ob dies nun in die eigene Wohnung zu einem Gesprächskreis, zu einem Fest oder zu einem Gottesdienst in die Kirche ist. Es geht um das Teilhaben-Lassen an einem Weg mit Gott, einer Begegnung mit Gott und an einer christlichen Gemeinschaft.

Die Menschen, denen wir begegnen, gehören uns nicht. Ihr Weg zu Christus ist auch nicht unser Erfolg. Wir dienen nur dem Heiligen Geist, der weht, wo er will – und unsere Haltung dem anderen gegenüber ist entscheidend dafür, ob unser Dienst fruchtbar wird.

Mit Absicht und gleichzeitig absichtslos

Die frohe Botschaft solle »ausnahmslos allen verkündet« werden, so bekräftigte Papst Franziskus den biblischen Missionsauftrag, aber »nicht wie jemand, der eine neue Verpflichtung auferlegt, sondern wie jemand, der eine Freude teilt, einen schönen Horizont aufzeigt, ein erstrebenswertes Festmahl anbietet«. Es geht um ein Fest! Wenn es also stimmt, dass »die Kirche nicht durch Proselytismus wächst, sondern ›durch Anziehung‹ (EG 14)«, dann muss doch die Kraft der Liebe aus sich heraus wirken, irgendwie absichtslos. Interessanterweise stellte Benedikt XVI. die Freude als die ›stärkste missionarische Kraft‹ heraus, weil sie eben ›absichtslos‹ wäre. Entscheidend wäre gerade die Freude über Gottes reiches Erbarmen, die wir gratis weiter schenken. Die Freude der Liebe schenke sich einfach und verzwecke niemanden. Das Leben aus der Liebe Gottes ist im besten Sinne attraktiv, d. h. anziehend.

So paradox es klingen mag, aber die durchaus klare Absicht zur Verkündigung der Frohbotschaft paart sich mit der Absichtslosigkeit einer Freude, die wir aus der Freundschaft mit Jesus Christus empfangen. Wir machen unser Gegenüber nicht zum Instrument und versuchen nicht, es zu bezwingen, sondern ihm einfach bedingungslos zu dienen. Und lassen dabei Gott selbst machen.

Persönlich geht mir die Geschichte eines lieben Freundes zu Herzen. Jürgen hat sich über sieben Jahre hinweg stets als hartnäckiger Atheist bezeichnet. Zudem war er ein leidenschaftlicher sozialdemokratischer Politiker, der selbst viele Gruppen aufgebaut und Projekte initiiert hat. So waren ihm gruppendynamische Prozesse mehr als vertraut, die eines mit Sicherheit aufzeigen würden: »Wenn jemand nach ein oder zwei Jahren nicht so tickt wie die Gruppe, so ist er draußen.« Bei unseren Dialogprojekten über ›Gott und die Welt‹ engagierte er sich mehrere Jahre lang, wobei er mir gegenüber mehrmals bekundete, dass er sicherlich sein Leben lang Atheist bleiben werde. Eine Frage hat ihn dann doch nicht in Ruhe gelassen: Warum hatten diese Christen ihm gegenüber nach sieben oder acht Jahren noch immer dasselbe Interesse und dieselbe Wertschätzung wie zu Beginn des Kennenlernens? Diese Erfahrung war für ihn letztlich dafür entscheidend, dass er nach neun Jahren unserer Freundschaft und gemeinsamen Ringens tatsächlich zum Glauben an Gott gefunden hat.

Und selbst wenn mein Freund nicht zu diesem Glauben gefunden hätte, wäre er wie so viele andere in unseren Projekten auch weiterhin ein sehr, sehr wertvoller Mitstreiter ›guten Willens‹ geblieben, mit dem gemeinsam wir mit Freude unser Bestes für andere geben wollen. Genau hier verbergen sich die vielen Wunder, dass wir nämlich seit vielen Jahren gemeinsam unterwegs sein dürfen und miteinander sehr konkret etwas für unsere Gesellschaft tun dürfen – und den vielen auf irgendeine Weise Heimat geben! Dazu mögen dich nun auch folgende ›Best Practice‹-Beispiele inspirieren und einladen: Nimm viele andere mit, ausgehend von einer unglaublich faszinierenden christlichen Botschaft an vielen neuen Brücken zwischen Menschen und Gott mitzubauen.

Die besten Dinge im Leben, die wir geben können, sind absichtslos: Liebe, Freude, das Mitgefühl, Verständnis, Beheimatung ... Mission hat die paradoxe Dynamik, dass wir zielstrebig unsere Absicht umsetzen, Brücken zu bauen, Beziehungen zu stiften, in denen sich das Absichtslose ereignen kann.

Mach's konkret!

Eine persönliche Aufgabenstellung
zum Ausprobieren – Aufgabe 5

»Jetzt kommt dein Projekt!«

Vielleicht hast du schon seit Langem einen ganz bestimmten Traum, mit wem oder in welcher Form du das teilen möchtest, was dir selbst im Glauben geschenkt ist. Oder du brennst für etwas so sehr, dass du andere daran teilhaben lassen möchtest. Was wolltest du immer schon einmal machen? Jetzt ist es Zeit für dein persönliches Projekt!

Überlege dir, welches missionarische Projekt du gerne umsetzen würdest. Du wirst dafür Mitstreiter brauchen – wer könnte dies sein? Erzähle anderen von deiner Idee und lade sie ein, gemeinsam etwas zu planen und zu organisieren. Oder schau dich in deiner Umgebung um – wo gibt es ein schon bestehendes Projekt, das dich anspricht und in das du dich einbringen könntest? Nimm Kontakt zu den Verantwortlichen auf.
Für Teilnehmer des Kurses »Mission Possible« ist jetzt der Zeitpunkt, um eine gemeinsame Aktion zu planen. Ausgehend von der Frage »Wo würde Jesus hingehen und was würde er dort tun?«, können Ideen gesammelt, die Entscheidung für ein konkretes Projekt getroffen und die Umsetzung begonnen werden.

Gott kommt
nach Herne

Dominik Mutschler, Gemeindereferent

»Gott kommt nach Herne – so der Schriftzug auf dem goldenen Schiffscontainer mitten auf der Einkaufsmeile unserer Stadt. Mit den Menschen in Kontakt kommen und Weihnachten gemeinsam feiern, das wollten wir als Pfarre und deshalb entschlossen wir uns, in diesem Advent raus auf die Straße zu gehen. Wohin würde Jesus gehen, wenn er nach Herne käme? Diese Frage aus einer Missonsschulung hatte uns auf die Projektidee gebracht. So standen wir also regelmäßig beim Container auf der Einkaufsmeile für Gespräche bereit, luden zu Veranstaltungen ein und verschenkten über 1200 Schokonikoläuse und 1500 Kerzen mit dem Friedenslicht. Ein älterer Herr sagte mir im Vorbeigehen: »Gott kommt nach Herne, in dieses Sündenloch?« Der konnte sich gar nicht vorstellen, dass Gott auch an so einem Ort seinen Platz hat. Doch gerade das war unsere Botschaft: Gott kommt an Weihnachten für jeden Menschen. Das wollten wir zeigen – möglichst sichtbar, möglichst herausfordernd.

Am Container habe ich zu einigen einen Draht bekommen, die mit der Kirche gar nichts am Hut hatten. Mit fünf Obdachlosen zum Beispiel haben sich nach ersten Berührungsängsten gute Gespräche entwickelt und wir haben einen gehörigen Respekt voreinander gekriegt. Viele Vorbeigehende waren offen und sind gerne mit Menschen unserer Pfarre ins Gespräch gekommen. Ich glaube nicht, dass jemand durch die Aktion zum Glauben gekommen ist. Aber ungleich mehr Menschen in Herne haben dieses Jahr darüber nachgedacht, was Gott mit ihrem persönlichen Weihnachtsfest zu tun hat. Mehr Menschen in Herne haben Weihnachten mit Gott gefeiert.

Natürlich hätte ich das alles nie alleine hingekriegt. Es braucht immer Leute, die auch Bock auf so etwas haben. Dann kann man sich gegenseitig entlasten und jeder das machen, was er oder sie am besten kann. Ich denke, wir können den Mut haben, mal was anderes zu machen und was sausen zu lassen, das in den letzten zehn Jahren wichtig war. Ich war an Weihnachten nicht bei meiner Familie, sondern am Container und habe gefroren. Aber am Container habe ich etwas erlebt, was ich sonst nicht erlebt habe. Und das war es wert. Das zeigt, dass die Kirche erfolgreich ist, wenn sie sich traut, neue Wege zu gehen. Denn Gott begleitet mich und uns auf diesem anderen Weg.«

Best Practice

20 konkret erprobte
Dialog- und Missionsbeispiele

1. Nähe –
Von Tür zu Tür

»Hab' ich dein Ohr nur, find' ich schon mein Wort«, sagt nicht nur Karl Kraus. Wir mussten neu lernen, achtsamer zuzuhören, damit die Menschen ihre Worte, ihre Erzählungen finden konnten.

Ein oft belächeltes Projekt erlebt eine neue Blüte. Politische Parteien haben in den letzten Jahren Hausbesuche als ideale Möglichkeit einer direkten Begegnung mit potenziellen Wählern neu entdeckt. Im kirchlichen Kontext haben zwar zahlreiche Pfarrgemeinden seit Langem gute Erfahrungen mit Hausbesuchsaktionen gemacht, sie bleiben aber bis heute bei vielen umstritten. Zu negativ wirken die Erfahrungen von Begegnungen an der Haustür durch Sekten und professionelle Spendenwerber nach. Diejenigen allerdings, die Hausbesuche machen, wissen, mit wie viel Dankbarkeit und Offenheit diese von den Menschen oft angenommen werden. Dahinter steckt offensichtlich ein Bedürfnis, das noch zu wenig bewusst ist. Zum einen gilt es, die richtige Form zu finden, sodass die Besuchten diesen persönlichen Kontakt als eine respektvolle Aufmerksamkeit und Einladung wahrnehmen können. Zum anderen müssen wir uns einem Versäumnis stellen: Statt unzähliger Spendenaktionen der Kirche erwarten die Menschen zu Recht auch die direkte Auseinandersetzung mit der eigentlichen Botschaft aus nächster Nähe.

Wir machen uns auf den Weg zu den Menschen und gehen dorthin, wo sie leben. Am Anfang steht einfach eine persönliche Einladung bzw. Information zu einer Veranstaltung oder zu Angeboten des Gemeindelebens. Das bewusste Entgegengehen – von Tür zu Tür – soll als ein Zeichen der besonderen Wertschätzung erlebt werden. Wir sind bereit, zu informieren, zuzuhören, auf Fragen einzugehen und darüber auszutauschen, was einem selbst wichtig geworden ist.

Eckdaten

Wo? An den Haus- und Wohnungstüren bzw. in den Häusern eines Ortes oder eines Wohnbezirkes
Wer macht's? Jeweils zu zweit (Lk 10,16)! Von der Gemeinde oder einer Gruppe bewusst ›Ausgesandte‹
Wie lange? Ein ganz kurzer Moment der Begrüßung bis zu einer Stunde des Gespräches
Zielgruppe? Alle, die angetroffen werden, unabhängig von Weltanschauung und Herkunft

Gestaltung

Die anderen und die zu überbringende Botschaft sind uns so wichtig, dass die Einladung persönlich überbracht werden soll. In jedem Fall gilt: Wir kommen nicht, um zu überzeugen, sondern zu bezeugen! Neben ausreichender Information sind wir offen für ein persönliches Gespräch und zeigen die Bereitschaft, von eigenen Erfahrungen zu erzählen. Dabei bleibt jeder frei. Es kommt darauf an, dass wir besonders gut zuhören, damit andere das ausdrücken können, was ihnen am Herzen liegt. Eine goldene Regel frei nach

Johann Wolfgang von Goethe hilft: »Gott gab uns nur einen Mund, aber zwei Ohren, damit wir doppelt so viel zuhören wie reden.«

Beispiel: *Ein Wohnviertelprojekt: Wir überbringen eine Veranstaltungseinladung von Tür zur Tür.*
1. Entscheidend ist, den Besuchten von Anfang an in liebevoller Aufmerksamkeit zu begegnen. Nach dem Anläuten und Öffnen der Tür liegt es an uns, das Gegenüber freundlich zu grüßen, uns kurz vorzustellen und zu erklären, warum wir hier sind.
2. Wenn grundsätzliches Interesse gezeigt wird, kann über die mitgebrachte Einladung näher informiert werden. Es darf auch gefragt werden, ob es ganz bestimmte Anliegen bzw. Fragen hinsichtlich des Glaubens und der Kirche gibt.
3. Erst dann, wenn der Besuchte sich näher auf ein Gespräch einlässt, kann dieses fortgeführt werden. Das Wichtigste bleibt das wohlwollende Zuhören, um zu verstehen, was der andere brauchen kann. Ein kurzer Bericht über eine persönliche Glaubenserfahrung oder eine wertvolle Botschaft aus der Bibel kann den Austausch sehr bereichern. In der Regel führt einer der Besucher/innen das Gespräch, der andere hört zu.
4. Wenn es angebracht ist, kann gegen Ende eines Gesprächs die Frage stehen, ob man für ein Anliegen des Besuchten beten darf. Das wird oft mit überraschend großer Dankbarkeit angenommen.
5. Beim Verabschieden kann nachgefragt werden, ob er/sie in Kontakt bleiben möchte. Besonders für einsame, kranke oder alte Menschen ist dieses Angebot von besonderer Bedeutung.

2. Austausch –
Von persönlichen Erfahrungen

© Phil Coffman (Unsplash)

Wir glauben, dass jeder Mensch einzigartige Erfahrungen mit ›Glauben‹ macht und etwas dazu zu sagen hat. Wir gehen davon aus, dass Gott mit jedem Menschen, egal welcher Weltanschauung, eine einmalige Geschichte hat.

Heute leben wir in einer Gesellschaft, die ständig Authentizität einfordert. Besonders wenn es um Gott geht, wirken allzu theoretische Diskussionen oft unbefriedigend und nicht wirklich lebensrelevant. Macht man allerdings eine ›echte‹ persönliche Erfahrung, die über reine Emotionalität hinausgeht und einem Orientierung gibt, wächst die Aufmerksamkeit. Eine solche Geschichte wird allerdings meist nur in vertrauter Umgebung und nicht im Scheinwerferlicht erzählt. Zu den herausragendsten und spannendsten Ereignissen der letzten zwei Jahrzehnte gehört, dass wir Tausende solcher Erzählungen in kleinen Runden in den Häusern, Wohnungen und Lokalen der Menschen miterleben durften. Nachbarn versammeln sich für einen Abend im Wohnzimmer, Vereinsmitglieder in ihren Clubräumen oder Freunde in ihrer Studentenbude und erzählen einander, welche Erfahrungen sie mit Gott (nicht) gemacht haben. Diözesen wie Feldkirch in Vorarlberg haben sogar breit angelegte Aktionen wie die ›W'ortwechsel‹-Aktion durchgeführt. So luden weit über hundert Gastgeber Freunde und Interessierte zu sich nach Hause ein, um über den Tellerrand eigener Erfahrungen hinauszublicken und neuen Standpunkten ein Ohr zu schenken.

In Gesprächsrunden über Glaubenserfahrungen lassen sich Freunde, Nachbarn und Interessierte von Geschichten inspirieren. Zu Hause oder in einem Lokal soll ungezwungen diesen Fragen nachgegangen werden: Wer oder was ist für mich Gott? Sie sind bereit, voneinander zu lernen – ob gläubig, suchend, freudig bekennend oder distanziert.

Eckdaten

Wo? Wohnzimmer, Wohnküche, Gasthaus oder Vereinslokal der Gastgeber
Wer macht's? Eine überschaubare Runde von Nachbarn, Freunden, Bekannten und Interessierten von ca. 10–30 P.
Wie lange? Ca. 2 Stunden
Zielgruppe? Freunde und Interessierte jedweder Weltanschauung, die prinzipiell offen für einen Austausch über den Glauben sind

Gestaltung

Die Gastgeber bzw. die Gastgeberfamilien laden im Rahmen einer Aktion Freunde und Nachbarn zu sich in die Wohnung oder in ein Lokal zu einem offenen Gesprächsabend ein. Der Abend wird von einer externen Gesprächsleitung moderiert. Ein oder zwei spezielle Gäste/Persönlichkeiten eröffnen mit ihren Lebens- und Glaubenserfahrungen das Gespräch und verhelfen mit ihren Beispielen zu einem weiteren offenen Austausch in der Runde. Der Grundsatz gilt: Jeder hat etwas zu sagen, weil jeder eine Erfahrung mit Glauben hat. Eine Grundregel: Es geht zuallererst um einen Austausch von Erfahrungen, nicht um eine Diskussion von Theorien oder Meinungen.

Beispiel: *Aktionswoche mit Gesprächsrunden in den Wohnungen:*

1. Es startet mit einem gemütlichen Einstieg bzw. herzlichen Empfang bei Getränken u. Ä.

2. Die Moderation führt durch den Abend und stellt zunächst das Vorhaben des Abends vor. Es müssen dabei Ziel und Inhalt klar werden, damit sich die Eingeladenen sicher fühlen und gut aufgehoben wissen: A) Jeder hat etwas über Gott zu sagen, also: Jeder kann heute sprechen, keiner muss sprechen! B) Wir glauben fest, dass wir heute Abend vor allem voneinander lernen werden! C) Der spezielle Charakter des Abends ist von eigenen Erfahrungen – nicht von Theorien – geprägt! D) Wir bewerten oder kommentieren einander nicht!

3. Zuerst erzählen ein oder zwei spezielle Persönlichkeiten, welche Erfahrungen sie mit Gott und Glauben gemacht haben.

4. Schließlich werden alle anwesenden Gäste eingeladen, ihre persönlichen Erfahrungen einzubringen. Sollte die Runde zu groß sein, kann man diese auch in Kleingruppen aufteilen.

5. Im inhaltlichen Schlussteil können spezielle Fragen, die einem besonders am Herzen liegen, an die eingeladenen Testimonials-Geber gerichtet werden.

6. Am Ende lädt die Moderation noch zu einer gemeinsamen Zeit der Stille und des Gebets ein, in der jede/r laut oder leise einen Dank oder Bitte ausdrücken kann. Musikalische und gesangliche Einlagen der Teilnehmer/innen können dem Abend eine ganz besondere Note geben.

3. Dialog –
Über Gott und die Welt im Café

© Christoph Wotawa

Öffentliche Talks nicht als oberflächliches
Geplänkel oder anbiedernden Seelenstriptease,
sondern als spirituelle Ereignisse und Orte
echter Wahrheitssuche zu erfahren, das haben
junge Leute mitten im pulsierenden Leben
einer Stadt in Angriff genommen.

Wenn es nachts wieder mal zu spät wird, weil es schlicht ans Eingemachte geht, dann geht es nicht selten um hitzige Gespräche über Gott und die Welt – mit den besten Freunden in einer Bar bei einem Bier oder einer Flasche Rotwein. Um diese spezielle Aura wussten nicht nur die philosophischen Cafés von Paris oder die Künstlercafés in Berlin. Seit einigen Jahren erregen ›Talks über Gott und die Welt‹ in legendären Wiener Cafés, Bars und Kulturstätten immer größeres Aufsehen. Schauspieler, Bundeskanzler und Professoren genauso wie Religionsvertreter und Journalisten diskutieren mit jungen Leuten über existenzielle Fragestellungen. Da kommt es dann schon mal vor, dass ein Kardinal mit Österreichs bekanntester Sexualtherapeutin in der übervollen hippen SKY-Bar über den Dächern Wiens über Gott, Macht und Sex philosophiert.

Inhalt & Ziel

In der entspannten Atmosphäre von Cafés und Bars reden wir über Wesentliches, über Gott und die Welt. Gläubige wie Nicht- und Andersgläubige sind bereit, voneinander zu lernen. Wir glauben, dass in jedem Menschen ein unglaublicher Reichtum steckt. Durch achtsames Zuhören können wir das Beste im anderen und in uns freisetzen. Unmittelbar dort, wo sich Menschen im täglichen Leben gerne aufhalten, wird zur Sprache gebracht, was Menschen glauben und hoffen.

Eckdaten

Wo? Café, Bar, Gasthaus, Kulturstätte, Theater
Wer macht's? Gläubige im Dialog mit Suchenden, Nicht- u. Andersgläubigen
Wie lange? Zwei – höchstens 2½ Stunden
Zielgruppe? Alle, die neugierig auf einen Dialog über Gott und die Welt sind; alle Weltanschauungen

Gestaltung

Eine sympathische Moderation verhilft am Talkabend durch ihren Fragestil zu einem bewusst freundschaftlich geprägten Austausch. Sie ermutigt zum Aufeinanderhören und Kennenlernen der Person, nicht nur der Argumente. Nicht um einen selbstverliebten Kampf um Meinungen sollte es gehen, sondern um ein gegenseitiges Entdecken von Wahrem – und das in Sympathie. Die Besucher sind frei, zu kommen und zu gehen, wann sie wollen. Außerdem soll genügend Zeit für persönliche Gespräche vor und nach dem öffentlichen Talk bleiben. Gespräche mit Tiefgang zu führen und Glaubenserfahrungen wie gegenteilige Erfahrungen müssen kein Tabuthema mehr sein.

Folgende Grundhaltungen sollen den Dialog und die ganze Veranstaltung prägen: 1. Jeder Mensch verdient unsere Achtung! 2. Der andere hat etwas Wertvolles zu sagen! 3. Wir trauen dem anderen unsere Meinung, unsere Botschaft zu! 4. Wir wollen den anderen herzlich aufnehmen! 5. Zuallererst wollen wir zuhören! 6. Wir stellen uns den gesellschaftlichen Herausforderungen und existenziellen Fragen! 7. Wir öffnen uns für unterschiedliche Inspirationen, bewusst auch den christlichen Quellen! 8. Im Disput möchten wir die Meinung des anderen lieber ›retten‹ als verurteilen! 9. Aufkommende Aggressionen wollen wir ernst nehmen! 10. Wir sind bereit, unsere Vorurteile immer wieder aufs Neue abzubauen.

Beispiel: *Ein öffentlich angekündigter Talkabend über Gott und die Welt in einem großen Kaffeehaus.*
A) Ein entspannt herzlicher Empfang und eine persönliche Begrüßung beim Eintreffen der Besucher/innen durch das Organisationsteam gibt dem Abend einen freundlichen Charakter.
B) Moderiertes Gespräch: Zwei bis drei Talkgäste unterschiedlicher Weltanschauungen werden am Podium mit Moderation den ersten Teil der Diskussion führen. (ca. 60 Minuten)
C) Die Pause dient als ›Plauderphase‹ – evtl. mit einer Musikeinlage. (ca. 10 Minuten)
D) Der zweite Teil des Gesprächs wird dann in der großen Runde begangen. Es folgt eine offene Diskussion mit Beiträgen und Fragen aus dem Publikum. (ca. 30–45 Minuten)
E) Abschluss und Zusammenfassung durch die Moderation.

4. Diskussion –
Zur Sache an Ort und Stelle

© Norbert Oberndorfer

Lass uns mal Klartext reden – über Geld, Macht,
Arbeit oder Partnerschaft. Wir fliehen nicht
vor der Welt, sondern fragen an Ort und Stelle
genau nach, wie das Leben gelingen kann.

Dort, wo sich unser Leben tagtäglich abspielt, geht es darum, ob es gelingen kann. Sollte der Glaube tatsächlich gestaltende Kraft und konkrete Hilfe für den Alltag sein, wird es Antworten auf sehr lebenspraktische Fragen brauchen. Am besten lässt sich darüber am Ort des Geschehens reden, um möglichst nahe dran zu sein. Fragen zur Arbeitsbelastung haben wir in einer Tischlerei oder in einem Großkaufhaus diskutiert, zum Thema Geld und Macht holten wir Betroffene ebenso wie Experten in die Bank oder ins Spielcasino, zum Fitnesswahn ließen wir uns in die Aula eines großen Schwimmbads einladen und zu politischen Themen gingen wir ins Gemeinde- bzw. Rathaus.

An Themenabenden soll an Ort und Stelle diskutiert und aufgezeigt werden, wie und wo der Glaube für meinen Alltag, meine Arbeit oder meinen Umgang mit Geld, Kraft und Hilfe sein kann. Betroffene wie Experten übersetzen den Glauben in konkrete und lebenspraktische Beispiele und stellen sich der Diskussion. Durch die direkte Auseinandersetzung mit gesellschaftlichen Problemzonen soll konkrete Hoffnung aus der geistlichen Inspiration gegeben werden.

Wo? An Ort und Stelle des Themas – Kaufhaus, Bank, Fabrik, Sporteinrichtung, Rathaus, Feuerwehrhaus etc.
Wer macht's? Team von Experten und Betroffenen der jeweiligen Themenstellungen
Wie lange? Ca. 2–3 Stunden
Zielgruppe? Alle, die an der jeweiligen Themenstellung interessiert sind

Ein Organisationsteam lädt aufgrund einer aktuellen lebensrelevanten Fragestellung zu einem spannenden Themenabend ein, der durch den themenspezifischen Ort noch einmal einen besonderen Reiz bekommt. Es empfiehlt sich, bei der Bewerbung des Abends auch durch die Ankündigung von interessanten Persönlichkeiten die Neugierde zu steigern. Durch ein moderiertes Gespräch und ein kurzes Impulsreferat wird mit vielen lebenspraktischen Beispielen sehr lebensnah ein Thema vertieft. Gäste aus den verschieden Lebenswelten sollten der größtmöglichen Identifikation des Publikums dienen.

Beispiel: *Es wird zu einem Diskussionsabend über die Macht des Geldes ›Geld regiert die Welt – und Gott?‹ ins Spielcasino oder in ein Bankgebäude eingeladen.*

1. Mit einem kleinen Buffet und einem herzlichen Empfangsteam wird zu einer angenehmen, lockeren Atmosphäre verholfen.
2. Die Moderation begrüßt und führt inhaltlich in die Abendveranstaltung ein, sodass Relevanz, Problemstellung und der lösungsorientierte praktische Zugang zum Thema gleich klar werden.
3. Teil I: In einem moderierten Gespräch zeigen drei bis vier lebenspraktische Beispiele konkret auf, wie sehr Glaube und Leben ineinandergreifen können: Betroffene erzählen ihre persönlichen Erfahrungen, Experten ergänzen durch ihre fachliche Perspektive. Ein kurzer inhaltlicher Impuls von max. 10–15 Minuten kann zur besseren Reflexion vor- oder nachgeschoben werden. Wie etwa: Warum ziehen uns Geld und Macht so magisch an? Warum spricht Jesus so oft übers Geld? Warum opfern unzählige Menschen für die Karriere ihre Familie?
4. Teil II: Alle anwesenden Gäste werden eingeladen, ihre eigenen Fragen, Statements und Erfahrungen einzubringen – zunächst in sogenannten Murmelgruppen an ihren Plätzen mit den Sitznachbarn (10–15 min) und dann im Plenum.
5. Am Ende fasst die Moderation den Abend inhaltlich kurz zusammen und lädt noch zu einer gemeinsamen Zeit des Innehaltens mit einem kurzen geistlichen Impuls ein. Nicht zu vergessen sind Hinweise auf vertiefende Angebote, um für Interessierte einen weiteren Weg zu ermöglichen.
6. Ausklang mit Musik, Getränken und persönlichen Gesprächen.

5. Fragen –
Jung, essenziell und spirituell

© Christoph Wortawa

Die Fragen junger Menschen und ihre Kultur fordern heute in einer weitgehend religionsfernen Gesellschaft neue Antworten heraus. Sie können faszinierend neue Welten schaffen. Dabei unterstützen und begleiten wir sie.

Es häufen sich Studien darüber, wie verschwindend klein mittlerweile der Anteil der jungen Menschen an der religiösen bzw. kirchlichen Praxis in Europa ist. Auch wenn es beeindruckende Ausnahmen mit charismatischen Aufbrüchen gibt, so dürfen wir uns nicht darüber hinwegtäuschen, wie sehr dies unsere Gesellschaft langfristig verändern wird. Wir wollen uns ganz bewusst nicht in eine Minderheitenblase zurückziehen, sondern uns mit den vielen agnostisch bzw. atheistisch orientierten und suchenden Jugendlichen, für die die Kirche (fast) gar kein Thema mehr ist, auf einen Weg machen. Es ist ein kreativer und achtsamer Weg. Er spannt ausgerechnet diese verschiedenen Lebenswelten in einem Projekt eng zusammen, indem alle ihr Bestes geben können.

Inhalt & Ziel

Junge Nicht- oder Andersgläubige initiieren gemeinsam mit jungen Gläubigen kreative Abende und Projekte mit viel Musik, eigenen Statements, Movies, Diskussionen, Spirituellem, Essen und Trinken. Sie wollen ihren existenziellen Fragen auf den Grund gehen, für sich und ihre Freunde – in ihrer Kulturwelt und mit ihren Talenten.

Eckdaten

Wo? Für junge Leute attraktive Location
Wer macht's? Mehrere Vorbereitungsteams von jungen Menschen, die entweder miteinander studieren oder Sport oder Kreatives miteinander machen
Wie lange? Programm ca. 2–3 Stunden, Abend mit Open End
Zielgruppe? Alle neugierigen jungen Menschen aus den bewusst nichtkirchlichen Milieus, die von ihren Freunden eingeladen werden

Gestaltung

Gläubige und Nichtgläubige bauen gemeinsam an einem Programm für drei bis vier Abende. Sie entwickeln miteinander neue kreative Tools zu ihren existenziellen Fragestellungen. Sie formulieren schon Wochen vor dem eigentlichen Abendzyklus in Diskussionsrunden ihre eigenen Themen und Interessen. Eine dieser Fragestellungen soll jeden Abend im Zentrum stehen. So formen sich Abende mit freien inhaltlichen Beiträgen und Testimonials, mit Musik – Soul/Funk/Rap u.a. –, Movies und Essen. Ein Team kann sich inhaltlich um die Gestaltung des Themas kümmern, eines um das Buffet, eines um Cocktails, eines um Dekoration etc.

Beispiel: *Im Rahmen eines Lehrgangsprogrammes haben sich Studierende in ihrer Freizeit zusammengefunden, die einen Zyklus »Spirit & Soul« mit drei Abenden kreiert haben. Einer der Abende war zum Thema ›Daddy cool – Vaterlos, Gottlos, GesellschaftsLoser!?‹, weil sie die Frage umtrieb, dass über die Hälfte der Vorbereitungsgruppe keinen wirklich präsenten Vater zu Hause hatte.*

Ablauf:
A) Welcome mit Buffet, Cocktails, Musik
B) Thema mit Movies und Statements: Die Moderation führt in die zentrale Fragestellung des Abends ein. Kurze Movies (z. B. Filmausschnitte) wurden passend zum Thema vorbereitet. Zu jedem der drei Movies gibt es jeweils davor oder danach ein Statement aus persönlicher Perspektive. Einer der drei Redebeiträge sollte ein christliches Zeugnis bzw. ein christlicher Antwortversuch zur Frage des Abends sein.
C) Diskussion an den Tischen oder/und Diskussion in der Großgruppe zum Thema mit entsprechender Fragestellung
D) Moderierte Diskussion und Austausch im Plenum
E) Abschlussmoderation mit Einladung zum ›Soul Space‹
F) ›Soul Space‹: Möglichkeit eines Besuchs in der Kapelle mit speziellen Musikprogramm / Raum der Stille, des Gebets
G) Open End für alle bei Diskussionen; Musik und Cocktails

6. Dinner –
Impulse für Leib und Seele

© Pexels

Was gibt es Schöneres, als mit guten Freunden bei einem gemütlichen Abendessen lange zusammenzusitzen, dabei die Freunde der Freunde kennenzulernen und mit besonderen Geschichten nach Hause zu gehen.

Die abendliche Mahlgemeinschaft gehört wohl zu den ältesten und stärksten Erfahrungen von Gemeinschaft. Seit Jahrtausenden werden dort die wichtigsten Momente des Lebens miteinander geteilt. Nicht von ungefähr hat sich das frühe Christentum aus einer zunächst sektenhaften Kleingruppe über unzählig viele kleine Mahlgemeinschaften in familiären und freundschaftlichen Kreisen über den ganzen Mittelmeerraum ausgebreitet. Auch heute wächst die Kirche überall dort, wo kleine christliche Gemeinschaften die Türen ihrer Wohnungen und Häuser öffnen, um andere an dieser Tischgemeinschaft und an der Freundschaftsgeschichte Gottes teilhaben zu lassen.

Inhalt & Ziel

In der entspannten Atmosphäre eines Abendessens sind Freunde und Bekannte eingeladen, ein Stück Leben miteinander zu teilen und mit der Geschichte Gottes vertraut zu werden. Gerade jenen Menschen, die wenig mit Religion und Kirche zu tun haben, bietet der freundschaftliche Rahmen die nötige Freiheit, sich mit den Grundthemen des Glaubens ehrlich und auf Augenhöhe auseinanderzusetzen.

Eckdaten

Wo? Wohnung, Haus
Wer macht's? Die Gastgeber mit einem kleinen Kreis von Mitchristen/innen
Wie lange? Eine Reihe von mehreren Abenden (2–2½ Std.) oder regelmäßig monatlich / 14-tägig
Zielgruppe? Freunde, Bekannte und Interessierte, die gerne einen Abend miteinander verbringen wollen und zumindest neugierig genug sind, den christlichen Glauben näher kennen zu lernen

Gestaltung

Ähnlich einem Glaubenskurs wie dem Alphakurs (siehe K 7) wird hier zu einem Abendessen mit Glaubensinputs eingeladen, die individuell einmalig oder öfter besucht werden können. Für viele bedeutet es ein erstes Annähern, Kennenlernen und Auseinandersetzen mit Glaubensthemen. Jeweils nach einer Stunde lockerem Gespräch mit Abendbuffet werden im zweiten Teil entweder mit einem Kurzvortrag und anschließender Diskussion oder mit einem angeleiteten Gespräch zu einer Bibelstelle die Kernthemen des Glaubens erörtert. Die Abende sind ein Einstieg

bzw. eine Brücke für einen möglichen intensiveren Glaubensweg.

Beispiel: *Wir laden regelmäßig, monatlich oder 14-tägig, zu einem »Dinner@8«-Abend ein. Ab acht Uhr abends gibt es in der Wohnung ein Abendbuffet.*
A) Beim einstündigen Abendessen gibt es genügend Zeit, langsam anzukommen, über Erlebtes zu plaudern und neue Gäste kennenzulernen.
B) Inhaltlich geistlicher Impuls –
Variante I: Kurzvortrag mit anschließendem Gespräch in kleinen Gruppen und Schlussplenum mit Fragemöglichkeiten an die Referenten. Beispiele für die Impulsthemen: – Welche Relevanz hat das Christentum noch? – Was ist das Besondere an Jesus? – Wer ist der Heilige Geist? – Wie krieg' ich einen direkten Draht zu Gott? – Wie entscheidet sich die Frage nach Gut und Böse? – Warum immer wieder der Stolperstein Kirche?
Variante II: Das gemeinsame Lesen einer biblischen Erzählung und angeleitetes Besprechen des gehörten Inhaltes. Dieses ›Bibelteilen‹ baut sich auf mehrere Schritte auf. – Still werden. – Das Lesen und Hören des Textes. – Sich ansprechen lassen, Worte bzw. Sätze wiederholen. – Gegenseitig mitteilen, was mich berührt und was ich verstanden habe. – Wie kann ich das Gehörte in meinem/unserem Leben umsetzen?
Schlussteil: Die Gäste sind frei, in einer Schlussrunde einen Gedanken, einen Dank oder ein Anliegen als Gebet einzubringen. Nach Möglichkeit können Musik bzw. Lieder diesen Teil begleiten oder abrunden.

7. Beziehung –
Rendezvous für Paare

© Brooke Winters (Unsplash)

Das Bewusstsein sowohl für die Zerbrechlichkeit als auch für die Kostbarkeit von gelingenden Partnerschaften, Ehen und familiären Gemeinschaften ruft heute nach stärkerer Unterstützung und Begleitung.

Gerade Ehepaare und Paare in Lebensgemeinschaft, sowohl innerhalb als auch außerhalb kirchlichen Lebens, sind heute großen Herausforderungen in ihrer Beziehung ausgesetzt. Sie verspüren ein starkes Bedürfnis nach Stärkung und Orientierung. Gleichzeitig fühlen sie sich oft durch lehrhaft moralische Vorgaben allzu schnell verurteilt. Nicht nur die Fragen der Sexualität brauchen trotz (oder wegen) allpräsenter Freizügigkeit einen besonders sensiblen Zugang. Nach der Erfahrung verschiedener Ehekurse zeigte sich, dass sowohl die Zeit eines vorurteilsfreien Austauschs über das partnerschaftliche Leben als auch echte Ermutigung von vielen Paaren gesucht wird. Begleitung und konkrete Hilfestellung brauchen einen gastfreundlichen, humorvollen und offenen Rahmen, aber auch eine fundierte geistliche Grundlage, damit von innen her neue Hoffnung und Freude wachsen können.

Inhalt & Ziel

Die Paare sollen in erster Linie eine Serie von schönen und inspirierenden Abenden miteinander und mit guter Begleitung erleben können. Die Impulse und Anregungen sowie der Kontakt mit anderen Paaren mögen Stärkung, neue Hoffnung und Lust für ihre Beziehung geben. Der stark existenzielle Zugang wird Paaren aller Weltanschauungen ermöglichen, in aller Freiheit auch die spirituelle Dimension als Kraftquelle für ihre Beziehung neu zu entdecken.

Eckdaten

Wo? Diverse kulturelle oder andere Versammlungsstätten
Wer macht's? Ein Team von mindestens drei erfahrenen Ehepaaren und Referenten/innen
Wie lange? Ein Zyklus von vier Abendbegegnungen und einem Tag bzw. Wochenende
Zielgruppe? Es richtet sich an alle Paare, gleich welcher Weltanschauung, ob verheiratet oder in Lebensgemeinschaft lebend

Gestaltung

Die Paare werden zu mehreren ›Ehe-Rendezvous‹-Abenden eingeladen, um einander mehr Zeit für die Beziehung zu schenken. Die angekündigten lebenspraktischen Themen sollen neugierig machen, konkrete Hilfestellungen nach ihren Bedürfnissen zu erfahren. Getragen werden die Abendbegegnungen durch kurze inhaltliche Impulse und viel Zeit des Austausches, sowohl als Paar als auch in Kleingruppen. Das Leitungsteam begleitet jedes einzelne Paar und steht für Fragen zur Verfügung. Vor allem ihre geistliche Kraftquelle und ihr Interesse für die Teilnehmer/innen prägen diese Abendbegegnungen.

Themen der Abende: 1. Kommunikation, 2. Sexualität und Zärtlichkeit, 3. Konflikte und Vergebung, 4. Die Frage nach dem Glück, 5. Gott in der Ehe / in der Beziehung, 6. Berufung und Auftrag der Ehepaare

Beispiel: Wir laden zu einem 14-tägigen Zyklus von vier ›Ehe-Rendezvous‹-Abenden und zu einem gemeinsamen Tag in ein Bildungszentrum o. Ä. ein.

1. Abend: Infococktail. Empfang mit Getränken und kleinem Imbiss, Cocktailmusik, anschl. Kurzreferat: ›Liebe, ein Versprechen, das auf Dauer gelebt werden kann?‹. Ein kurzes Zeugnis ehemaliger Teilnehmer/innen und praktische Infos zu den Abenden. Ein Get-together mit Drinks zum weiteren Kennenlernen und Zeit für persönliche Nachfragen schließen den Abend ab.

2. bis 5. Abend: Jeweils Empfang mit Drinks und Snacks. Kurzvortrag eines Ehepaars. Die Inhalte werden nicht als fertiges Konzept präsentiert, sondern mit offenen Fragestellungen, sodass im Blick auf ein Ziel Schritt für Schritt ein Weg für jeden eröffnet werden kann. Konkrete Beispiele zum jeweiligen Thema machen Lust, das eine oder andere auch selbst im Beziehungsalltag auszuprobieren. Die Abende beinhalten immer auch Zeit zu zweit oder Gesprächsgruppen zu den Fragen der Kurzvorträge. Ein Get-together mit Drinks und Snacks und lockerem Austausch und ein Abendgebet schließen den Abend ab.

Ein Tag oder Wochenende: Mehr Zeit für das Paar, für zwei Impuls-Themen, für den Austausch und für das Gebet.

8. Aufgeschlossen –
Offene Kirchen ohne Schwellen

Weit geöffnete Kirchtüren laden ein, einzutreten und die Kirche als einen Ort zu erfahren, der der Seele Raum gibt. Wenn man von ebenso aufgeschlossenen Menschen empfangen wird, können ungeahnte Begegnungen passieren.

Ganz Europa ist übersät von weithin sichtbaren alten Kirchen, die immer häufiger den Charakter von Museen annehmen. Ihre Symbolkraft für Gestriges, Verschlossenes und bloß Schützenswertes ist nicht zu unterschätzen. Wenn sie aber Zeichen für eine frohe Botschaft in unsere Zeit hinein sein wollen, gilt es, kraftvoll und bewusst Schwellen abzubauen. Alleine schon das weite Öffnen großer alter Türen kann offenbaren, dass man am Eintreten der Vorübergehenden wirklich interessiert ist. Offene

Kirchen, aus deren Innerem man Musik hören und den Schein wärmender Lichter sehen kann, ziehen an, näher zu kommen – vielleicht verbirgt sich dahinter ja doch Besonderes? Dass auch der Schritt über die Schwelle gemacht wird, hängt nicht nur von Neugierde ab. Es braucht Menschen, deren Haltung des Willkommen-Heißens dieses Leuchten und Klingen auch konkret zum Ausdruck bringt. So erst können die großen alten Räume zum Himmel hin öffnende und bergende Orte werden.

Otto Neubauer – Mission Possible

Inhalt & Ziel

Die Kirche mit weit sichtbar offenen Türen soll so einladend sein, dass Menschen gerne eintreten und ihre Seele für eine gewisse Zeit ausruhen lassen können. Die Einladung Jesu aus der Bibel »Kommt alle zu mir, die ihr mühselig und beladen seid!«, kann gerade im Kirchenraum durch einen herzlichen Empfang, schöne Musik und persönliche Gebete ihren konkreten Ausdruck finden. Die Menschen sollen die Kirche als Ort des Innehaltens, der Geborgenheit mit Gott erleben.

Eckdaten

Wo? Kirche
Wer macht's?
Ein Team mit Unterstützern
Wie lange? Täglich oder wöchentlich
Zielgruppe? Passanten auf der Straße, Neugierige, Suchende

Gestaltung

Wenn nicht schon den ganzen Tag über, so kann man doch eine Kirche zu bestimmten Zeiten weit öffnen, an denen mehr Menschen unterwegs sind. Schon rein äußerlich kann die Umgebung der weit geöffneten Kirchentür liebevoll einladend gestaltet sein – mit Blumen, Hinweisschildern, einem Plakat oder einer Fahne vor, über oder neben der Tür mit klar erkennbarer Botschaft: »Sie sind herzlich eingeladen!«, »Komm und sieh!« Vor der Kirchentür laden zwei bis vier Personen die Passanten zu einem kurzen Verweilen in der Kirche ein. Dies sollte besonders herzlich geschehen, aber nicht aufdringlich sein. Eventuell kann sogar eine kleine Musikgruppe vor der Kirche zusätzlich die Attraktivität erhöhen und die Passanten neugierig machen.

Beispiel: *Wöchentlich ›Offene Kirche‹ mit Programm nachmittags bzw. abends.*

Ein Empfangsdienst der Gemeinde lädt Passanten unmittelbar vor weit geöffneten Kirchentüren für einen Moment des Verweilens in die Kirche ein. Beim Eingangsportal der Kirche stehen Infoschilder mit der Erklärung, was diese Einladung bedeutet. Beim Eintritt in die Kirche werden die Besucher auch herzlich empfangen. Der Hinweis auf die ›Gebetsbox‹ vor dem Altar ist besonders auch für Menschen hilfreich, die im Gebet unerfahren oder unsicher sind. Die Eingeladenen sind frei, in der Kirche für eine Zeit zu verweilen und Platz zu nehmen.

Während der Zeit der geöffneten Kirche kann z. B. eine musikalisch gestaltete Gebetszeit mit eucharistischer Anbetung stattfinden. Ein kleines *Lichtermeer* mit vielen Kerzen im Kirchenraum und um den Altar soll auf die besondere Präsenz Gottes hinweisen. Wer will, kann der Einladung von folgenden Schritten in der Kirche folgen: Ein Gebetsanliegen kann auf ein Kärtchen geschrieben werden. Man trägt dieses nach vorne und legt es vor dem Altar in die ›Sorgenbox‹; dann kann aus einer anderen, der ›Freudenbox‹, eine Bibelstelle, ein ›Wort der Hoffnung‹ entnommen werden.

– Eine kleine Kerze kann in Stille vor den Altar, vor das Allerheiligste gestellt werden, als Zeichen für einen ganz persönlichen Schritt auf Gott hin.

– Möglichkeit zu einem Gespräch oder zur Beichte bei einem Priester.

– Möglichkeit eines Segens mit Handauflegung.

9. Willkommen –
Im Zelt Gottes unter den Menschen

© Key2Life

»Keine Mauern, keine Schwellen, kein fester Ort –
eine Kirche, die wie eine moderne Karawane unter
den Menschen lagert: ›Seht, das Zelt Gottes unter den
Menschen! Er wird in ihrer Mitte wohnen und sie
werden seine Völker sein.‹« Offb 21,3

So prächtig und schön das reiche Mauerwerk der Kirchen in Europa auch sein mag und ohne Zweifel einen unschätzbaren Dienst leistet, so ist es doch auch zu einer schwer belastenden Immobilie geworden. Vor allem die Sorge um das steinerne Haus inklusive Denkmalschutz raubt bedenklich viel Energie für eine dringende Veränderung hin zu einem dynamischen Gemeindeleben. Es waren die Unbeweglichkeit und die damit verbundene Distanziertheit einer verbürgerlichten Kirche, die im 19. Jahrhundert Erweckungsbewegungen dazu gebracht hat, mit Zeltmissionen im großen Stil neu auf das ›einfache‹ Volk zuzugehen. So wie damals die soziale und spirituelle Not des Industrieproletariats die christliche Mission aus den Kirchenmauern hinausgetrieben hat, so braucht es heute immer wieder Befreiungsschläge aus einer weit verbreiteten und gleichzeitig fatalen Wahrnehmung, dass sich nämlich Gott vornehmlich hinter Kirchenmauern eingerichtet hätte.

Inhalt & Ziel

Mit Begegnungen und Veranstaltungen in Zelten soll ein unverbraucht frischer Zugang, eine größere Beweglichkeit und vor allem eine besondere Volksnähe für einen neuen Dialog über Gott und die Welt erreicht werden. Sowohl mit einem neutralen Ort als auch mit einer wesentlich größeren Gestaltungsvielfalt sollen Menschen zeitgerechter für spirituell lebensnahe Themen angesprochen und insbesondere persönlicher willkommen geheißen werden.

Eckdaten

Wo? Öffentliche Plätze in belebten Ortsteilen oder auch umittelbar vor Kirchen
Wer macht's? Pfarrgemeinden, Initiativgruppen u. v. m.
Wie lange? Je nach Aktion eine Woche, ein Monat oder nur ein paar wenige Tage
Zielgruppe? Passanten, Interessierte, Neugierige, Suchende

Gestaltung

Ob es ein spirituelles Event in einem großen Zelt oder ein Gesprächs- bzw. Begegnungszelt in der Fußgängerzone ist, in jedem Fall ziehen eine moderne Gestaltung, ein gut verständliches Motto und freundlich einladende Menschen Aufmerksamkeit auf sich. Das an einem frequentierten Ort aufgestellte Zelt ist an mehreren Seiten geöffnet und soll in jeder Hinsicht einen leichten Zugang ermöglichen. Jeweils dem Anlass entsprechend sollen die Inhalte in Sprache, Design, Musik, aber auch durch gastfreundliche Bewirtung zu einem Dialog einladen und möglichst viele ansprechen.

Beispiel A:
Zelt für Begegnungen bzw. Gespräche
Steht das Zelt bewusst im Dienst einer Begegnungszone und kleiner Darbietungen auf einem Hauptplatz, so wird die Gestaltung darauf achten, dass es unterschiedliche Arten der Begegnungs- und Gesprächsmöglichkeiten gibt: z. B.: Loungebereiche zum Verweilen und/oder Info-Orte für kürzere Begegnungen mit Stehtischen oder einen extra abgetrennten ›Prayer Room‹ oder ›Soul Space‹

Beispiel B:
Zelt für größere Events
Bei größeren Events mit Glaubensthemen in (oder vor) dem Zelt ist bei aller Unterschiedlichkeit des Programmdesigns besonders die Lebensnähe durch Storytelling, Testimonials, ansprechende Musik und schrittweisem Zugang zu zentralen Botschaften wichtig – einfach, konkret, verständlich, humorvoll. Wesentlich bleibt dabei, dass die Teilnehmer/innen sich bei allen Einladungen zum Mittun stets frei fühlen. Gerade die Entdeckung neuer Gebetsformen mit viel Musik wie beispielsweise Worship kann einen unkomplizierten und faszinierenden Zugang ermöglichen.

© Matthias Ruzicka

Das Wichtigste im Leben bekommen wir geschenkt!
»Komm, nimm Platz, wir laden dich ein!«

Wen wundert's, dass der TV-Werbeslogan von Formel-1-Legende Niki Lauda für eine Bank »Ich habe nichts zu verschenken« in den letzten Jahren voll eingeschlagen hat. Das mag für unsere Konsumgesellschaft völlig normal sein, sollte uns aber trotzdem alarmieren. Jedes noch so kleine Werbegeschenk sagt uns, dass der ›Schenkende‹ eigentlich noch etwas anderes von uns will. Der Glaubende hingegen geht da-

von aus, dass einem das Wichtigste im Leben ganz und gar geschenkt wird. Wir leben existenziell davon, dass wir uns gegenseitig gratis mit unzähligen Aufmerksamkeiten beschenken. Wenn dem nicht mehr so ist, ›verhungern‹ wir zusehends – vielleicht unbemerkt. Es gibt eine Medizin dagegen: kleine Zeichen der Gastfreundschaft ohne Hintergedanken setzen, absichtslos.

Mit kleinen Überraschungen der Gastfreundschaft wie einem Frühstück auf dem Weg zur Arbeit oder einem gedeckten Mittagstisch in der Fußgängerzone wollen wir Menschen mitten im Alltag beschenken. Wir möchten Zeichen der großzügigen Art Gottes setzen, aus freien Stücken jemandem eine Freude machen, die den Tag verwandeln kann.

Eckdaten

Wo? Haltestellen, Straßen, Fußgängerzonen und öffentliche Plätze
Wer macht's? Pfarrgemeinden, Initiativgruppen u. v. m.
Wie lange? Morgens oder mittags jeweils eine bis drei Stunde/n
Zielgruppe? Passanten

Gestaltung

Wir überreichen Menschen am Morgen auf ihrem Weg zur Arbeit an einer Haltestelle oder an anderen frequentierten Plätzen eine Stärkung, ein Croissant, ein Brötchen und Kaffee und wünschen ihnen einen schönen Tag. Oder wir laden Passanten an einem freien Tag in einer Fußgängerzone an schön gedeckten Tischen zu einem kleinen Essen ein. Ortsbild und Atmosphäre werden so für einen Tag auf freundliche Weise vollkommen verändert. Durch das gegenseitige Geschenk wertvoller Zeit beim gemeinsamen Mahl können neue Beziehungen entstehen und Freundschaften geknüpft werden.

Beispiel A: *Frühstückspakete*

Frühmorgens werden auf der Straße, auf Plätzen, vor Geschäften und Banken Frühstückspakete verteilt oder auch direkt an den Arbeitsstätten überreicht.

Selbst in einer kurzen Begegnung kann an einem anstrengenden Tag der Tipp von Mutter Teresa Wunder wirken: »Schenke einfach ein Lächeln!« In keinem Fall darf es einer Anbiederung gleichkommen und einen Erwartungsdruck auslösen. Das Geschenkte soll in jeder Hinsicht gratis sein.

Beispiel B: *Mittagstische*

An Sonn- und Feiertagen, bei gutem Wetter und in wärmeren Jahreszeiten können sowohl Frühstückstische als auch Mittagstische in der Fußgängerzone, auf dem Marktplatz oder in Parks aufgestellt werden, an denen die Passanten Platz nehmen können und bedient werden. Unterschiedliche Menschen lernen einander kennen und kommen so miteinander ins Gespräch.

Wie die Aktion ›Tausend Tische für den Sonntag‹ im Sommer 2011 in Düsseldorf zeigte, kann daraus eine starke gemeinsame Bewegung mit den verschiedensten Gruppen eines Ortes wachsen. Die Kirchengemeinden in der ganzen Stadt haben jedes ihrer Mitglieder motiviert, ihre Freundinnen und Freunde, Bekannte, Nachbarn, Kolleginnen und Kollegen, Mitmenschen aus Vereinen und Gruppen zum Sonntagstisch einzuladen, ihre Tische und Stühle auf den Bürgersteig zu tragen und gemeinsam ihre mitgebrachten Speisen und Getränke zu teilen. Das gemeinsame Engagement z. B. für den arbeitsfreien Sonntag hat die Kirche mit anderen gesellschaftlichen Gruppen verbunden, einen sehr intensiven Austausch gefördert und ein sehr sympathisches gemeinsames Fest am Sonntag miteinander feiern lassen.

11. Feiern –
Straßenfest der Vielfalt

Auf den Straßen und Plätzen kreuzen einander die unterschiedlichsten Welten. Wie Begegnung möglich wird, wenn sie sich genau dort gemeinsam zum Feiern treffen, zeigen großherzige Einladungen.

Feste sind immer eine wunderbare Gelegenheit, der Freude und Vielfalt des Lebens Raum zu geben. Gibt es eine bessere Chance, die Freude des Glaubens unverkrampft mit der Welt zu teilen als bei einem Fest? Umso großartiger, wenn es direkt auf der Straße oder auf einem großen Platz stattfindet, wo jeder spontan dazukommen und mitfeiern kann. Dass jedes wirkliche Fest ein Vorgeschmack auf das himmlische Festmahl ist, ist nicht bloß frommes Gerede. Es zeigt sich vor allem daran, ob wir tatsächlich diese großherzig biblische Einladungspolitik an den Tag legen wollen: »Geh schnell hinaus auf die Straßen und Gassen der Stadt und führe die Armen und Krüppel und Blinden und Lahmen hier herein!« (Lk 14,21). Und Jesus setzt noch eins drauf, indem er zuerst die ›Sünder‹ und nicht die ›Gerechten‹ ruft. Ein feiner Unterschied könnte schon sein, dass eine gläubige Gemeinschaft sich nicht mit sich selbst begnügt, sondern Menschen aus unterschiedlichen Lebenswelten, Künstler, Politiker, Musiker, Sportler und viele andere einlädt, zum Feiern mit ihrer Kreativität beizutragen.

Inhalt & Ziel

Gerade ein öffentliches Fest des Glaubens auf den Straßen und Plätzen soll ein besonders gastfreundliches Angebot für alle Menschen des Ortes sein, das Leben in seiner Vielfalt zu feiern. Jeder, egal ob Mitwirkender, Passant oder Obdachloser, ist eingeladen mitzufeiern, zu plaudern, zu essen und zu trinken. Dabei soll auch vielen kreativen Menschen vor Ort ein Podium der Mitgestaltung gegeben werden. Es ist zudem eine bevorzugte Weise, Menschen kennenzulernen und in einen offenen und vorurteilsfreien Dialog über Gott und die Welt einzutreten.

Eckdaten

Wo? Öffentliche und zentrale Plätze wie belebte Fußgängerzonen bzw. Straßen
Wer macht's? Die Gastgeber laden möglichst viele Initiativen und Gruppen ein, ihre Kreativität einzubringen.
Wie lange? Ein Nachmittag und/oder ein Abend oder einen Tag lang
Wann? Bevorzugt im Frühling oder Sommer

Gestaltung

Ein Fest steht und fällt mit gastfreundlichen Menschen, die alles einsetzen, um den Gästen eine Freude zu machen. Dazu gehören natürlich ein köstliches kulinarisches Angebot und gute Musik, damit es anziehenden Charakter hat. Gerade bei einer öffentlichen Straßenaktion hat eine großherzige christliche Gemeinde schon lange vorher persönliche Einladungen an alle Gruppen, Vereine, Initiativen und Verantwortlichen eines Ortes gerichtet, dass sie an diesem Fest auch mitwirken können. Je nach Anlass können spannende Talks, humorvolle Testimonials, sportliche Einlagen, Tanzgruppen und Kinderprogramme dem Fest eine besondere Note geben.

Beispiel: *Zum Start von Aktionstagen über ›Gott und die Welt‹ oder einer Missionswoche wird zu einem großen Straßenfest eingeladen.* Durch die Gestaltung eines Programms wird auch auf die kommenden Aktionstage eingestimmt.
Ablauf:
– Ankommen und Eröffnung mit mitreißender Musik.
– Eine humorvolle Moderation führt durch das Programm.
– Es gibt Musik unterschiedlicher Interpreten.
– Talks mit bekannten Persönlichkeiten und Menschen aus dem normalen Leben.
– Auch Nicht- und Andersgläubige, Suchende sollen zu Wort kommen können und ihre Meinung und Fragen äußern dürfen.
– Kreative Interpretationen eines Themas wie z. B. Pantomime, Texte, Poetry-Slam, Tanz etc.
– Ein mit Gesang und einer Musikgruppe gestaltetes Gebet kann für viele zu einem besonderen Moment werden. Zum Schluss gibt es einen Segen für alle Anwesenden.
– Plaudern, essen und trinken, sich aneinander freuen und sich Zeit nehmen, Menschen kennenzulernen.
Gleichzeitig kann auch das Projekt »Offene Kirche« (siehe Best Practice 8) stattfinden, zu dem man ganz einfach und unaufdringlich einlädt.

12. Blickkontakt –
Das Kreuz in der Öffentlichkeit

© Nicola Verbanschitz

Auf dem Hügel Golgotha wurde öffentlich
›Vergebung‹ demonstriert – unter den Blicken
der Schaulustigen, Mörder, Verzweifelten,
Liebenden und Spöttern. Der Gekreuzigte
wurde damals wie heute aller Welt ausgesetzt,
nackt, mit der Preisgabe all seiner Intimität.

Das Kreuz war und ist eines der bedeutendsten, aber auch umstrittensten Zeichen der Menschheitsgeschichte. Es lässt sich offensichtlich nur schwer privatisieren. Heute wird es sowohl politisch instrumentalisiert als auch sehr distanziert als Brauchtumsrelikt oder gar als erschreckendes, unverständliches Symbol wahrgenommen. Eigentlich ist nicht genau zu fassen, wie vielen seine wahre Bedeutung zugänglich ist: nämlich die der bedingungslosen Hingabe und Liebe Jesu für jeden einzelnen Menschen dieser Welt. Ein Zeichen, das alle einschließt und niemanden ausschließt. Es ist eine große Verantwortung, den Blick auf einen gekreuzigten Gott zu eröffnen, der mitleiden, trösten und retten kann. Das Kreuz zeigt unübertroffen, dass nicht Gewalt und das Zurückschlagen retten, sondern die Vergebung.

Inhalt & Ziel

Das Kreuz soll den Menschen auf neue, ganz persönliche Weise nahegebracht werden, als ein Ort, an dem sie ihre Lasten ablegen können. Es eröffnet den Blick auf ein Zeichen, das darauf hinweist, dass Gott kein Anliegen seiner Kinder gleichgültig ist. Es werden auf Straßen und Plätzen Möglichkeiten geschaffen, liebevoll und unaufdringlich all das vor das Kreuz zu bringen, was den Menschen auf der Seele lastet.

Eckdaten

Wo? An belebten Orten wie Fußgängerzonen, Einkaufsstraßen etc.
Wer macht's? Pfarrgemeinden, Initiativgruppen u. v. m.
Wie lange? Alle Zeiträume möglich
Zielgruppe? Alle – Passanten, Interessierte, Neugierige, Suchende

Gestaltung

Nur zwei von unzähligen Beispielen, wie Menschen in eine Begegnung mit dem Kreuz gebracht werden können, seien hier angeführt. Ob das an einem fixen Ort passiert, an dem wir unsere persönlichen Anliegen und Sorgen niederschreiben und vor das aufgerichtete Kreuz bringen, oder in der Form eines Kreuzweges mit verschiedenen Stationen, jedes Mal werden Passanten an einem öffentlichen Platz persönlich eingeladen, kurz innzuhalten.

Beispiel A:
In der Karwoche bzw. am Karfreitag wird von der Pfarrgemeinde ein großes Kreuz an einem belebten Ort gut sichtbar aufgestellt und genügend Raum gegeben, damit Passanten bewusst darauf zugehen können. Ent-

sprechende Musik und eine kreative Gestaltung rund um das Kreuz erzeugen eine besondere Atmosphäre der Aufmerksamkeit. Es empfiehlt sich, um das Kreuz herum Stehpulte mit Stiften und kleinen Zetteln zum Aufschreiben der persönlichen Anliegen aufzustellen. Die Passanten werden respektvoll über die Aktion von den Gemeindemitgliedern informiert und eingeladen, ihre Wünsche, Sorgen und Probleme aufzuschreiben und auf die ans Kreuz geschlagenen Nägel zu hängen. Dabei ist es wichtig, nicht aufdringlich, aber gleichzeitig offen für Gespräche zu sein und bei gezeigtem Interesse auch zu anderen Veranstaltungen der Kar- und Ostertage einzuladen.

Beispiel B:
Der traditionelle Kreuzweg während der Fastenzeit wird aus der Kirche auf die Einkaufsstraße des Ortes verlegt. Die Geschäftsleute und die Gast- und Kaffeehaus-Besitzer werden im Vorfeld angefragt, ob sie ihr Geschäft, eine ihrer Auslagen oder einen Stand davor für eine Kreuzwegstation zur Verfügung stellen. Sie können den Ort je nach Thema selbst gestalten. So macht die Pfarrgemeinde mit einem Kreuz an 14 Stationen, also an verschiedenen Orten des alltäglichen Lebens, halt. Gemeinsam mit den Gastgebern wird dort in einer vorbereiteten Betrachtung das jeweilige Ereignis des Kreuzweges Jesu mit aktuellen Ereignissen an diesem Ort und in der Welt verbunden. Passanten können stehen bleiben, selbst Anliegen zum großen Kreuz bringen, das mitgetragen wird, oder sich auf dem weiteren Weg anschließen.

13. Sehnsucht –
Zufluchtsort Krippe im Trubel der Zeit

Ein Wunsch ans Christkind? Der Advent ist die Sehnsuchtszeit des Jahres par excellence. Ob wir trotz Geschäftigkeit mit dem Blick in die Krippe das womöglich versteckte Heimweh nach Gott akzeptieren lernen?

Eine paradoxe Erfahrung: Einerseits setzt die vorweihnachtliche Adventszeit so viele Sehnsüchte des Menschen nach Geborgenheit und Liebe frei wie sonst nie im Jahr. Andererseits ist es die geschäftigste und hektischste Zeit, die nicht selten in totaler Erschöpfung und Konfliktexplosionen am eigentlichen Weihnachtsfest endet. Der festsitzende Mythos mit »wenigstens einmal im Jahr eine heile Familie sein« scheint uns gänzlich zu überfordern. Aber selbst das erste Weihnachten war alles andere als besinnlich und idyllisch, sondern ist von einer flüchtenden Familie und der Geburt in einem Stall gekennzeichnet. Das Kind in der Krippe hat offensichtlich eine viel realistischere und gleichzeitig revolutionärere Botschaft, die es wieder freizulegen gilt. Gott besucht uns mitten in unserer Not und kommt uns in unserer Geschäftigkeit unendlich menschlich nahe. Es beeindruckt, wie viel berührende Aufnahme und Innehalten wir mit einer ›mobilen‹ Krippe erlebten, mit der wir vom Geschäftszentrum über die belebte Einkaufsstraße bis ins Obdachlosenheim wanderten.

Mitten in der geschäftigen Adventszeit laden wir mit einer mobilen lebensgroßen Krippe zu einer neuen Begegnung mit dem ›Christkind‹ und der weihnachtlichen Botschaft ein. Die Passanten können im Geschäftszentrum oder in der Einkaufsstraße vor einem Krippenhaus innehalten, ihre Herzenswünsche auf einen Zettel schreiben und in die Krippe legen. Inmitten von Hektik und Trubel erleben sie eine Zeit des Innehaltens und einer Begegnung.

Eckdaten

Wo? Eine wandernde Krippe an belebten Orten, Fußgängerzone, Einkaufsstraße/-zentrum etc.
Wer macht's? Team von mindestens 8–12 Leuten
Wie lange? ca. 2–3 Stunden pro Station
Zielgruppe? Alle Passanten in einer belebten Einkaufsstraße oder einem Einkaufszentrum

Gestaltung

An einem belebten Ort wird in der Adventszeit ein einfaches mobiles Holzhaus aufgestellt, in dem zwei Personen, die als Josef und schwangere Maria verkleidet sind, Platz haben. Vor ihnen steht eine kleine, nur mit Stroh gefüllte Futterkrippe, in die die Menschen die Zettel mit ihren Anliegen und Wünschen hineinlegen können. Rund um diese Art ›Stall‹ laden die Teammitglieder der Initiative die Passanten ein, ihren Herzenswunsch ans ›Christkind‹ auf einen kleinen Zettel zu notieren und in die Futterkrippe zu legen. Einige Mitarbeiter können sich auch als Engel oder Hirten verkleiden, um zusätzlich die Aufmerksamkeit für die Aktion

zu erhöhen. Gerade die zunächst häufig humorvollen Reaktionen, weil Erwachsene plötzlich an den Kinderglauben ans ›Christkind‹ erinnert werden, ermöglichen viele Gespräche über die eigentliche Botschaft des Weihnachtsfestes.

Beispiel:

An den vier einkaufsintensiven Adventssamstagen macht die mobile Krippe jeweils an einem anderen Ort Station – von der riesengroßen Aula eines Geschäftszentrums bis hin zum Obdachlosenheim, zur Einkaufsstraße oder dem Hauptplatz. Während mit den Wunschzetteln zum Besuch der Krippe im hölzernen Stall eingeladen wird, werden unterschiedlichste Persönlichkeiten des Ortes unmittelbar vor der Krippe interviewt, was sie sich vom Kind in der Krippe für diese Zeit erhoffen und erbitten. So wird noch einmal stärker die aktuelle Auseinandersetzung mit der Weihnachtsbotschaft in die Öffentlichkeit getragen. Wenn die mobile Krippe auf einem Platz unmittelbar vor einer Kirche Station macht, kann parallel dazu ein Programm in der offenen Kirche (siehe Beispiel 8) angeboten werden oder in einem kleinen Zelt, in dem ein musikalisch gestaltetes Gebet stattfindet. Zusätzlich kann eine einladende Atmosphäre mit Musik und dem Angebot von heißen Getränken, Gebäck und kleinen Geschenken wie dem Weihnachtsevangelium das Verweilen und längere Gespräche unterstützen.

14. Persönlich –
Liebesbriefe von Gott

© Helioquence (Unsplash)

Liebe ist so viel mehr als ein Strauß roter Rosen oder eine Pralinenschachtel. Der Valentinstag am 14. Februar bietet die beste Gelegenheit, dem Thema Liebe auf den Grund zu gehen und Gott selbst sprechen zu lassen.

Der heilige Valentin, den die Kirche am 14. Februar feiert, gilt als der Patron der Liebenden. Nahezu weltweit ist dieser Tag für Verliebte und Paare zum Anlass geworden, ihre Liebe zu feiern und einander zu beschenken. Kommerz und Medien haben dies längst als Verkaufsschlager entdeckt und nützen dies zu ihrem Vorteil. Wir glauben, dass jede Liebe ihren Ursprung in Gott hat, und dass er jedem Menschen seine Liebe zusagt. Der Valentinstag bietet die Möglichkeit, ihn selbst zu den Men-schen sprechen zu lassen. Ein persönlich formulierter ›Liebesbrief von Gott‹ überbringt die Botschaft, dass Gott uns seine Freundschaft anbietet und sich nach jedem einzelnen Menschen sehnt. In einem ›Rendezvous mit Gott‹ hat jeder die Möglichkeit, Gottes Liebe konkret auf die Spur zu kommen und einen (neuen) Schritt zu ihm hin zu machen. Es ist eine Einladung an alle, ganz gleich, in welcher Lebenssituation sie sich befinden – jeder kann lieben und Liebe empfangen.

Inhalt & Ziel

Jeder Mensch trägt tief in sich die Sehnsucht, vollkommen und bedingungslos geliebt zu sein. Der Valentinstag ist eine wunderbare Gelegenheit, die Menschen wissen zu lassen, dass Gott ein ganz persönlicher Gott ist, der mit jedem Einzelnen seine eigene Liebesgeschichte hat. Dieser Liebesgeschichte auf die Spur zu kommen oder sie zu vertiefen, ist die Einladung an alle, die mit dem ›Liebesbrief von Gott‹ beschenkt werden oder zu einem ›Rendezvous mit Gott‹ in eine Kirche eingeladen werden.

Eckdaten

Wo? Briefe werden verteilt an großen Plätzen, Bus- oder U-Bahn-Stationen, Bahnhöfen, Einkaufszentren etc.
Ein ›Rendezvous mit Gott‹ kann in Kirchen, Kapellen oder im Freien passieren
Wann? Verteilen in der Frühe und/oder am Nachmittag, Rendezvous am Abend
Wer macht's? Eine unbeschränkte Zahl von Engagierten
Wie lange? 1–2 Stunden in der Frühe oder am Nachmittag; ›Rendezvous-Orte‹ 1–2 Stunden abends
Zielgruppe? Alle Passanten am Valentinstag

Gestaltung

Auf den öffentlichen Plätzen wird den Menschen eine kleine Aufmerksamkeit in Form von schön verpackten Liebesbriefen (evtl. zusammen mit einer Blume) mitgegeben. Es ist gut zu überlegen, an welchen Orten und zu welcher Uhrzeit man die meisten Menschen antreffen kann. Zusammen mit den Briefen wird die Einladung übergeben, an einem ›Rendezvous-Ort‹ Gott ein wenig Zeit zu schenken. Dort kann ein musikalisch umrahmtes Gebet helfen, zur Ruhe zu kommen, oder ein besonders gestalteter Segen oder Gottesdienst die Liebe Gottes erfahrbar machen. Wichtig wird sein, dass nicht nur Paare sich angesprochen fühlen, sondern jeder, ob Single, geschieden oder verwitwet, sich in die Zuwendung Gottes und der Menschen hineingenommen fühlt. Gerade für Menschen in diesen Lebenssituationen ist der Valentinstag ja oft ein eher frustrierender Tag, der aber durch entsprechende Zuwendung verwandelt werden kann.

Beispiel: *Die Liebesbriefe von Gott werden aus verschiedenen Textstellen der Bibel zusammengestellt, sodass wir wirklich Gott selbst sprechen lassen. Sie werden so formuliert, dass jeder sich persönlich angesprochen fühlt. Eine sehr liebevolle Gestaltung auf schönem Papier mit entsprechendem Umschlag macht deutlich, wie wertvoll jeder einzelne Empfänger ist.*
Am Rendezvous-Ort ist es besonders wichtig, dass jeder Einzelne persönlich willkommen geheißen wird. Es empfiehlt sich, dass am Eingang ein bis zwei Mitarbeiter die Hereinkommenden begrüßen, den Ablauf des Gebets oder Gottesdienstes erklären und für Fragen zur Verfügung stehen. Es kann ein schöner Teil des Gebets oder Gottesdienstes sein, wenn die Gäste die Möglichkeit haben, einen Antwortbrief an Gott zu schreiben. Wesentlich ist an diesem Abend, dass Gottes Barmherzigkeit spürbar wird und jeder einen ganz individuellen Schritt auf ihn zu machen kann – siehe ›Offene Kirche‹ Beispiel 8 und ›Stunde der Barmherzigkeit‹ Beispiel 19.

15. Begeisterung –
Schulprojekte und Events

Niemand ist so schnell zu begeistern wie
Kinder und Jugendliche. Aber auch niemand
entdeckt so schnell, ob ein Mensch authentisch
und echt ist oder nur eine Rolle spielt.
Echter Glaube kommt an.

Gerade die Schulzeit ist eine Zeit, in der wir besonders stark vom Vorbild unserer Idole geprägt werden, und es entscheidet sich nicht selten, welchem Ideal wir in Zukunft nacheifern werden. Heutzutage ist die Quelle für solche Idole hauptsächlich Social Media, also Plattformen wie Youtube, Instagram und Co. Neben den vielen positiven Aspekten dieser Medien bleibt doch oft die Auseinandersetzung mit wirklich lebensrelevanten Fragen und ›echten‹ Menschen auf der Strecke. Deshalb braucht es heute mehr denn je junge gläubige Menschen, die auf Kinder und Jugendliche zugehen und mit ihnen über Gott und die Welt auf ganz einfache und verständliche Art ins Gespräch kommen. Dass gerade von der jungen Generation abhängt, wie unsere Welt in Zukunft aussehen wird, darf nicht nur eine wohlmeinende Floskel sein. Wir müssen gerade ihnen Räume für eine kreative Mitgestaltung geben.

Inhalt & Ziel

Es ist eine dringliche Aufgabe, die Kinder und Jugendlichen als Gesprächspartner ernst zu nehmen, ihnen Zeit zu schenken, Orientierung zu bieten und sie für die Auseinandersetzung mit dem Glauben zu begeistern. Durch junge Christen, die mit Freude über ihre eigenen Glaubenserfahrungen erzählen, kann ihr Interesse geweckt, ein Denkprozess in Gang gebracht und mögliche Lebensmodelle vorgestellt werden. Durch kreative Events und Workshops, an denen sie mitgestalten können, werden sie inspiriert, ihr eigenes Leben sinnvoll zu entfalten.

Eckdaten

Wo? Schulen
Wer macht's? Jugendgruppen, Jüngerschaftsschüler/innen, junge Christen, Jugendpädagogen, Künstler
Wie lange? 1–2 Stunden
Zielgruppe? Schüler/innen

Gestaltung

Beispiel A:
Special Testimonials für Schulklassen
Am meisten packen uns die Geschichten anderer Menschen. Im Kontext eines themenbezogenen Schulprojektes, wie z. B.: »Wofür brennst du?«, stellen sich interessante Persönlichkeiten, die für Gott und Menschen ihr Leben einsetzen, für Besuche in Schulklassen zur Verfügung. Ob dies nun ein Sozialarbeiter, eine Modedesignerin oder ein Musiker ist, sie nehmen sich Zeit, aus ihrem Leben zu erzählen, und stellen sich den Fragen und Erfahrungen der jungen Leute.

Besonders neugierig sind beispielsweise Teenies auf junge Erwachsene, deren Lebenskultur ihnen näher liegt und die sie besonders attraktiv finden. Wenn dann Christen/innen ihre persönliche Geschichte mit Gott auf eine spannende und einfache Weise erzählen, so schafft man persönlichen Bezug, ohne die oft so gefürchtete moralische Keule zu schwingen. Es lässt den Schülern die Freiheit, diese Erzählungen auf sich wirken zu lassen. Danach wird durch Fragestellungen an die Schüler oder durch deren Fragen an die Gäste zu einer Diskussion über die eigenen Erfahrungen mit dem Glauben angeregt. Bei jüngeren Schülern begeistert auch eine Gestaltung der Stunde mit kreativen Elementen wie Musik oder Theater, insbesondere wenn diese zum Mitmachen einladen. Durch das neue Wachstum von Jüngerschafts- oder Evangelisationsschulen in Europa stehen junge Studierende zur Verfügung, die in Schulen viele innovative Projekte auf die Beine stellen können.

Beispiel B:
Musicals in Schulen
Außergewöhnliche Erfahrungen gibt es mit verschiedenen Arten von Musicals in Schulen. Gruppen wie »KISI – God's singing kids« und andere können für spezielle Missionsprojekte angefordert werden. Sie arbeiten mit den Schülerinnen und Schülern anhand des Erlebens und Selbermachens von Musik. Auf beeindruckende Weise wird durch die Talente der jungen Leute die frohe Botschaft des Glaubens vermittelt.

16. Da-Sein –
Begegnung mit den Kranken

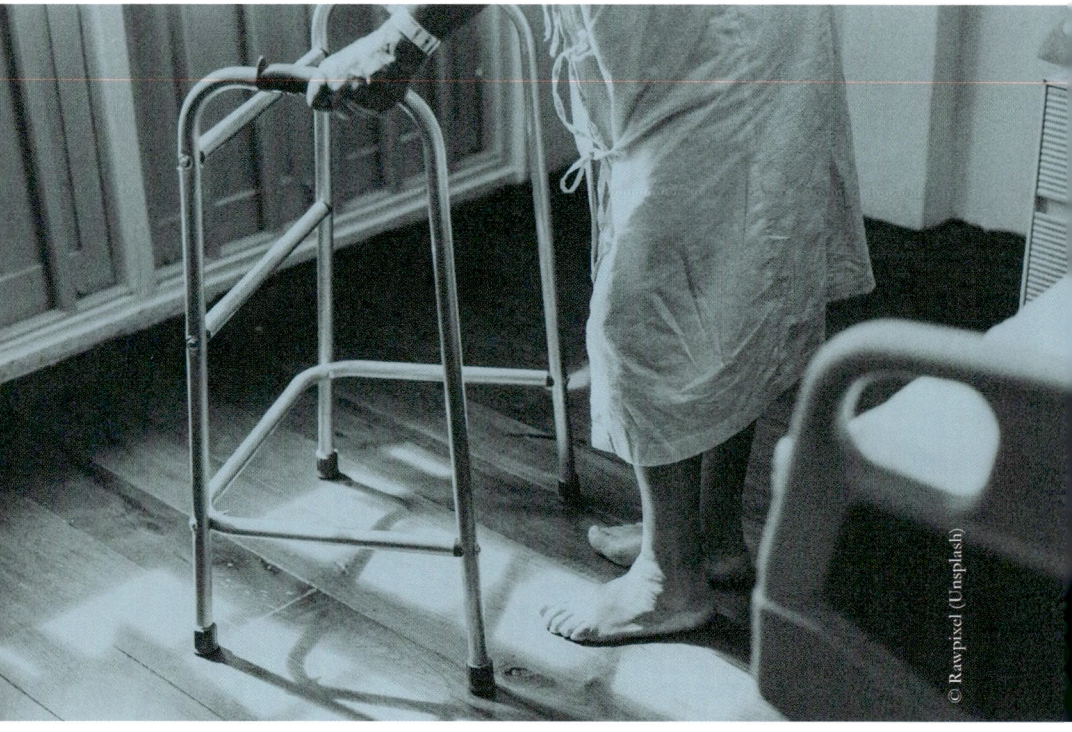

© Rawpixel (Unsplash)

Eine Gesellschaft, die ihre Kranken und Alten
oft aufs Abstellgleis schiebt, verliert ihre Seele.
Die Priorität Jesu aber sind die Kranken und
Schwachen, ihnen gilt seine besondere Zuwendung.

Die Botschaft Jesu ist klar und unmissverständlich: Nicht für die Gesunden,
sondern für die Gebrochenen und die
Kranken ist er auf diese Welt gekommen. Ihnen gilt seine besondere Aufmerksamkeit. Heute werden zunehmend gerade diese Menschen gerne
verdrängt und vereinsamen in ihren
Wohnungen genauso wie in Krankenhäusern und Heimen. Wir müssen uns

fragen, welchen Platz wir ihnen in der
Gesellschaft, in unserem Leben und
auch im Leben der Kirche geben. Umso
größer sollte unsere Bemühung sein, sie
in die Mitte unserer Gemeinschaft zu
holen, in besonderer Weise auf sie zuzugehen und ihnen Zeit und Aufmerksamkeit zu schenken. Sie sollen einen
ganz wesentlichen Platz erhalten, besonders in allen Missionsprojekten.

Durch das Schenken von Zeit und Zuwendung, durch ein offenes Ohr und durch Gebet soll den Kranken sehr einfach und konkret gezeigt werden, dass sie nicht vergessen sind, sondern ein wesentlicher Teil unserer Gemeinschaft. Durch unsere Anteilnahme und unser Mitgefühl können wir die Botschaft Jesu konkret werden lassen, dass er sich auf ganz besonders Weise für die Verletzten und Schwachen interessiert. Gemeinsam können wir um die heilende Kraft Gottes beten – füreinander und miteinander.

Eckdaten

Wo? Altersheime, Krankenhäuser, Wohnungen
Wer macht's? Ein Team engagierter Mitarbeiter/innen
Wie lange? Regelmäßige Besuche
Zielgruppe? Menschen, die aufgrund von Krankheit an Einsamkeit im Alter leiden

Gestaltung

Es können hier schlichte Besuche in einem Altersheim, einem Krankenhaus oder in Wohnungen gemacht werden. Teams von je 2 Personen bringen eine kleine Aufmerksamkeit wie Kekse und ein Gebetsbild mit – eine Erinnerung an den Besuch und vielleicht eine Anregung zum Weiterdenken und -beten. In erster Linie geht es darum, Zeit zu schenken, aufmerksam und liebevoll zuzuhören. Manche Menschen haben niemanden, der ihnen Zuwendung schenkt und sich ihre Geschichten anhört. Wo es passend erscheint, kann natürlich auch vom eigenen Leben und von den eigenen Erfahrungen erzählt werden. Immer jedoch hat der Besuch-te den Vorrang. Ein gemeinsames Gebet kann den Besuch abschließen und, so möglich, kann man Ausblick auf ein weiteres Treffen geben.

Beispiel: *In Alters-, Pflegeheimen und Krankenhäusern, in denen zumindest manche Bewohner bzw. Patienten mobil sind, können wir gemeinsame Treffen gestalten.*

Beispiel A: Spezielle Treffen im Gemeinschaftsraum eines Heims oder Krankenhauses
Ablauf: Empfang jeder/s Einzelnen bei Kaffee und Kuchen, Musikstücke oder gemeinsam Lieder singen, Erzählungen von Projekten oder Erfahrungen mit Kranken, die besonders wertschätzend sind, Impuls über die Begegnung Jesu mit Kranken, Fürbitten und Vaterunser, persönliche Gespräche

Beispiel B: Krankengottesdienst
Kranke und Leidende werden zum gemeinsamen Feiern in der Krankenhauskapelle oder einer nahe liegenden Kirche, zu der auch ein Fahrtenservice angeboten wird, eingeladen.
Erster Teil, Ablauf Wortgottesdienst: Eingangslied, Gebet, Begrüßung jedes einzelnen und Erklärungen zum Gottesdienst, Schuldbekenntnis, Lesung (z.B. Jak 5,13–15, Mt 11,25–30 oder Jes 43,1–7) mit anschließendem Impuls, Lied zum Heiligen Geist und Fürbitte
Zweiter Teil, Ablauf Segensgebet und Krankensalbung: Weihe des Öls, Erklärung der Schritte, Segnung und Krankensalbung, Vaterunser, Segen, Schlusslied

17. Anteilnahme –
Sorge um die Armen und Ausgeschlossenen

Entgegen einer ›Globalisierung der Gleichgültigkeit‹ wollen wir die Hungrigen und
Dürstenden, die Fremden und Obdachlosen,
die Kranken und die Gefangenen in unsere
Mitte nehmen und aufrichten.

Die Diskrepanz zwischen Worten und Taten kann sehr groß sein. Gerade dann, wenn wir angesichts der Not in unserem unmittelbaren Umfeld unsere sichere Komfortzone verlassen sollten. Der Schrei der Armen ist heute nicht verstummt, die Frage ist nur, ob wir ihn hören und uns davon berühren lassen. Diese Armut kann viele Gesichter haben, ob Schmerz, Ausgrenzung, Missbrauch, Arbeitslosigkeit, Obdachlosigkeit, erzwungene Migration, Gefängnis, Krieg und vieles mehr. Wie dramatisch und ernst ein Ignorieren dessen wäre, bringt die Weltgerichtsrede Jesu im Matthäusevangelium klar zutage. An der Zuwendung gegenüber den Bedrängten aller Art entscheidet sich nicht nur das Christsein, sondern das Leben überhaupt. Das Übermaß an Nöten in unserer Welt entbindet uns nicht der Pflicht, im Hier und Jetzt konkret damit zu beginnen.

Otto Neubauer – Mission Possible

Inhalt & Ziel

Wir sind eingeladen, den Menschen in Armut, die vergessen, ausgestoßen und abgelehnt werden, unsere Zeit und Aufmerksamkeit zu schenken. Der Aufruf gilt, »ihnen die Hand zu reichen, ihnen zu begegnen, in ihre Augen zu schauen, sie zu umarmen, sie die Wärme der Liebe spüren zu lassen, die den Teufelskreis der Einsamkeit zerbricht« (Papst Franziskus am Welttag der Armut). Wir wollen uns zusammentun und gemeinsam kleinere und größere Gesten für Obdachlose und Ausgegrenzte setzen; und dies nicht in selbstgefälliger Weise von oben herab, sondern mit dem barmherzigen Blick, mit dem Jesus auf sie zugegangen ist.

Eckdaten

Wo? Auf Bahnhöfen, Einkaufsstraßen etc.
Wer macht's? Pfarrgemeinden, Initiativgruppen u. v. m.
Wie lange? Zu jeder Tages- und Nachtzeit
Zielgruppe? Obdachlose und einsame Menschen

Gestaltung

Neben den zahlreichen Möglichkeiten der Mitarbeit bei bemerkenswerten sozialen Diensten wie der Caritas und anderen Hilfsorganisationen können sich ganz einfach Freunde oder Pfarrgemeinde-Mitarbeiter zusammenschließen und eine konkrete Aktion umsetzen. In jedem Fall ergibt es Sinn, sich dafür auch Rat bei bewährten Einrichtungen zu holen.

Beispiel A: *Besuch bei den Obdachlosen*
Ausgerüstet mit Tee und Kaffee in Thermoskannen, Milch, Zucker und Gebäck geht man an Orte, wo sich Menschen aufhalten, die kein Zuhause haben. In liebevoller Weise wird ihnen etwas zu trinken oder auch ein kleiner Imbiss angeboten. Zuneigung und Aufmerksamkeit sind hier das Entscheidende – nicht nur auszuteilen, sondern sich dazuzusetzen und wirklich Zeit für ein Gespräch zu nehmen. Oft braucht es mehrere Begegnungen, um echtes Vertrauen aufzubauen, aber auch gemeinsames Schweigen kann da, wo Worte versagen, geteilte Zeit und etwas sehr Wertvolles sein.

Beispiel B: *Festmahl für meinen Nächsten*
Nicht nur, aber vor allem auch zu Festzeiten kann die Aufnahme der sozial Benachteiligten ein ganz besonders wertvoller Liebesbeweis sein: Nach dem Vorbild der Festmähler für die Ärmsten, begründet von der Gemeinschaft Sant'Egidio, wird zu einem feierlichen gemeinsamen Essen eingeladen. Mitten im Kirchenraum (oder im Pfarrraum) werden feierlich gedeckte Esstische mit festlichem Essen aufgestellt und es wird zusammen mit den Obdachlosen gegessen. Bei einem »Festmahl für meinen Nächsten« hatte z. B. jeder Kirchenmitarbeiter einen Gast, der arm oder einsam ist, mit einer schönen Einladungskarte eingeladen. Zusammen mit dieser Person ging man dann zu dem Essen und verbrachte den Abend zusammen. Minister und Bischöfe haben in einfacher Kleidung und mit Schürze die Gäste an den Tischen bedient. Allgemein ist wichtig, dass man in Beziehung mit den Eingeladenen bleibt und es nicht bei diesem einmaligen Erlebnis belässt. Außerdem empfiehlt es sich, auf mediale Präsenz weitestgehend zu verzichten, damit nicht das Gefühl der Instrumentalisierung entsteht.

18. Aufmerksamkeit –
Die Liebe im Detail

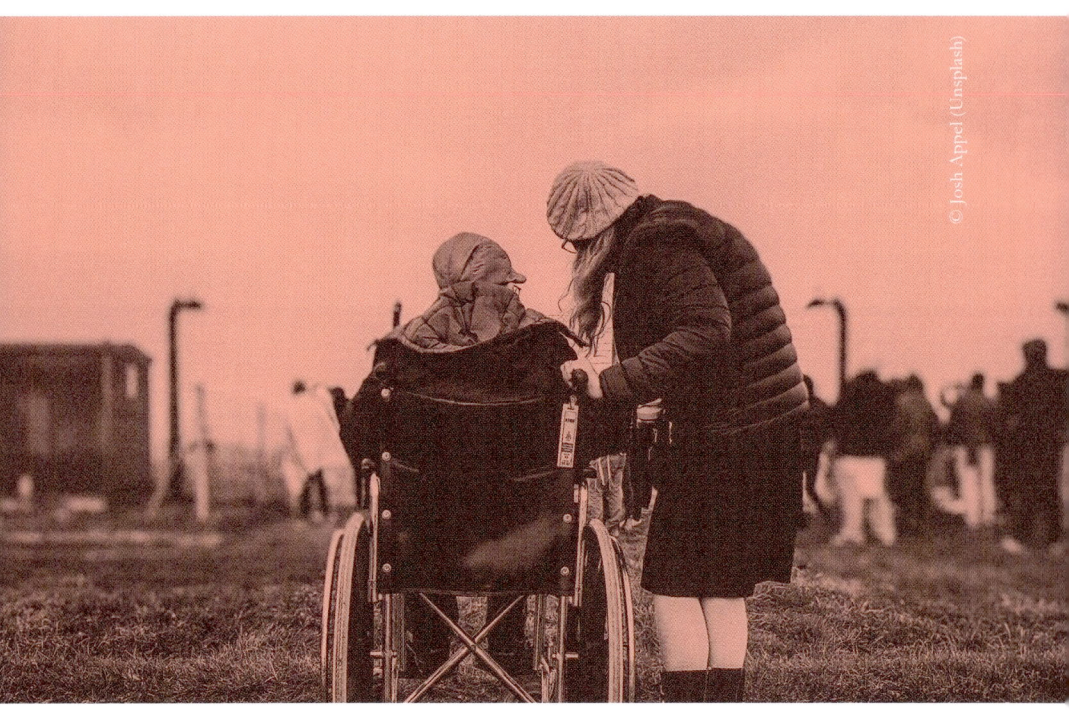

»Nicht alle von uns können große Dinge tun, aber wir alle können kleine Dinge mit großer Liebe tun« (Mutter Teresa). So werden die scheinbar kleinsten Akte der Zuneigung den Alltag vieler mit Freude und Sinn erfüllen.

Die Glaubwürdigkeit steht und fällt mit dem Alltag. Manchmal scheinen alltägliche Hilfeleistungen in Nachbarschaft und Bekanntenkreis so klein, dass sie nicht der Rede wert wären. Und doch bedürfen sie ganz bewusster Entscheidungen und regelmäßiger Erinnerungen, damit Mitgefühl und Mitleiden konkret umgesetzt werden. Die Vielfalt der Herausforderungen kann uns nur zu oft blind machen für die unmittelbare Herausforderung in der Nachbarschaft. Aber genau hier im Alltag wird echte Mission sichtbar. Eigentlich fallen hier Nächstenliebe und Evangelisation in eins, so auch Mutter Teresa: »Anfangs glaubte ich, bekehren zu müssen. Inzwischen habe ich gelernt, dass es meine Aufgabe ist zu lieben. Und die Liebe bekehrt, wen sie will.«

Inhalt & Ziel

In einer gemeinsamen Initiative unterstützen wir einander, mitten im Alltag jenen Menschen in unserer Nachbarschaft treu unsere Hilfeleistungen anzubieten, die vor kleineren oder größeren Herausforderungen des Alltags stehen. Durch ein regelmäßiges, monatliches oder wöchentliches Engagement wird konkrete Nächstenliebe eingeübt. Durch unsere Gesten des Mitgefühls, das treue Gebet für unsere Anvertrauten und den regelmäßigen Austausch der Helfer/innen wachsen wir alle zusammen in der Liebe zueinander.

Eckdaten

Wo? In der Nachbarschaft, in der Familie, unter Freunden und Bekannten, im alltäglichen Umfeld
Wer macht's? Jede und jeder von uns
Wie lange? Je nach Möglichkeit und Bedarf z. B. wöchentlich oder monatlich 1–3 Stunden
Zielgruppe? Menschen in meiner unmittelbaren Umgebung, die leiden oder Hilfe benötigen

Gestaltung

Die schlichte Alltagsmission ist für jeden jederzeit möglich und setzt sich aus vier Säulen zusammen:
1. Gebet: Für die Person, die ich lieben und der ich dienen will, regelmäßig beten.
2. Besuch: Die Person regelmäßig, mindestens einmal im Monat, besuchen.
3. Dienst: Der Person einen Gefallen tun.
4. Zeugnis: Durch das eigene Handeln ein Beispiel für die Liebe Gottes geben.
Neben dem Erfahrungsaustausch der Helfer/innen sind kurze Aufzeich-

nungen und interne Berichte (in aller Diskretion) über die Besuche sehr hilfreich. Die Selbstevaluation der Praxis bietet die Chance, in der Sorge für den anderen wachsen zu können und die Entwicklung des Dienstes dankbar zu beobachten.

Beispiel:

In den letzten Jahren hat in mehreren Ländern Europas eine sehr einfache Initiative ›Lieben und Dienen‹ immer mehr Anklang gefunden, um Mitgefühl und Mitleiden konkret im Alltag zu leben. Es geht um die konkrete Beziehung zu einem Menschen, der leidet – psychisch, physisch, moralisch oder geistig. Der-/diejenige kann aus der eigenen Familie, dem Freundeskreis, der Nachbarschaft, Arbeit oder Verein stammen, aber auch unter Obdachlosen, Arbeitslosen, Einsamen, Häftlingen oder Menschen, die unter den Folgen von Abtreibung, Trennung oder Scheidung leiden, zu finden sein.
Unsere Dienste können so vielfältig sein wie der Alltag: Einkäufe machen, Essen kochen oder Kuchen backen, Wäsche waschen, Papierkram erledigen, ein Buch vorlesen, gemeinsam Lernen oder Sport betreiben, Kaffeehausbesuch, Einladung ins Theater / zu einem Ausflug / zum Gottesdienst, gemeinsam eine Sprache lernen, Geschenke machen etc. Am besten ist es, Zuneigung auf verschiedenste Art und Weise zu zeigen und darauf zu achten, was der einzelnen Person wichtig ist und was ihm/ihr wirklich hilft bzw. Freude bereitet.

19. Barmherzigkeit –
Ein Gebetsabend mit Neustart für jeden

© Claudia Henzler

»Der Name Gottes ist Barmherzigkeit«, so bringt es Papst Franziskus direkt auf den Punkt. Viele erleben Gott aber eher als weit entfernt. Es gilt, einen Raum zu schaffen für einen ganz persönlichen Dialog mit ihm.

Es lässt aufhorchen, dass der sogenannte ›Abend der Barmherzigkeit‹ weltweit bei vielen Pfarrgemeinden, Gemeinschaften und Großveranstaltungen Nachahmung gefunden hat. Nicht nur die vielen Folgeprojekte wie ›Nightfever‹ zeigen das offensichtlich starke Bedürfnis nach einem Erfahrungsraum, in dem ein Zugang zu einem ganz persönlichen Gott aufgezeigt wird, der sich für den einzelnen Menschen interessiert. Dieser Abend bietet in Form einer offenen Gebetsatmosphäre den Rahmen, einen Neuanfang zu setzen.

Ganz gleich, in welcher Lebenssituation sich jemand befindet, ob sie/er gläubig ist oder nicht – die Einladung, mit Gott in eine Beziehung zu treten, gilt jeder/m. Wir können von unzähligen, beinahe unglaublichen und lebensverändernden Erlebnissen an diesen Abenden berichten. In den 1990ern wurde diese Form von Gebetsabend im Rahmen der Gemeindemissionen von der Gemeinschaft Emmanuel entwickelt, um einen neuen Zugang zum Glauben über das Erleben der Güte Gottes zu schaffen.

Otto Neubauer – Mission Possible

An diesem Gebetsabend können wir auf neue Weise erfahren, dass Gott uns mit offenen Armen entgegenkommt und dass wir von ihm unendlich geliebt sind. All unseren Ballast will Gott uns abnehmen und unsere Wunden heilen. Ganz gleich, wo man persönlich im Glauben steht, hier kann man einen (ersten) Schritt auf Gott zu machen und einen Neuanfang mit ihm wagen.

Wo? Kirchengebäude, Zelt
Wer macht's? Ein Team von Laien und Priestern
Wie lange? 90 Minuten,
Open End möglich
Zielgruppe? Jeder, der sich angesprochen fühlt

Dieser besondere Gebetsabend gliedert sich in zwei Teile. Im ersten Teil soll die Barmherzigkeit Gottes möglichst lebensnah durch konkrete Lebenszeugnisse, unterschiedliche kreative Gestaltungselemente, Lieder und Gebete aufleuchten. Die Botschaft: Jeder, ganz gleich mit welcher Vorgeschichte, ist bei Gott willkommen. Wir glauben, dass Gott uns in Jesus nachgeht und alles einsetzt, um uns persönlich zu begegnen. Er kann alles neu machen.

Der zweite Teil ist geprägt vom Eintreten in einen direkten Dialog mit Gott, begleitet von Liedern, Gebeten und biblischen Texten. Durch das Aussetzen des Allerheiligsten, des Leibes Christi in einer Monstranz auf dem Altar, umgeben von vielen Lichtern und Kerzen, soll ein besonderer Raum für eine Begegnung mit Gott eröffnet wer-

den. Man kann eine Kerze nach vorne zum Altar bringen, ein Gebetsanliegen aufschreiben und in die ›Worry Box‹ (Sorgenbox) legen oder ein Bibelwort aus der ›Joy Box‹ (Freudenbox) ziehen. Außerdem gibt es die Möglichkeit, sich von den eigenen Lasten im Sakrament der Versöhnung befreien zu lassen. Zudem ist man auch zu einem einfachen Gespräch mit einem Priester, einem persönlichen Segen oder einem besonderen Gebet in einer kleinen Gebetsgruppe eingeladen.

Beispiel: *Eine Gruppe von Laien und Priestern gestaltet in einer Kirche einen moderierten Gebetsabend. Dekoration, Beleuchtung und viele Kerzen sollen dem Kirchenraum einen besonderen Charakter geben.*
Teil I – Verkündigung der Barmherzigkeit Gottes. Ablauf: 1. Start mit dynamischen Lobliedern. 2. Begrüßung und Vorstellung. 3. Kurze Testimonials: Menschen erzählen, wie sie die Barmherzigkeit Gottes in ihrem Leben erfahren haben. 4. Kreative Darstellung / Pantomime, die das Erbarmen Gottes mit dem Menschen visualisiert. 5. Impuls: Was bedeutet die Barmherzigkeit Gottes für mich? 6. Die Moderatoren erklären die verschiedenen Schritte, die jeder für einen Neuanfang in der Beziehung mit Gott setzen kann.
Teil II – Jeder kann einen Schritt auf Gott zu machen! Ablauf: 1. Anbetungslieder; das Allerheiligste vom Tabernakel wird auf dem Altar ausgesetzt. 2. Wiederholung der möglichen Schritte durch die Moderation (siehe Beispiel ›Offene Kirche‹ Nr. 8). Zwischen den Liedern können vom Gebetsteam freie Gebete gesprochen oder Bibelstellen vorgelesen werden.

20. Freude –
Der Gottesdienst als Fest

Die Freude ist die stärkste missionarische Kraft,
weil sie absichtslos ist. So feiern wir Gott auch um
seiner selbst willen. Solches Beten hat unglaubliche
Anziehungskraft.

Europas Kirche sei die Freude abhan-dengekommen. Nach wie vor haften vielen Gemeindegottesdiensten eine seltsam verkrampfte Behäbigkeit, Mü-digkeit bis hin zur Lustlosigkeit an. Na-türlich, ohne jugendliche Freude gibt es kein Fest, keine Vision eines wirkliches ›Festmahls‹. Und erstaunlicherweise gibt es tatsächlich zeitgleich zahlreiche beeindruckende Aufbrüche größeren Ausmaßes in den christlichen Kirchen. Man denke nur an die Gottesdienste und Worship-Events voll freudigen Lebens, die Tausende junge Leute an-ziehen. Gehört es nicht zu den zent-ralen Aufgaben, gerade den Weg zum Geheimnis des Gottesdienstes wieder freizuräumen, damit es auch den Men-schen unserer Zeit wieder zugänglich wird? Es geht darum, wieder neu Feuer zu fangen für das Ereignis, bei dem uns das Entscheidende, die Freundschaft mit Gott, immer wieder neu geschenkt wird. Gott, der kommt, um uns zu die-nen und uns Kraft und Freude für un-ser tägliches Leben schenken will.

Otto Neubauer – Mission Possible

Inhalt & Ziel

Wir setzen all unsere Energie und Kreativität ein, damit wir die Gottesdienste wieder als Fest und als wahre Quelle der Lebenskraft und -freude feiern können. Das gemeinsame Beten soll ein Ort der Verwandlung sein und dazu einladen, Gott immer mehr Raum im eigenen Leben zu geben. Eine herzliche Gastfreundschaft, gute zeitgenössische Musik, verständliche und lebensnahe Predigten und einfache Lebenszeugnisse sind Mittel, um den Weg zum lebendigen Erleben des Gottesdienstes zu ebnen.

Eckdaten

Wo? Kirchengebäude
Wer macht's? Team von Priestern und Laien
Wie lange? Eine Stunde
Zielgruppe? Kirchgänger genauso wie Suchende; Zielgruppenorientiert – Familien, Jugendliche etc.

Gestaltung

Sowohl für die heilige Messe als auch für andere Gottesdienste, Worship-Events bzw. Gebetsabende gilt: Alles beginnt mit einer persönlichen Einladung: Es ist mir ein Anliegen, meine Freunde und Bekannten persönlich auf das Ereignis hinzuweisen, sie neugierig zu machen und einzuladen. Ansprechende Einladungskarten und Plakate sind dabei genauso wichtig wie eine attraktive Werbung über die Social-Media-Kanäle.

– Mit einem liebevollen Empfang startet der Gottesdienst: Jeder, der die Kirche betritt, soll sich willkommen fühlen. Dafür gibt es ein eigenes Welcome-Team, das sich darum kümmert, die Hereinkommenden zu begrüßen und einander vorzustellen. Außerdem, hilft es, die Kirchentüre weit zu öffnen und schon vor Beginn mit Musik eine einladende Atmosphäre zu schaffen.

– Eine gute Musik darf bei keiner Feier fehlen: Musik und Gesang sind ein entscheidender Schlüssel für ein tief gehendes Erleben eines Gottesdienstes. Die Einladung gilt nicht einem Konzert, sondern einer mitfeiernden Gemeinde. Es wird besonders viel Sorgfalt auf die Auswahl der Lieder und Texte, entsprechend der Zielgruppe, gelegt.

– Eine verständliche Ansprache stellt den Kontakt her: Die Predigt des Priesters bzw. des Vorstehers gewinnt an Kraft, wenn sie möglichst verständlich, lebensnah und praktisch ist. Je nach Feierform und Zielgruppe sollte es immer einen speziellen Teil geben, der für die Jüngeren, die Kinder reserviert ist.

– Das Hervorheben des Geheimnisses des Hochgebets oder des Gebetsdienstes setzt Höhepunkte: Bei einer heiligen Messe sollten in den Momenten des eucharistischen Gebets des Priesters die Musik, die Haltungen und die Stille der Größe dieses Geheimnisses dienen. Bei Worship-Gottesdiensten wird vor allem dem Gebetsdienst, dem persönlichen Gebet füreinander besondere Aufmerksamkeit geschenkt.

– Das Get-together nach dem Gottesdienst fördert den Dialog und die Gemeinschaftsbildung: So wie das Willkommenheißen vor dem Gottesdienst ist das Get-together danach ein Zeichen herzlicher Gastfreundschaft und gemeinschaftsstiftend.

6.
Wie geht man
mit so einer
Vergangenheit um?

Licht und Schatten
der Missionsgeschichte

»Punkte, die mir früher zur katholischen Kirche einfielen: Missbrauchsskandale, Finanzskandale, schlimmer Umgang mit Frauen, genauso schlimmer Umgang mit Homosexualität. Nie hätte ich die Kirche in einer Diskussion verteidigt. Dann verbrachte ich im Rahmen eines Projekts ein Jahr mit einem Priester, jetzt ist es anders. Weil die Kirche jetzt ein Gesicht für mich hat, eher: viele Gesichter. Die Punkte stören mich weiterhin. Geändert hat sich, dass ich heute weiß, dass die Kirche mehr ist als das. Dass sie lebendig ist. Und – dass das gut ist.«

Valerie Schönian, Journalistin und Buchautorin

Verlorenes Vertrauen wiedergewinnen

Vertuschen, wegschauen oder schönreden – all das ist unerträglich, wenn wir selbst Ungerechtigkeit oder schwere Vergehen erleben mussten. Besonders verwegen finden wir es, wenn kirchliche Schönfärber unerbittlich höchste moralische Maßstäbe einfordern, selbst aber schwer darin versagt haben. Das Sprichwort ›Wasser predigen und Wein trinken‹ kommt nicht umsonst aus dem kirchlichen Bereich. Scheinheiligkeit gehört zu den schlimmsten Haltungen, die Jesus wiederholt als eine der schwerwiegendsten Übel angeprangert hat.

Wie oft wurde mir bereits der jahrhundertlange Machtmissbrauch der Kirche in Form der Kreuzzüge, der Hexenverbrennungen oder der unsäglichen Zwangsbekehrungen vorgehalten. Für einige meiner Freunde ist Mission genau deswegen ein Tabuthema. Auch wenn heute eine genaue geschichtliche Analyse ein wesentlich differenzierteres Bild zeigt, bestehen weiterhin nachweislich schlimmste Vergehen, die eine Institution wie die Kirche zu verantworten hat. Ich verstehe den Vertrauensverlust sehr gut. Das betrifft ja nicht nur eine weit zurückliegende Vergangenheit. Besonders dramatisch erlebten wir das in dem immer wieder zutage getretenen sexuellen Missbrauch in der Kirche.

Nachhaltig beeindruckt haben mich dazu Begegnungen mit einem Jesuitenpater in Berlin. Es hat mich sehr bewegt, wie mutig und umsichtig P. Klaus Mertes einen der großen Skandale der katholischen Kirche ans Licht gebracht hat.

Er machte als Schulleiter den sexuellen Missbrauch am Berliner Canisius-Kolleg im Jahr 2010 publik und löste damit eine Lawine von weiteren Enthüllungen aus. Er kritisierte offen das Versagen kirchlicher Vertreter gegenüber den Opfern und diagnostizierte eine Vertrauenskrise, die für ihn vor allem mit einem falschen Verständnis von Macht in der katholischen Kirche zusammenhängt: »Meine größte Sorge ist die Haltung der Defensive in der Kirche gegenüber den Opfern – eine Haltung, die den Opfern von Machtmissbrauch in der Kirche nicht zuhören will, weil sie Angst vor dem hässlichen Bild von Kirche hat, das in den Opferberichten erscheint. Das ist aber letztlich kleingläubig und *unkirchlich*.« Papst Franziskus habe nun endlich einige sehr wichtige Zeichen gesetzt gegen die Arroganz der Macht in der Kirche. Er stelle die ›Kirche der Armen‹ in den Mittelpunkt. Die Opfer von Machtmissbrauch in der Kirche gehörten ja zu den Armen. Es ist eine Tatsache, dass die Kirche in den letzten Jahren viel an Aufarbeitung geleistet hat. In manchen Gegenden hat sie zuweilen sogar schon eine beachtenswerte Vorreiterrolle für Gesellschaft und Politik.

Die große Faszination an der Botschaft Jesu darf uns trotzdem nicht daran hindern, uns dem scheinbar unverzeihlichen Versagen auszusetzen. Wir müssen auf die dunklen Seiten von Vergangenheit und Gegenwart hinschauen, uns betreffen lassen, unterscheiden, bekennen, daraus lernen und neu anfangen.

© privat

»Allzu leicht wird Mission instrumentalisiert
für die Interessen der Menschen und ihrer
Strukturen, die nicht das Reich Gottes, sondern
den eigenen Vorteil suchen und sich dazu der
christlichen Religion bedienen. So ist es oft
in der Missionsgeschichte geschehen. Und so
geschieht es bis heute. Jetzt gilt es, aus den
Fehlern der Vergangenheit zu lernen.«

Franz Helm, Steyler Missionar

Sich Licht und Schatten aussetzen

Es wäre mehr als ignorant, wenn wir uns mitten im Eifer der Mission nicht auch den kritischen Anfragen hinsichtlich der Missionsgeschichte widmen würden. Zu groß sind scheinbar die Schatten und kaum jemand kennt die vielen Lichtseiten. Auch wenn sie sich nicht immer direkt auf die Missionsgeschichte selbst beziehen müssen, so verlangen sie doch nach einer Klärung. Ein zu nebuloses und unreflektiertes Bild der Geschichte bremst engagierte Verkündiger, ehrlich und großherzig nach vorne zu blicken. Es gibt eben Licht *und* Schatten in der gut zweitausendjährigen christlichen Missionierungsgeschichte, die weitreichende Konsequenzen nach sich gezogen haben. Nicht umsonst haben die letzten Päpste mehrmals öffentlich für vergangenes Unrecht in der Geschichte um Vergebung gebeten.

Aufhorchen lassen hat in letzter Zeit der Psychiater und Theologe Manfred Lütz mit einem seiner letzten Bestseller *Der Skandal der Skandale* über Missionsgeschichte. Sein energisches Aufräumen allzu vieler Negativklischees hat festsitzende Denkmuster über die scheinbar so verruchte Kirchengeschichte in der öffentlichen Diskussion ordentlich gebeutelt. Christen würden sich selbst meist sicherheitshalber für ihre Geschichte schämen, ohne sie wirklich zu kennen, meint Lütz und fordert dringend eine neue Aufklärung über die Geschichte des Christentums.

Für unseren Kontext werden wir hier nur jene Fragen herausgreifen, die am häufigsten während der Missionsschulungen in den Gemeinden an uns herangetragen wurden. Wir befragen hierzu für dieses Handbuch den Missionswissenschaftler der Steyler Missionare, P. Franz Helm SVD, und danken ihm, dass er uns exemplarisch einige Spannungsfelder von Gelingen und Versagen der Missionsgeschichte erläutert.

Fällt das Wort Mission im Kontext der Kirchengeschichte, läuft vielen noch immer ein kalter Schauer über den Rücken. Wie ist es zu einer so negativen Auffassung des Begriffs *Mission* gekommen?

Im Zusammenhang mit dem Jubiläum ›500 Jahre Entdeckung Amerikas‹ im Jahr 1992 ist es zu einer sehr kritischen Aufarbeitung der Missionsgeschichte dieses Kontinents gekommen, die vorwiegend durch die Missionswissenschaft und kirchliche Gruppen geschehen ist. Sie haben aufgezeigt, dass es damals zu einer Eroberung des Kontinents mit päpstlicher Gutheißung kam, zum Massensterben indigener Völker, zu Kulturzerstörung und zum Aufdrängen der christlichen Religion durch die weltliche Macht. Das hat dann das Bild von Mission überhaupt geprägt. Mission wurde generell gleichgesetzt mit Imperialismus, Kolonialismus und Unterwerfung fremder Völker. Dass viele andere Faktoren wie die Gier nach Gold oder der europäische Imperialismus auch Schuld an dem ganzen Elend und Unrecht damals waren, wurde ausgeblendet. In der Kirche und ihrer Mission hatte man einen Schuldigen.

Die Dynamik der Mission ist oft in negative Richtungen gegangen. Ein Extrem waren wohl Massenzwangstaufen. Wie soll man mit diesen Schatten der Missionsgeschichte umgehen?

Drei Dinge sind hier wesentlich: Erstens, Mission ist immer ein Beziehungsgeschehen zwischen Menschen und zwischen Gott und Mensch. Da geht es um etwas Persönliches, etwas Intimes. Massentaufen widersprechen dem genauso wie fehlende persönliche Begleitung. Zweitens ist es wichtig, aus den Fehlern der Vergangenheit zu lernen. Dazu muss man diese Vergangenheit kennen und sich mit ihr auseinandersetzen. Und zwar nicht besserwisserisch, sondern achtsam und mit viel Interesse und Aufmerksamkeit für den geschichtlichen, sozialen, kulturellen und politischen Kontext. Oft meinen wir, heute alles besser zu machen. Wir haben aber auch unsere blinden Flecken und Haltungen, die nicht dem Evangelium entsprechen. Drittens

Otto Neubauer – Mission Possible

ist unbedingt zu beachten, dass die christliche Mission Distanz zu den politisch Mächtigen, den Herrschenden, Einflussreichen und Besitzenden hält. Denn allzu leicht wird sie instrumentalisiert für die Interessen dieser Menschen und ihrer Strukturen, die nicht das Reich Gottes, sondern den eigenen Vorteil suchen und sich dazu der christlichen Religion bedienen. So ist es oft in der Missionsgeschichte geschehen. Und so geschieht es bis heute.

Leider wird mit Mission oft automatisch Zwang verbunden. Warum?

Weil das Bild von Mission so einseitig geprägt ist. Dabei hat es im Lauf der langen Kirchengeschichte neben Eroberungen und Gebietserweiterungen durch christliche Herrscher auch wunderbare Beispiele von Dialog und Respekt für kulturell und religiös andere gegeben. Es waren gerade Missionare, die gegen Unrecht und Gewalt auftraten. Und was wäre Europa heute ohne die Mission der iroschottischen Mönche und die vielen Klöster, die zu kulturellen, pädagogischen und sozialen Zentren wurden und zur Keimzelle des christlichen Glaubens in diesem Kontinent!

In 2000 Jahren Mission hat es Höhen und Tiefen gegeben. Wie war es möglich, dass sich das Christentum in sehr kurzer Zeit im ganzen Römischen Reich ausgebreitet hat?

Der christliche Glaube bringt eine ungeheure Dynamik mit und diese Dynamik drängt nach außen. Der christliche Glaube ist etwas, das Menschen zutiefst erfüllt und das sie drängt, diesen Glauben mit anderen

zu teilen. Das Christentum ist aus dem Judentum entstanden. Jesus selbst war Jude und hat als Jude in der jüdischen Kultur gelebt. Es hat einige wesentliche Weichenstellungen gebraucht, dass das Christentum schließlich die engen kulturellen Grenzen des Judentums überspringen konnte. Im 15. Kapitel der Apostelgeschichte lesen wir, dass die Apostel in Jerusalem wichtige Fragen zu klären hatten: Müssen die Heidenchristen, also Menschen, die vorher nicht Juden waren, beschnitten werden? Müssen sich diese an die Reinheitsgebote und sonstigen Gesetze und Vorschriften des Judentums halten? Es haben sich unterschiedliche Gruppen gebildet. Durchgesetzt haben sich jene, die den Heidenchristen keine Lasten auferlegen wollten. Sie sollten sich lediglich von Götzenopferfleisch und Unzucht – der Tempelprostitution – fernhalten und weder Blut noch Ersticktes essen. Auch von diesen als »wesentlich« angesehenen Dingen hat sich manches im Lauf der Zeit noch geändert. Heute sehen wir zum Beispiel kein Problem darin, Blut zu essen.

Neben dieser kulturellen Weitung haben die frühen Christen großen Wert auf eine hochstehende Ethik gelegt. Jeder Mensch soll die gleiche Menschenwürde haben, egal aus welcher Kultur er kommt. Er ist geschaffen als Ebenbild Gottes und letztlich ist jeder Fremde mein Nächster. Wenn wir über die Gemeinde in Korinth lesen, sehen wir, dass Sklaven in der Gemeinde eine wichtige Rolle gespielt haben. Das war revolutionär in der antiken Gesellschaft. Das hat die Menschen angezogen.

»Ich glaube nicht an Gott, aber fürchte eine gottlose Gesellschaft. Wir haben zurzeit keine anderen Einrichtungen als die christlichen Kirchen, die für die Gesellschaft allgemein verbindlich Moralnormen aufstellen können. Ohne sie fehlten Werte wie Barmherzigkeit und Nächstenliebe. Vor allem – »Liebe deine Feinde«. Das hat mich geprägt, obwohl ich nicht christlich erzogen wurde. So habe ich mich im Bundestag 1990, als ich zutiefst abgelehnt wurde, ganz bewusst entschieden, zwar nichts zu lieben, aber auf jeden Fall nicht zurückzuhassen. Das war für mein Leben eine besonders wichtige Entscheidung, die auch von der Bergpredigt getragen ist.«

Gregor Gysi, Vorsitzender der Linken Europas

Solche revolutionäre Gedanken finden wir heute auch in Aussagen von Papst Franziskus. Schlägt er eine neue Richtung der Mission ein?

Die Kirche muss in einem ständigen Aufbruch sein. Das betont der Papst unentwegt, besonders in seinem Schreiben *Evangelii Gaudium*. Das Aufbrechen ist eine ganz wesentliche christliche Haltung. Franziskus verweist hier auch auf das Dokument des Zweiten Vatikanischen Konzils *Lumen Gentium*, wo das Bild der Kirche als pilgerndes Volk Gottes auf dem Weg geprägt wurde. Wir können es uns nie definitiv einrichten. Das, was ich

Otto Neubauer – Mission Possible

von Gott und der Welt erkannt habe, ist nicht definitiv. Ich muss immer in lebendigem Dialog mit Gott und der mich umgebenden Wirklichkeit – den Menschen, denen ich begegne – stehen. Ich muss meinen Glauben als ständigen Aufbruch leben und nicht – ich verweise wieder auf den Volk-Gottes-Gedanken – als Einzelner. Freude des Evangeliums bricht dort auf, wo ich den Glauben mit anderen teile, wo ich Gemeinschaft erfahre, wo das gemeinsame Auf-dem-Weg-Sein spürbar wird. Ich werde nicht als Einzelner erlöst, komme nicht allein in den Himmel: Der Himmel ist die Gemeinschaft der Heiligen. Genau das will in dem vorweggenommen werden, was wir an Gemeindeleben, kirchlichem Miteinander, in unseren Gottesdiensten, sozialen Diensten und im gemeinsamen Einsatz in der Verkündigung gestalten.

Mit dem Zweiten Vatikanischen Konzil kam eine Wende in der Missionsgeschichte. Mission wurde als Wesensvollzug der Kirche bestimmt und dialogisch verstanden. Wie hat sich die Mission in den 50 Jahren seit dem Konzil entwickelt?

Die wesentlichen Veränderungen waren wohl, dass Mission nicht mehr als geografische Ausdehnung des Christentums gesehen wurde, sondern als Beziehungsgeschehen, das in der Liebe des dreifaltigen Gottes seinen Ursprung hat. Dialog ist da möglich, wo ich dem anderen zugestehe, dass auch er oder sie Ebenbild Gottes ist, Werte und ein Wissen um die Wahrheit hat usw. Von diesem Grundverständnis her ist klar: Die Mission geht alle Christinnen und Christen an, ganz egal wo

auf der Welt sie leben. Missionare und Missionarinnen sind heute oft nicht mehr Weiße aus dem globalen Norden, sondern Angehörige vieler Nationen und Völker aus den Ländern des globalen Südens. Die Kirche wurde im 20. Jahrhundert zur Weltkirche. Überall auf der Welt gab es einheimische Ortskirchen. Sie haben danach gesucht, den Glauben in ihre Kultur zu übersetzen. *Inkulturieren* sagt man zu diesem Prozess. Die anderen Religionen wurden neu bewertet. Auch in ihnen ist Gutes, Wahres und Heiliges zu finden, so das Konzil. Das hat den Weg zum interreligiösen Dialog geebnet. Zentral ist dabei auch, dass am Zweiten Vatikanischen Konzil die Gewissens- und Religionsfreiheit anerkannt worden ist. Jeder Mensch hat seine persönliche Freiheit, die ich zu achten habe. Letztlich ist ein Glaube nur wirklicher Glaube, wenn er frei angenommen und bekannt wird. Und noch etwas Wichtiges geschah bei diesem Konzil vor 50 Jahren: Es wurde wiederentdeckt, dass im Zentrum der Verkündigung und des Zeugnisses Jesu das Reich Gottes stand. Der Einsatz für Gerechtigkeit und Frieden und für die Bewahrung der Schöpfung wird als integraler Bestandteil der Mission gesehen. Mission ist ein »Sich-Verbünden« mit Gott, der schon vielfältig am Wirken ist in der Welt durch den Einsatz für das Leben, der an vielen Orten geschieht. Da gilt es mitzumachen!

Mit dem Begriff Inkulturieren *ist untrennbar ein weiterer Schatten der Missionsgeschichte verknüpft – die Inquisition. Ein schweres Erbe?*

Die Inquisition ist aus einem ganz bestimmten Hintergrund entstanden:

Eine einheitliche Kultur versucht, diese Einheitlichkeit zu bewahren und sich zu verteidigen. Jede Person, die im Zuge dieser Verfahren umgekommen ist, ist aufgrund der Verteidigung einer hegemonialen Kultur umgekommen. Jeder Einzelne, der aufgrund der Religion verurteilt wurde und dadurch zu Tode gekommen ist, ist zu viel. Aber es ist auch zu sagen, dass die Zahlen oft übertrieben werden. Und wenn man die Anzahl der Todesopfer aufgrund der Inquisition mit der Anzahl von Todesopfern aufgrund damaliger weltlicher Gerichtsbarkeit vergleicht, dann sind es vergleichsweise wenige. Auch Missionare wurden manchmal Opfer der Inquisition. So gab es in Peru im 16. Jahrhundert eine Kritik von Missionaren an der Eroberung des Landes. Leute wie der Dominikaner Francisco de la Cruz oder der Jesuit Luis López sprachen der spanischen Krone die Rechtmäßigkeit des Besitzes des Landes ab. Beiden wurde durch die Inquisition der Prozess gemacht. Der eine wurde zum Tod verurteilt, der andere nach Spanien zurückgeschickt.

Da gibt es eine große Spannung zwischen der von Jesus gepredigten Nächstenliebe und dem Umgang der Kirche damit.

Der Münsteraner Kirchenhistoriker Arnold Angenendt betont in seinem umfangreichen Werk *Toleranz und Gewalt. Das Christentum zwischen Bibel und Schwert* aus dem Jahr 2007, dass die Inquisition ein Beispiel dafür ist, dass sich »die katholische Kirche von der altchristlichen Selbstverpflichtung, auf Gewalt in Religionsdingen zu verzichten, erschreckend weit entfernt«

hatte. Zugleich stellt er aber auch fest, dass die Inquisition nicht das war, »als was sie gemeinhin gilt«, denn sie »verfuhr in Wirklichkeit rechtsbewusster und weniger grausam als die sonstige Justiz«. Das belegt er mit dem Verweis auf das Urteil von verschiedenen Historikern. Für John Tedeschi war die römische Inquisition im Vergleich zur damaligen weltlichen Justiz »a pioneer in juridical reform«. Stephen Haliczer bescheinigt der spanischen Inquisition, dass sie im formal-juridischen Schutz der Angeklagten weiter ging als die französischen und englischen Kriminalgerichte. Und William Monter belegt, dass die Inquisition statt der damals üblichen Folter bei der Einvernahme von Angeklagten eher die Methode des Kreuzverhörs verwendete. Angenendt weist auch darauf hin, dass das grausame Verstümmeln der Verurteilten durch die Inquisition nicht praktiziert wurde, und auch schrecklichste Hinrichtungsarten wie z. B. das Rädern nicht angewandt wurden. Trotzdem bleibt für Arnold Angenendt die beklemmende Frage: Wie konnte sich in einer Kirche, die von Jesus her auf Gewaltlosigkeit verpflichtet sein sollte, all das ereignen? Und für heute bleibt die Mahnung an uns Christinnen und Christen, dass in Glaubensfragen immer ohne Gewalt und Zwang zu verfahren ist.

Wenn wir noch einen Schritt zurückgehen: Was waren die Methoden der ersten Missionare?

Erstaunlicherweise hat es am Anfang keine Methode gebraucht – die Verfolgung ist über die Gemeinde in Jerusalem hereingebrochen. Die ersten sogenannten Diakone, hellenistische Christen, sind geflohen und haben auf ihrer Flucht von Jesus erzählt. Sie sind in verschiedene Richtungen versprengt worden und haben in diese neuen Gebiete ihren Glauben als Verfolgte mitgebracht. Vor allem durch Paulus ist die Mission dann wirklich eine Bewegung geworden. Christliche Missionare sind zuerst immer zu jüdischen Gemeinden gegangen. Juden waren damals schon im ganzen Römischen Reich in der Diaspora; da haben die Missionare angeknüpft. Sie haben ihren Brüdern im jüdischen Glauben die Botschaft vom auferstandenen Herrn gebracht. So sind christliche Gemeinden entstanden – vorerst um die Synagoge herum, später auch oft in Abspaltung von der Synagoge, weil Konflikte entstanden sind.

Kirchenbauten, wo man sich zum Gebet trifft, hat es ja damals nicht gegeben. Wo sind die ersten Christen zusammengekommen?

Sie haben sich in den Synagogen getroffen und dort gebetet. Wir wissen, dass Paulus zu einem Ort der Gottesverehrung in Philippi gegangen ist. Dort hat er Lydia und einige gottesfürchtige Frauen getroffen. Im Haus der Lydia ist schließlich dann eine Hauskirche entstanden. Das Christentum hat in den Häusern der Leute gelebt: Sie sind dort zusammengekommen, um miteinander die Schrift zu lesen, miteinander zu beten und miteinander das Brot zu brechen, Eucharistie zu feiern. Es hat also mit Hauskirchen begonnen. Es gab natürlich keine Kirchenbauten, weil das Christentum offiziell nicht anerkannt war.

Es galt lange als Sekte, die auch immer wieder verfolgt wurde. Es kommt noch etwas dazu: Das Christentum war herrschaftskritisch. Der Herr, auf griechisch *kyrios*, war nicht der Kaiser; es war Jesus. Christen haben somit im Römischen Reich eine Alternative gelebt und nicht den Kaiser als Gott oder Gottes Sohn angebetet und verehrt, sondern Gott selbst bzw. Jesus Christus, den menschgewordenen Gott.

Mit Kaiser Konstantin kam dann eine Wende – das Staatskirchentum wurde eingeleitet. Wie kam es dazu?

Das war wirklich überraschend, denn unter Konstantins Vorgänger Diokletian gab es noch schlimme Christenverfolgungen. Das Paradoxe ist, dass das Christentum deshalb von Konstantin anerkannt wurde, weil er vor einer entscheidenden Schlacht eine Vision, einen Traum, gehabt hat. Man erzählt, er habe das Kreuz gesehen mit dem Satz: *In diesem Zeichen wirst du siegen.* Seine Soldaten haben daraufhin das Kreuz auf die Schilde gezeichnet und sind unter diesem Zeichen des Kreuzes in den Krieg gezogen. Konstantin hat in der Auseinandersetzung um die Herrschaft im Römischen Reich gesiegt. Die christliche Botschaft, die eigentlich eine Botschaft der Gewaltlosigkeit und des Friedens ist, wird also paradoxerweise durch diesen Sieg plötzlich zu einem Symbol für den stärkeren Gott, der sich gegen die anderen Götter durchsetzt. Das zieht sich im weiteren Verlauf der Geschichte durch. In der Germanenmission war immer die entscheidende Frage im Hintergrund: Wer hat den *stärkeren Gott*? Wem hilft Gott in der kriegerischen Auseinandersetzung? Und so haben christliche Herrscher immer wieder ihre Herrschaftsbereiche ausgedehnt. Sie haben sich als erste Missionare verstanden, die durch die Ausdehnung des Gebietes neue Gebiete und Untertanen, aber auch Menschen für den christlichen Glauben gewinnen. Schwertmission nennt man diese Vorgangsweise. Ein schrecklicher Ausdruck: Schwertmission.

Da entstehen politische Allianzen, die neu sind. Worin liegen Stärken und Schwächen in diesen Formen der Mission?

Diese Allianz von Thron und Altar hat dazu geführt, dass die staatlichen Mächte die Kirche für ihre Ziele sehr stark vereinnahmt haben. Die Kirche wurde zur Legitimation weltlicher Machtansprüche und Machtausübung verwendet. *Kaiser von Gottes Gnaden* – das haben wir in Österreich bis zum Ersten Weltkrieg gehört. So haben sich die Habsburger verstanden. So haben sich aber auch alle anderen europäischen Herrscher seit Karl dem Großen verstanden. Sie waren einerseits Schutzherren für die Kirche und haben viel ermöglicht, wie beispielsweise wunderbare Kirchenbauten. In den romanischen Kirchen staunen wir nur so über die eindrucksvollen Räume und spüren tiefe Spiritualität. Es gab großartige Entwicklungen, wenn man sich nur an die Gregorianik erinnert oder sich prinzipiell die europäische Kultur und die Verbindungen zwischen den verschiedenen Herrscherhäusern bewusst macht, die damals entstanden sind. Auch was die Orden als Zentren der Kultur geschaffen haben, war grandios.

Zugleich herrschte ein Abwehrkampf gegen alles, was diese Entwicklungen bedroht hat. Es gab die Irrgläubigen, die Häretiker, die den Glauben anders interpretiert haben, und dann auch die Ungläubigen.

Und die Kreuzzüge?

Die Kreuzzüge muss man so verstehen, dass das keine Bekehrungsversuche waren. Das hatte mit Mission nichts zu tun. Es waren Vergeltungskriege gegen jene, die die heiligen Orte gefrevelt haben; Strafzüge gegen Menschen, die die heiligen Stätten in Jerusalem geschändet hatten. Die Kreuzfahrer wollten sie nicht bekehren, sondern haben Blutbäder angerichtet, um die Menschen für den *Gottesfrevel* zu bestrafen, den sie in ihren Augen begangen hatten. Das Ganze muss auch gesehen werden im Kontext der damaligen Zeit. Es gab noch keine Trennung von Staat und Kirche. Es war die Zeit der Konfrontation Europas mit dem aufkommenden Islam, die Zeit von Verteidigungs- und Angriffskriegen zwischen christlichen und islamischen Imperien. Mit heute ist das schwer vergleichbar. Allerdings ist schon auch anzumerken, dass das Kreuzzugsmotiv heute immer wieder instrumentalisiert wird in aktuellen Konflikten und Auseinandersetzungen. Sei es auf westlicher Seite bei Aufrufen zum Kampf gegen *das Böse*, wie Präsident George W. Bush es gemacht hat, oder auf der anderen Seite durch die Brandmarkung westlicher Militäreinsätze durch den sogenannten *Islamischen Staat* als *Kreuzzüge*. Daran wird deutlich, wie lang eine unselige Gewaltgeschichte nachwirken kann.

Vom Mittelalter bis in die Neuzeit gab es treibende Kräfte der Mission, die vieles in der Kirche vorangetrieben haben. Welche Bewegungen waren das?

Für uns Europäer ist es wichtig, wahrzunehmen, dass sich die Ausdehnung des Christentums am Anfang nicht in unseren Breiten, im Zentrum Europas, abgespielt hat. Zuerst brachten Christen ihren Glauben nach Kleinasien, Griechenland, den ganzen Mittelmeerraum, und das heißt auch nach Nordafrika bis nach Äthiopien. Der erste getaufte Heide war der Kämmerer der Kandake, wie wir auch in der Apostelgeschichte lesen. So ist das äthiopische Christentum entstanden. Es hat Handelsbeziehungen gegeben, Handelsstraßen, auf denen römische Soldaten unterwegs waren. Das Christentum breitete sich auf diesen Handelsrouten auch in Richtung Asien aus. Das sogenannte nestorianische oder syrisch-orthodoxe Christentum ist im 8. Jahrhundert über die Seidenstraße nach China gekommen. Das Christentum ist also durch Christen, die den Glauben auf ihre Reisen mitgenommen haben, mitgewandert. Letztlich ist ja jeder Missionar. Sie haben auf ihren Reisen von Jesus Christus erzählt, hatten vielleicht eine Bibel in ihrem Sack und haben darin gelesen. So sind christliche Gemeinden entstanden.

Wie hat sich dann der christliche Glaube in Europa ausgebreitet?

Für Europa war es sehr wichtig, dass in Irland und Schottland das Mönchtum heimisch geworden war. Mönchsmissionare sind auf den Kontinent gekommen und haben in aller Einfachheit und Bescheidenheit den christlichen Glauben verkündet. Kleine Gemeinden sind gegründet worden, oft wurden Orte wichtig, wo ein Heiliger verehrt wurde. Eine andere wesentliche treibende Kraft waren die Orden. Das Mönchtum der Benediktiner, das auf Benedikt von Nursia im 5. Jahrhundert in Italien zurückgeht, hat Mission so verstanden, dass es in neuen Gebieten klösterliche Gemeinschaften gegründet hat. Die Mönche haben dort miteinander gebetet, gearbeitet und studiert. Es sind Kulturzentren gewachsen. Dadurch, dass sie auch Ackerbau und Forstwirtschaft betrieben, wurden auch bestimmte Techniken in diesem Bereich zu den Menschen gebracht. Sie gründeten Schulen und legten damit den Grundstein für große Bildungsstätten. Das sogenannte *dunkle* Mittelalter ist durch solche Kulturzentren, die das Christentum gebracht hat, hell geworden. Das alles hat es neben der sogenannten *Schwertmission* gegeben.

Setzte nicht auch die franziskanische Bewegung als Kontrapunkt zur reichen, herrschaftlichen Kirche des Mittelalters besondere Akzente?

Ja genau, und die Dominikaner. Diese Bettelorden waren eine ganz wichtige, neue Ordensbewegung, die im 12./13. Jahrhundert entstanden ist. Sie haben in einer Gesellschaft, wo die Kluft zwischen Arm und Reich auseinandergegangen ist, die Volksmission entdeckt. Sie sind als Prediger auf die Straßen hinausgegangen und waren unglaublich mobil. Sie haben den Dialog mit den Menschen gesucht und sich im Dienst der anderen gesehen, indem sie ihnen beistehen und ihnen dadurch die frohe Botschaft bringen. Zur Zeit der Kreuzzüge und der kriegerischen Konfrontation hat Franziskus mit dem Sultan einen Religionsdialog geführt. Ramon Llull, ein Franziskanertertiar, hat eine Missionsschule in Miramar auf Mallorca gegründet, wo Missionare gelernt haben, den Glauben auf Arabisch auszudrücken und zu verkünden. Ramon Llull selbst konnte besser Arabisch als Latein und war unbewaffnet in Nordafrika als Missionar unterwegs.

In der beginnenden Neuzeit hat es ja dann einen richtigen Boom an Missionen gegeben. Das waren Aufbrüche, wo vieles missglückt ist, vieles aber auch gelungen ist.

Zu Beginn der Neuzeit tritt eine weitere, neue Ordensgemeinschaft auf: die Jesuiten. Sie vollziehen die Wende zum Subjekt, so wie das auch im Humanismus geschehen ist. Die Menschen haben sich gefragt: Wer bin ich? Wer bin ich in der Beziehung zu Gott? Wer bin ich in der Beziehung zu den Mitmenschen? Die Jesuiten haben Mission als Möglichkeit gelebt, mit anderen ihren persönlichen Glauben zu teilen. Sie sind weltweit aufgebrochen, zusammen mit der europäischen Expansion der Spanier und Portugiesen nach Südamerika und nach Afrika, in der Umsegelung Afrikas bis hin nach Indien, Japan und China. Da sind immer Missionare mitgegangen; die Jesuitenmissionare waren zu dieser Zeit maßgeblich.

Was war das typische an der jesuitischen Missionspraxis?

Mission geschieht hier auf sehr vielfältige Art und Weise. Die gleichen Jesuiten, die in Peru, mit der spanischen Krone verbündet, versuchen, die Indigenen sesshaft zu machen, zu katechisieren, zu zivilisieren und die so versuchen, eine christliche einheitliche Kultur zu schaffen, sind in China jene, die außerhalb des Einflussbereichs weltlicher europäischer Macht sich dem Dialog mit den Chinesen und ihrem kulturellen und religiösen Erbe stellen. Maßgeblich war hier Matteo Ricci, der eine Missionsmethode der kulturellen Anpassung oder *Akkomodation* vertreten hat. Er schuf eine Weltkarte, die China als Mittelpunkt der Welt darstellte, und zeigte so Respekt vor dem *Reich der Mitte*. Er kleidete sich als chinesischer Literat, um den Nimbus eines verachteten ausländischen Barbaren zu überwinden. Er beschäftigte sich mit konfuzianistischer Literatur und versuchte, daran bei der christlichen Verkündigung anzuknüpfen. Er konnte ausgezeichnet Chinesisch und arbeitete bei seinen vielen Veröffentlichungen mit konfuzianistischen Gelehrten zusammen, die seine Freunde waren. Er setzte sich dafür ein, dass die Ahnenverehrung, die den Chinesen heilig war, weiter praktiziert werden konnte, und vertrat die Auffassung, dass sie nicht im Gegensatz zum christlichen Glauben steht. So konnte das Christentum gerade auch in gebildeten Schichten Fuß fassen. Leider wurde durch den sogenannten *Ritenstreit* und die Aufhebung des Jesuitenordens später wieder viel davon zunichtegemacht.

Das heißt, es gibt eigentlich zwei Wege zu missionieren?

Genau. Einerseits eine Methode der Mission, wo man kommt und etwas oktroyieren will. Heute meint man

© Norbert Oberndorfer

»Mission bedeutet für mich nicht Recht haben
wollen, Meinung überstülpen, Manipulation.
Das gehört der Vergangenheit an. Wir können
es heute besser machen, indem wir nachahmen,
wie Jesus den Menschen begegnet ist.«

Theresa Lindemann, Religionslehrerin

mit dem Satz »Du willst mich missionieren« genau das: jemandem anderen meine Meinung aufzuzwingen. Die andere Missionsmethode ist jene, wo ich anknüpfe bei dem, was einem anderen Menschen heilig und wertvoll ist; wo ich von daher versuche, über das zu reden, was mir heilig und wertvoll ist. Und da können wir letztlich nur über Gott und unseren Glauben an ihn reden. In einem Kontext, wo ich die ganze weltliche Macht auf meiner Seite habe, kann ich autoritär auftreten. Wo mir das fehlt, muss ich ganz sanft und

demütig kommen und sehen, wie ich für andere interessant werde und wie ich wahrgenommen werde. Da entsteht eine ganz andere Form von Mission.

Was bedeutet das im Kontext einer säkularen Gesellschaft?

Die säkulare Gesellschaft gibt uns heute wirklich die Chance, Mission wieder mehr dialogisch zu verstehen. Die Kirche hat sehr viel an Position und weltlicher Macht verloren und muss wieder mehr bei dem anknüpfen, was Menschen wichtig ist und wie in ihren

Situationen der christliche Glaube bedeutsam werden kann. Da setze ich ihnen natürlich nicht vor, was zuerst einmal mir wichtig ist. Anmerken möchte ich noch, dass es auch in Südamerika im Kontext einer Mission in Verbindung mit weltlicher Macht Widerstand und Alternativen gab. Die Dominikaner auf der Insel Hispaniola, dem heutigen Santo Domingo, exkommunizierten alle spanischen Gutsherren, die Sklaven hielten, und erinnerten sie daran, dass die Indigenen genauso Menschen waren wie sie, mit der gleichen Würde und dem gleichen Recht auf ein menschenwürdiges Leben. Las Casas, einer der Gutsherren, wurde Dominikaner und später Bischof, protestierte vehement gegen die gewaltsame Eroberung der amerikanischen Völker und setzte sich für eine gewaltfreie Mission ein. Die Jesuiten schufen in Paraguay, im Grenzgebiet zwischen dem spanischen und dem portugiesischen Hoheitsbereich, sogenannte Reduktionen, also Dörfer mit maßgeblicher Beteiligung der Guarani-Völker an der Gestaltung des öffentlichen Lebens. Diese Alternativen waren vom Evangelium inspiriert.

Die Entdeckung der dialogischen Dimension der Mission ist also wichtig. Was braucht es noch in der Mission heute?

Zuallererst braucht es eine lebendige Gottes- und Christusbeziehung. Für mich ist das Trinitarische bei der Mission so wichtig: Gott ist der Schöpfer, der die ganze Welt geschaffen hat. Jesus Christus, der Sohn Gottes, schafft die Brücke zwischen Gott und Mensch. Gott wird Mensch. Heilsgeschichte und weltliche Geschichte sind eng ineinander verwoben und dürfen nicht getrennt werden. Gott ist in dieser Geschichte am Wirken. Da kommt der Heilige Geist ins Spiel, der immer schon am Werk ist. Die Bibel ist voll von Momenten des Heiligen Geistes. Schon in den Schöpfungserzählungen steht geschrieben: Der Geist schwebte über den Wassern. Dieses theologische Bewusstsein braucht es.

Und wie wirkt sich dieses theologische Bewusstsein von dem Wirken des Schöpfers, des Mittlers Christus und des Heiligen Geistes in der missionarischen Praxis aus?

Praktisch heißt das: Es braucht in der Mission einen positiven und wertschätzenden Blick auf die Welt. Menschen müssen in ihrer Kultur und in ihrem Leben ernst genommen werden. In diesen Formen, die ihnen wichtig sind, gilt es dann Verbindungen mit dem Glauben herzustellen, mit dem Wert des Evangeliums und mit einer Sinnerfahrung. Dazu braucht es die unbedingte Achtung der persönlichen Freiheit des anderen, die wie ein Heiligtum zu respektieren ist. Leider haftet der Mission von der Geschichte her oft an, jemanden bekehren zu müssen. Nein, die Bekehrung muss der Mensch selbst vollziehen durch seine persönliche Umkehr. Es braucht dazu freundschaftliche Beziehungen.

Freundschaft ist eine Voraussetzung für Mission?

Ja. Wenn Mission grundlegend ein Beziehungsgeschehen ist, dann muss ich mit Menschen Beziehung aufbauen. Ich darf durch sie erfahren, dass mir Gott begegnet, weil der andere Bild

Gottes ist. Ich darf in der Begegnung darauf vertrauen, dass Gott da ist und durch mich etwas, das er wirken will, ins Spiel kommt. Mission braucht Kontextualität, ein Ernstnehmen des verschiedenen gesellschaftlichen, sozialen und politischen Kontexts. Fragen der Gerechtigkeit, der Versöhnung und der Menschenwürde aller Menschen, gleich welcher Herkunft und sozialer Schicht, sind wesentliche Fragen der Mission.

Was wäre also Ihre Kurzdefinition der Basis von gelingender Mission heute?

Das Wesen der Kirche ist von Gott her bestimmt; einem Gott, der eine Einheit von drei Personen ist, die verschieden sind. Eine Einheit von Liebe. Mission ist Liebesbeziehung. Wenn das so ist, muss Mission Dialog sein, muss das Teilen von Glauben aus Liebe passieren.

Mach's konkret!

Eine persönliche Aufgabenstellung
zum Ausprobieren – Aufgabe 6

© Markus Sibrawa

»Aufklärung tut not!«

Es gehört zur Größe eines Menschen, eigenes Versagen einzugestehen. Es ist aber auch groß, das Gelingen anderer hervorzuheben. Beides verlangt einen klaren Bick, den Willen zur Wahrheit und vor allem ein weites Herz. Und all das lebt aus dem Vertrauen, dass die Wahrheit freimacht, allen guttut und letztlich siegen wird.

Unsere Neigung ist nicht selten groß, einfach recht zu behalten, obwohl wir in bestimmten kniffligen Fragen nur einen geringen Kenntnisstand haben. Im Besonderen laufen persönliche Überzeugungen, ein Glaube, eine Weltanschauung, eine Religion, Gefahr, sich nicht hinterfragen zu lassen.

Versuch mal, dir in ganz besonders schwierigen Fragen und Auseinandersetzungen deines Glaubens ein klareres Bild zu verschaffen und gegebenenfalls deine Sicht der Dinge zu ändern. Es lohnt sich, sich die Mühe zu machen, ein erwiesen gutes Buch zu lesen oder eine Dokumentation anzuschauen oder einen Experten dazu zu befragen. Forsche selbst nach und bitte andere um Rat. Wir alle tragen Verantwortung, aufklärend tätig zu sein – in guten wie negativen Angelegenheiten.

Ein Angebot
ohne Holzhammer

Jürgen Bozsoki, Politiker

»Wenn ich mir die Missionsgeschichte der Kirche anschaue, wundert es mich nicht, weshalb der Begriff ›Mission‹ so in Misskredit geraten ist. Von den frühen Dogmenstreitigkeiten, den Kreuzzügen bis hin zur Missionierung der Neuen Welt. Aufgeklärte Bürger können da nur den Kopf schütteln, denn religiöser Wahn, Machtpolitik und Gier agierten oft Hand in Hand.

Im säkularen Westen ist seit einigen Jahrzehnten jedoch ein Gegentrend bemerkbar. Die Gefahr der Gegenwart geht nicht von einer (Zwangs-)Missionierung aus. Im Gegenteil: Der Glaube ist den meisten völlig egal. Sieht so die Befreiung von der Mission aus? So richtig befassen mit dem Glauben will man sich nicht und missionieren noch weniger. Schließlich wollen wir nicht ins ›dunkle‹ Zeitalter zurück.

Andererseits entsteht bei vielen Menschen durch die Abwesenheit von Glauben eine innere Leere. Sind mal Karriereziele erreicht und Wünsche befriedigt, stellt sich rasch statt Freude Depression ein. Und mit dem Tod beschäftigen geht gar nicht, schließlich wollen wir ja das Leben auskosten. Was tun, wenn es dann niemanden mehr gibt, der sich um die ökonomisch ›unproduktiven‹, ›existenziellen‹ Dinge kümmert?

Die Kirche ist heute im Westen so in der Defensive, so schwach, dass das eine Chance bietet, nochmals ganz neu zu beginnen. Es gibt keine Kirche mehr, vor der man Angst haben muss. Im Gegenteil! Die Sorge um ihren Untergang ist da schon viel eher nachvollziehbar.

Durch meine persönliche Lebensgeschichte – vom naiven Kinderglauben zum Atheismus über viele Jahre und wieder zurück zum Glauben aus Überzeugung – habe ich begriffen, dass es für die existenziellen Fragen im Leben eine Grundlage, besser: ein Grundvertrauen braucht. Doch wie soll das gehen ohne Mission? Schließlich haben nur wenige das Privileg einer Gotteserfahrung! Mission ja: aber immer als Angebot und Dialog, nicht mit dem Holzhammer!«

7.
Was gibt es alles Neues?

Innovative Projekte,
Glaubens- und Missionsschulen

»Mich bringt so schnell nichts aus der Ruhe. Extremsituationen im Operationssaal sind bei mir ja Alltag. Mit der Kirche hatte ich nichts am Hut, bis ich vor 20 Jahren wie die Jungfrau zum Kind gemeinsam mit meiner Frau bei einem Glaubenskurs landete. Das hat mich dann schon aus der Bahn geworfen – ›innerlich‹. Bei diesem sogenannten ›Alphakurs‹ gab es gutes Essen, humorvolle Vorträge, interessante Diskussionen; eigentlich nichts Außergewöhnliches. Und doch hat in mir damals etwas Neues begonnen, eine Freude, die ich nicht mehr missen möchte.«

Reinhard Hahn, Oberarzt

Ein Neuanfang mit Schaumbad

Das verlängerte Wochenende im Jahr 2000 in Londons City hatte es in sich. Ohne Übertreibung: Es hatte etwas vom Zauber einer neuen Zeit, die Faszination eines Neuanfangs – einer neuen ›Aura‹ der Kirche.

Wir waren eine Gruppe neugieriger Christen, die es einfach genauer wissen wollten. Immer wieder hatten wir von aufsehenerregenden Aufbrüchen in Englands Kirche gehört. Wir waren auf eine anglikanische Pfarre aufmerksam gemacht worden, Holy Trinity Brompton im Zentrum Londons, heute einfach ›HTB‹ genannt. Von dieser Gemeinde sollte weltweit ein Boom an neuartigen Glaubenskursen, den sogenannten Alphakursen, ausgegangen sein. Noch ganz hingerissen von der Innenstadtfahrt in einem dieser coolen großräumigen Taxis wurden wir gleich vor der Kirche von der überaus herzlichen Gastfreundschaft junger Leute überrascht. Sie hätten alle auch vor einem Club oder irgendwo auf dem Trafalgar Square stehen können, so lässig war ihr Outfit. Im Eingangsbereich der Kirche gab es Getränke und Snacks. Man unterhielt sich, fragte nach, alles sehr angenehm und unaufdringlich. Durch eine offene Türe, die in den Kirchenraum führte, hörte man bereits Musik – eine erstklassige Band mit einer faszinierenden Frauen-Soulstimme, die zum ›Worship‹ (Lobpreis) einlud.

Der darauffolgende Vortrag vom Mitgründer der Gemeinde, Nicky Gumbel, zog mich sofort in den Bann.

Geschichten aus dem Leben gegriffen, gehaltvoll und gleichzeitig mit viel Humor. In dieses Ambiente und zu diesem Gottesdienst hätte ich auch jeden meiner agnostischen Freunde sofort mitnehmen können.

Mein persönliches Highlight aber war die Begegnung mit einer jungen engagierten Frau, die uns berichtete, wie sie als Katholikin voll Begeisterung in HTB eine Leiterschulung besucht hatte, aber letztlich wieder frustriert in ihrer langweiligen alten Landpfarre gelandet war. Sie fühlte sich allein und zu unerfahren, um Neues zu starten. Und doch nahm die Geschichte der jungen Dame eine erstaunliche Wende. Sie liebte es nämlich, immer wieder einmal lange Schaumbäder zu nehmen und vom schönen Leben zu träumen. Eines Abends, gerade wieder ganz im Badegenuss, überkam sie der Gedanke, wie genial es doch war, dass Gott die ganze Welt erschaffen hatte. Ja, wie unglaublich – diese ganze große, weite Welt! Während sie so darüber nachdachte, fiel ihr plötzlich ein: Wenn Gott schon die ganze Welt erschaffen hatte, warum sollte es für ihn unmöglich sein, ihr wenigstens einen oder zwei Mitstreiter für den Beginn eines dieser neuen attraktiven Glaubenskurse an die Seite zu stellen?! Das könnte doch für Gott kein Problem sein. Und tatsächlich, zwei Mitstreiter hatten sich bald gefunden. Ein Alphakurs folgte nach dem anderen. Eine eingeschlafene Pfarre erlebte eine tief greifende Veränderung.

Neuentdeckung
von ›Jüngerschaft‹

Viele Kirchengemeinden haben Lust, neue Ideen umzusetzen, aber von Dauer sollen sie sein, nachhaltig. Der Glaube sei ein Weg, nicht nur ein Event. Das sagen uns nicht nur kluge Theologen und altgediente Pfarrer, das ergibt sich auch aus der Verantwortung für die anvertrauten Menschen. Gut 20 neue und bewährte Einzelmissionsbeispiele haben wir bereits kennengelernt, wobei viele davon als eine Art Türöffner für eine Erstbegegnung mit Kirchenfernen oder Interessierten dienen. Sofern sie zu einem echten Dialog führen, hat dies das Potenzial, uns auf ein neues Abenteuer mitzunehmen.

Einige gleichen eher Einzelveranstaltungen, bei anderen wieder zeichnet sich schon ein beginnender Weg ab. In einem zeitlich überschaubaren Rahmen mehrerer Treffen können erste Brücken für ein neues Miteinander in einem Freundeskreis gebaut werden. Wir bleiben nicht bei isolierten Begegnungen stehen, sondern ermöglichen *Weggemeinschaften* und tauchen so Schritt um Schritt in eine immer stärkere Gemeinschaft ein. Im Idealfall bringt es uns zu dem, was wir ›*Jüngerschaft*‹ nennen: dass wir in die Schule Jesu gehen.

Ohne Zweifel braucht es diesen längeren Weg, der mit Ausdauer und einem langen Atem gegangen wird. Trotzdem dürfen wir gerade die Einstiegsprojekte und Aktionen eines beginnenden Brückenbauens niemals gering achten, als wären sie nur ein bloß niederschwelliger Vorlauf. Nein, sie offenbaren etwas unendlich Kostbares dieser einzigartigen Freundschaft, die Christus anbietet. Es

geht um eine *Gratisliebe*, die er zunächst einseitig und großherzig schenkt, bedingungslos. Sie trägt das in sich, was das Leben wirklich neu macht.

Je nachdem in welcher Haltung ein Projekt gelebt wird, kann bereits ein starkes solidarisches Miteinander wachsen. Daraus bilden sich auch Freundschaften und Weggefährtenschaften, die sich nicht zwingend in die klassische Kirchengemeinde hinein entwickeln oder zu einem expliziten Glaubensweg führen müssen. Auch diese Gefährtenschaften sind unendlich wertvoll. Hüten wir uns, die vermeintlich *anderen*, die sogenannten *Fernen* auf dem Weg unserer *solidarischen Karawane* gering zu achten. Sie gehören auf ihre je eigene Art dazu. Mission braucht diese große Herzensweite, die Weite für das *Volk*, für die ganze Menschheitsfamilie. Dass Christus für alle Menschen sein Leben gegeben hat, müssen wir uns immer neu in Erinnerung rufen.

Neuer Wein
in neue Schläuche

Wie ordnet sich nun der missionarische Aufbruch in das Ganze unserer Kirche ein? Wir stehen vor weitreichenden Änderungen des kirchlichen Lebens mit einem dramatischen Mitgliederschwund in Europa, einer damit verbundenen Überalterung und der daraus folgenden umfangreichen Umbildung und Neuformung der Pfarrstrukturen. Umso mehr bedarf es einer offensiven und hoffnungsvollen Perspektive, die am Aufbau des christlichen Lebens orientiert ist und nicht an der Verwaltung des Untergangs. Es kann

»Die Kirche schrumpft, die Kirche ist
alt – so sehen es viele meiner Freunde.
Ich kann sie verstehen. Aber ich sehe
eine andere Kirche. Ich sehe christliche
Festivals, Talkabende, Gebetskreise,
Glaubenskurse, die ich total gut finde
und bei denen der Reichtum der Kirche
für mich ganz neu zugänglich wird.«

Magdalena Tertsch, Kindergartenpädagogin

dabei nicht nur um die Umstrukturie-
rung in größere Einheiten gehen.

Die Bedürfnisse verändern sich
und damit auch die Aufgaben. Bewähr-
tes kirchliches Leben wertzuschätzen,
ist eine wichtige Pflicht. Die Treue
der zumeist alt gewordenen Gemeinden ist ein besonderer Schatz, dem
mit viel Sensibilität begegnet werden
muss. Aber in die Zukunft zu investie-
ren, braucht auch neue Energie. Es ist
eine besonders dringende Aufgabe und

Herausforderung, bei der die ältere Generation der nachfolgenden jüngeren –
in der Kirche zahlenmäßig wesentlich
kleineren – Generation Raum geben
muss. Sonst fehlt den nachfolgenden
Generationen der Atem für eine kreative Entwicklung, wenn sie als wesentlich
kleinere Gruppe vor allem im Dienst
der alten, doch sehr schweren Struktur
steht. Den neuen Wein darf man nicht in
alte Schläuche geben (Lk 5,36–39).

Das setzt aber auch voraus, dass wir

auf unterschiedlichen Ebenen arbeiten werden – was Altbewährtes und Neues betrifft. Die wiederholte Sorge, dass das Propagieren neuer Wege zulasten der alten Wege gehen würde, muss überwunden werden. Die ältere Generation darf hier die jüngere, die ohnehin schon die Minderheit stellt, nicht in psychologische Geiselhaft nehmen. Es braucht vielmehr eine ›kräftige Gleichzeitigkeit‹ mehrerer Wege, wie es wiederholt von Pastoraltheologen formuliert wurde. Neben einer Sakramentenpastoral mit ihrem hohen Stellenwert erfordert es genauso ganz neue und unkonventionelle Zugänge für Menschen, die nicht mehr kirchlich sozialisiert sind. In diesem Buch schenke ich ein besonderes Augenmerk dieser jüngeren Generation. Gerade junge Menschen haben vielfach keinen natürlichen Zugang mehr zum kirchlichen Leben. Sie können jedoch durch neue Modelle, die die ihnen eigene Auseinandersetzung mit existenziellen Lebensfragen ernst nimmt, auch in ihrer Gottesfrage und ihrem Glauben angesprochen und begleitet werden, wie ich es hier in zahlreichen konkreten Beispielen veranschauliche. Hier gilt es, Gewohntes zu verlassen und mit Mut und Fantasie neue Wege zu beschreiten. Es wird nur ein Überleben und ein neues Wachstum geben, wenn neue Gruppen und Gemeinden gegründet werden, die neues Entwicklungspotenzial in sich tragen.

Für neues Wachstum braucht es Neues neben dem Alten – neue Gruppen und neue Gemeinden mit ihrem eigenen, neuen Entwicklungspotenzial.

Aufbau neuer Glaubens- und Missionsschulen, Zellgruppen

Zentrum jedes nachhaltigen Gemeindeaufbaus oder neuer Gemeindegründungen ist ein neues Bewusstsein von *Jüngerschaft*. Wir haben in der katholischen Kirche eine allzu lange Tradition, in der auf der einen Seite das Amt und auf der anderen Seite das Volk steht. Aber das entscheidende Mittelfeld mit der zu rufenden Schar an Jüngerinnen und Jüngern wurde vernachlässigt. Heute wird die Suche nach bewährten und neuen Formen der Schulung zur Jüngerschaft immer dringender.

Die Weite der Mission lebt von der Tiefe. Ohne neu und wiederholt in die Schule Jesu zu gehen, kann sich keine christliche Gemeinde in seinem Geist aufbauen und sich in einer säkularen Umwelt bewähren. All das basiert natürlich auf dem Vertrauen, dass der Geist Gottes Menschen wieder neu zum christlichen Glauben führen oder manch eingefahrenes Glaubensleben neu entzünden kann. Drei wesentliche Schritte in der kirchlichen Grunddynamik von Sendung und Sammlung für eine christliche Gemeindebildung seien hier hervorgehoben:

1. Um den Glauben neu kennenzulernen und in ihm zu wachsen, braucht es GLAUBENSSCHULEN. Sie führen zu einem persönlichen Glauben an Jesus Christus bzw. vertiefen ihn. Gleichzeitig können sich daraus bereits kleine Gemeinschaften und somit Basisformen von neuen Gemeinden oder Gebetsgemeinschaften bilden.

2. Der Glaube des Einzelnen, aber auch der Gemeinde, lebt und wächst

erst indem man ihn weitergibt. Dies können wir umsetzen und neu lernen in MISSIONSSCHULEN, die auch praktisch ausgerichtet sind. Der Besuch der Missionsschule – in den unterschiedlichsten Intensitäten – setzt voraus, dass bereits aus einer Grundentscheidung heraus im christlichen Glauben gelebt wird.

3. Der Glaube reift, erstarkt und bringt Frucht *für* die anderen vor allem in der Erfahrung von Gemeinschaft: Man trägt einander, betet miteinander, ermutigt zur konkreten Nachfolge. So wird eine Gemeinde zunehmend eine Gemeinde für die anderen. Dafür braucht es kleine Gemeinschaften oder Gemeinden, sogenannte ZELLGRUPPEN, in denen das Wort Gottes in der Bibel im Mittelpunkt steht. Sie sind zum Unterschied von Glaubens- oder Missionsschulen auf Dauer oder über viele Jahre hinweg angelegt. Es braucht diese Orte, wo wir beten und uns darüber austauschen, wie wir das Wort Gottes ins konkrete Leben umsetzen (ob im wöchentlichen, 14-tägigen oder monatlichen Rhythmus). Zu einer Zellgruppe gehören jene, die bereits aus einer Grundentscheidung heraus im christlichen Glauben leben oder als Frucht einer Glaubensschule darin wachsen wollen. Eine lebendige Zellgruppe wird immer eine beständige Glaubens- und Missionsschule bleiben.

Ob diese Zellgruppen sich als Kleingemeinden oder *Small Christian Communities* mit anderen Kleingemeinden regelmäßig, sonntäglich, zu einer größeren eucharistischen Gemeinschaft treffen, wird unterschiedlich gelöst werden. Es spricht vieles dafür, dass sie nicht nur in der Kleingruppe

oder am Ort einer Filialkirche bleiben, sondern sich im Zusammentreffen mit anderen kleinen Gemeinden stärken, aufbauen und Neues entdecken. Die sonntägliche Eucharistiefeier soll erlebbar Quelle und Höhepunkt christlichen Lebens sein. Damit wird auch der Gefahr des Rückzugs in kleine Nischen mit zunehmender Tendenz des Umsich-Kreisens entgegengewirkt. Aber vor allem öffnen diese größeren eucharistischen Zusammenkünfte mit anderen Kleingemeinden wieder neu für das reiche katholische Leben, wo gerade die Sakramente wieder zu stärkenden geistlichen und menschlichen Sammlungsmomenten werden können.

Dass hier Frauen und Männer ohne Weihe, Laienchristen, Verantwortung für die kleinen Gemeinden/Gemeinschaften übernehmen werden, ist klar. Aber sie sind alles andere als Quasi-Pfarrer, sie sind vielmehr Leiterinnen und Leiter einer Gebets- und Lebensgemeinschaft, in der versucht wird, das Wort Gottes im täglichen und gesellschaftlichen Leben umzusetzen. Das ist ja auch die originäre Aufgabe der Laien.

Die Dynamik des neuen Wachstums vollzieht sich von der Glaubensvertiefung über die Missionsschulung und die ständige Erneuerung der Gottesbeziehung immer in Gemeinschaft. Diese Gemeinschaften verdrängen nicht die Eucharistiegemeinschaft einer Pfarre. Sie führen in diese hinein und von dort aus ins Alltagsleben, um dort den Glauben in die Tat umzusetzen. Solche Gemeinschaften zu leiten ist daher ureigene Aufgabe der Laien.

»Gläubige Menschen waren mir immer suspekt,
sie wirkten auf mich wie kleine Kinder, die noch
an den Osterhasen glauben. Als ich mich ausgerechnet in eine Katholikin verliebte, kam ich
als kompletter Atheist zu einem Alpha-Glaubens-
kurs. Bei einer Diskussion über Gebet konnte
ich nicht mitreden, also beschloss ich, es selbst
daheim zu probieren. Da saß ich also und fragte
mich, was das jetzt werden soll. Dann, ganz
unerwartet, war ich überwältigt von der Schönheit
der Welt und fühlte mich gleichzeitig seltsam
geborgen. Ich war einfach dankbar, sein zu dürfen.«

Christoph Lee, Physikstudent

Glaubensschulen wie der Alphakurs

Es gibt Dinge im Leben, die man ganz unverdient geschenkt bekommt und nur mit großer Dankbarkeit aufnehmen und weiterschenken kann. Der ›Alphakurs‹ ist so ein Geschenk. Engagierte Anglikaner haben es als herausragendes Missionsmodell der katholischen Kirche und den anderen christlichen Kirchen in die Hände gelegt. Auch wenn die deutschsprachige theologische Welt anfangs Mühe damit hatte, einer anglikanisch-charismatischen Glaubensschulung Vertrauen zu schenken, so überzeugt doch zunehmend die Praxis bei näherem Kennenlernen. Unter vielen guten Möglichkeiten an Glaubensschulungen sei diese besonders hervorgehoben; sie wurde bisher von weit über 25 Millionen Menschen besucht.

Dieser in London entwickelte Glaubenskurs bietet eine zehnwöchige praktische Einführung in den christlichen Glauben. Wir erleben diesen Glaubenskurs als besonders wichtige Hilfe z. B. nach den Gemeindemissionen für Neuaufbrechende und Suchende, aber ebenso für einen missionarischen Gemeindeaufbau. Dieser Glaubenskurs ist auch ein guter Einstieg für Freunde und Bekannte, die den christlichen Glauben auf neue Weise, zum Beispiel im privaten Rahmen in der Wohnung bei Freunden, kennenlernen wollen.

Auf zahlreichen Internetportalen findet man wertvolle Infos und alle Unterlagen zu diesem Kurs. Der Alphakurs ist für Menschen unserer Zeit gedacht, fundiert und gleichzeitig locker und unkonventionell. Alpha ist offen, jeder kann teilnehmen. Jedes Treffen beginnt mit einem Essen. Man kommt schnell ins Gespräch und lernt einander leicht kennen. Die Treffen sind geprägt durch ein gegenseitiges Zuhören, ein miteinander Diskutieren, durch ein Entdecken neuer Gedanken und die Möglichkeit, Fragen zu stellen. Keine Frage ist zu schlicht, zu schwierig oder zu frech.

Alpha ist konfessionsübergreifend und wird von allen großen christlichen Kirchen und Glaubensgemeinschaften in über 170 Ländern unterstützt. Die Inhalte beruhen auf einer Reihe von Themen, die die grundsätzlichen Fragen und Inhalte des christlichen Glaubens ansprechen. Dabei werden die Grundlagen thematisiert, die alle

Christen gemeinsam haben. Zu allen Fragen gibt es Vortragskonzepte und professionell gestaltete Videos, die man einsetzen kann, aber nicht muss. Der Kurs erstreckt sich in der Regel über einen Zeitraum von zehn Wochen und kann selbstständig durchgeführt werden, idealerweise mit einer Mindestanzahl von sechs Personen als Vorbereitungsteam.

A-L-P-H-A steht für:

A-lle Interessierten sind herzlich willkommen. Es werden keine Vorkenntnisse erwartet. L-achen und Lernen gehören zusammen. Es geht ja um eine gute Botschaft. P-izza und Pasta gibt es nicht jedes Mal, aber es beginnt immer mit einem gemeinsamen Abendessen. H-ilfen und Informationen enthält der Kurs reichlich. In Referaten werden grundlegende Themen erläutert und im Gespräch weiter vertieft. A-bsolut keine Tabus. Christsein betrifft den ganzen Menschen und alle Lebensbereiche. Die Themen des Alphakurses sind:

1. Wer ist Jesus?
2. Warum starb Jesus?
3. Wie finde ich Gewissheit im Glauben?
4. Warum die Bibel lesen?
5. Warum und wie soll ich beten?
6. Wie widerstehe ich dem Bösen?
7. Wie führt uns Gott?
8. Warum soll ich anderen von meinem Glauben erzählen?
9. Heilt Gott auch heute noch?
10. Wozu ist die Gemeinde da?

Entscheidend ist das gemeinsame Wochenende mit dem Thema ›Der Heilige Geist‹, zu dem die Teilnehmenden zwischen dem 5. und 7. Treffen eingeladen werden. Eine Start- und Werbeveranstaltung wird in Form eines kleinen Alpha-Festes mit einem Eröffnungs-Speech zum Thema ›Christsein – unwichtig, unwahr oder unattraktiv?‹ gestaltet.

Missionsschulen wie »Mission Possible«

Aufbauend auf Glaubensschulen braucht es Orte und Prozesse, die helfen, konkret Mission zu leben. Der Missionskurs »Mission Possible«, der Grundlage für dieses Handbuch ist, hilft Gemeindemitgliedern, ihre missionarische Grundberufung und Begabungen zu entdecken und darin zu wachsen, damit sie persönlich, aber auch mit ihrer Gemeinde, vor Ort den Glauben an ihre Umwelt weitergeben können. Dieser Kurs an zehn Abenden (oder drei Wochenenden) kann sowohl in einer Pfarrgemeinde als auch einer größeren Einheit wie Dekanat oder Region angeboten werden.

Für den weiteren missionarischen Gemeindeaufbau ist es wichtig, dass mindestens zwei bis drei Personen aus einer Gemeinde am selben Kurs teilnehmen. Zudem sollen hier auch Fähigkeiten erworben werden, die der gemeinsamen Leitungsverantwortung in den Gemeinden dienen. Inhaltliche Basis sind die hier im Handbuch dargelegten Unterlagen.

Ablauf der 10 Treffen:

In der Regel sind es zehn Abende mit einem zeitlichen Rahmen von 2 bis 3 Stunden. Es empfiehlt sich ein wöchentlicher oder 14-tägiger Rhythmus. Jeder Abend beinhaltet sowohl einen inhaltlichen Impuls als auch das praktische Erarbeiten einer konkreten missionarischen Umsetzung. Auch bei der Variante an drei Wochenenden handelt es sich um ein Zusammenspiel von Impuls, Diskussion, Missionswerkstatt und Gebetszeit. Die Teilnehmer bekommen zusätzlich Texte zur Vertiefung und Weiterarbeit. Entscheidend ist bei jedem Kurs das integrierte Praktikum: die Vorbereitung und Durchführung eines Missionsprojektes in der Gemeinde.

Themen:

1. Warum eigentlich Mission? *Grund und Ziel christlicher Glaubensweitergabe*
2. Was habe ich zu sagen? *Der zentrale Inhalt der Botschaft*
3. Wie soll das geschehen? *Die Mission als Dialog mit der Welt*
4. In welchem Geist? *Inspiration für eine Revolution der Barmherzigkeit*
5. Kann man Mission planen? *Aufbau und Strategie konkreter Projekte*
6. Wie geht man mit so einer Vergangenheit um? *Licht und Schatten der Missionsgeschichte*
7. Was gibt es alles Neues? *Innovative Projekte, Glaubens- und Missionsschulen*
8. Wie wachsen wir? *Initiieren, tragen und leiten*
9. Wo liegen meine und unsere Stärken? *Charismen, Begabungen, persönliche Berufung*
10. Welche Kirche? *Aufbau einer offenen Gemeinschaft durch Sendung und Sammlung*

Neue *solidarische Karawanen* und Begleitung des Volkes

Zu den hier oben angeführten Schulungsbeispielen lohnt es sich, noch weitere verschiedenster Prägung kennenzulernen. Hierzu haben wir eine umfangreiche Liste im Anschluss des Kapitels zusammengestellt. Es ist sehr ermutigend, in Form von ›Kundschafterreisen‹ solche Projekte auch vor Ort bei den Praktikern in ihren Gemeinden kennenzulernen, um von der Gesamtentwicklung solcher Prozesse profitieren zu können.

Wir werden bei der näheren Beschäftigung mit den Wachstumsentwicklungen (Kapitel 8) noch beobachten können, wie segensreich sich so manches Wagnis neuer Schulungsprozesse für den stabilen Aufbau von Gemeinden erwiesen hat. All die hoffnungsvollen Initiativen bedürfen allerdings einer speziellen Ergänzung, die noch mehr Aufmerksamkeit und Energie in Anspruch nehmen muss: Einmal mehr möchten wir den Weg der großen *solidarischen Karawane* (vgl. EG 87) in noch konkreterer Weise hervorheben.

Es gibt Fragen, die uns hierzu nicht in Ruhe lassen dürfen:

– Wo passiert denn in den aktuellen Erneuerungsprozessen der Gemeinden wahre und ganz konkrete Eingliederung der *Armen* und der *Fernen*, von denen nicht nur der Papst unentwegt spricht, sondern denen zuallererst Christus selbst seine erste Liebe gewidmet hat?

– Wo sind denn heute die vielen Mahlgemeinschaften Jesu am Tisch der *Sünder*, von denen die Evangelien so zahlreich berichten?

– Welche tragenden *Brücken bauen* wir denn tatsächlich in diese Welt hinein? Oder begnügen wir uns mit Einzelaktionen, die in Wahrheit – wie Papst Franziskus aufdeckt – vielmehr einer ›Nächstenliebe à la carte‹ oder einer ›Mission à la carte‹ gleichkommen, die nur unser Gewissen beruhigen?

Wahre Eingliederung der ›Ausgeschlossenen‹ würde tatsächlich unser Leben umkrempeln, allerdings uns auch zahlreichen Schwierigkeiten aussetzen und auf unbekannte Pfade mitnehmen. Auf ihnen werden wir die Barmherzigkeit auf neue Weise erfahren können und uns in einer wahrhaft solidarischen Karawane wiederfinden.

Wir haben unglaublich schöne und anspornende Erfahrungen mit solch einer *Karawanen*-Mission gemacht. Es ist in der Tat möglich, dass in einer missionarischen Gemeinde, in deren Mitte *Jüngerschaft* geschieht, in gleicher Intensität Freundschaft und Gemeinschaft mit muslimischen Asylanten, mit jungen Agnostikern und Atheisten gelebt wird. Wir haben Initiativen gestartet, die ganz bewusst auf einen Brückenbau zu einer jungen, gänzlich nichtkirchlichen Welt abzielten. Es hat vonseiten der Missionare und Begleiter ein radikales Sich-Einlassen auf die Welt dieser jungen Menschen bedurft.

Das *absichtslose* Kennenlernen ihres Lebens und ihrer Interessen hat eine Entscheidung abverlangt, die etwas gekostet hat. Die allseits formulierte Devise wachsender Gemeinden: ›Belonging Before Believing‹ mussten wir noch viel ernster nehmen. Das hat vor allem Zeit und Bereitschaft gebraucht, einen wahrlich freundschaftlichen Weg mit ihnen zu gehen.

»(Wir) spüren die Herausforderung«, so auch Papst Franziskus, »zusammen zu leben, uns unter die anderen zu mischen, einander zu begegnen, uns in den Armen zu halten, uns anzulehnen, teilzuhaben an dieser etwas chaotischen Menge, die sich in eine wahre Erfahrung von Brüderlichkeit verwandeln kann« (EG 87). Es braucht Brücken gemeinsamen Interesses, ob das Sport, Musik, Medien, Politik oder ein Sozialprojekt sind. Aber nicht in der Art einer Taktik, sondern um ihrer selbst willen, um das Wohl der Menschen willen – in unserem Fall hauptsächlich junger Erwachsene.

Wir haben neu gelernt zu verstehen, dass der Geist Gottes sich unserer und auch ihrer Schwächen und Sehnsüchte annimmt. Gott selbst lässt dann wachsen, wir müssen nichts erzwingen. Ganz so wie der heilige Don Bosco sagte: ›Liebt, was die Jugend liebt, dann wird sie lieben, was ihr liebt.‹ Die jungen Leute werden durch uns erfahren, ob Christus tatsächlich sie selbst, ihr echtes Leben, meint, oder ob es nur um unsere Projektabsichten geht. Menschen hungern nach liebender Zuwendung, die sie nicht zum Objekt unserer Mission degradiert. Wir alle in dieser ›Karawane‹ sind aufeinander angewiesen. Sie ist zwar nicht in allem eine Bekenntnisgemeinschaft, aber notwendigerweise eine wachsend solidarische Gemeinschaft.

Es gibt viele neue, hoffnungsvolle und erprobte Glaubens- und Missionsschulen. Damit wirklich Neues wächst und bestehen bleibt, müssen die daraus entstehenden Gemeinschaften sich auch der Frage stellen, wie und wo sie wie Christus Mahl halten mit dem Armen, den Fernen und den Sündern.

Eine Auswahl von Glaubens- und Missionsschulungen/ Jüngerschaftsschulen

Länder- und diözesanübergreifend,
katholisch und ökumenisch

Es lohnt sich, einige der aktuellen und bewährten Reformprozesse in den verschiedenen kirchlichen Initiativen und Gemeinschaften näher kennenzulernen. In all der Unterschiedlichkeit lassen sich in allen christlichen Kirchen ähnliche Merkmale einer wachsenden Kirche feststellen.

I – Glaubenskurse

1 – ›Alphakurs‹
Der ›Alphakurs‹ ist der weltweit verbreitetste Glaubenskurs quer durch alle christlichen Konfessionen. Er bietet sich besonders als Einsteigerkurs an, der den Bedürfnissen der unterschiedlichen Altersstufen und Lebenssituationen angepasst ist, und stellt das Prinzip der Gastfreundschaft an die erste Stelle. ›Alphakurs‹ für alle, ›Alpha für Jugendliche‹, ›Alpha für Studenten‹, ›Ehe-Vorbereitungs-Kurs‹, ›Ehe-Kurs‹, ›Der Elternkurs‹, ›Der Teenie-Elternkurs‹, ›Alpha im Gefängnis‹
alpha.org, alphakurs.at, alphakurs.de, alphalive.ch

2 – ›Wege erwachsenen Glaubens‹ – WeG
Die ›WeG-Glaubenskurse‹ bieten verschiedene Einstiegskurse und vertiefende Seminare für Erwachsene, außerdem Kinder- und Jugendglaubenskurse an, um den katholischen Glauben neu kennenzulernen. *ddmedien.com*

3 – Jugendkurs ›Mein Gott & Walter‹
›Mein Gott & Walter‹ ist ein humorvoller Glaubenskurs in 24 Episoden auf DVD für junge Menschen. Die Inhalte folgen dem Apostolischen Glaubensbekenntnis. *meingottundwalter.com*

4 – ›Exerzitien im Alltag‹
Die ›Exerzitien im Alltag‹ oder die ›Online-Exerzitien‹ laden täglich zu geistlichen Übungen ein, die helfen, Gott im eigenen Leben zu entdecken, sowie zum Austausch mit einem/r Begleiter/in. *canisius.at, jesuiten.org*

5 – Jugendkatechismus ›YOUCAT‹
Die ›YOUCAT‹-Foundation bietet zahlreiche Materialen und Kurse für Jugendliche und junge Erwachsene über den katholischen Glauben an: ›Studygroup Manual‹ oder ›Firmkurs‹. *youcat.org*

6 – ›Kreuz und Mehr‹

Der Glaubenskurs der Jesuiten bietet klare und verständliche Erklärungen über die zentralen Inhalte des christlichen Glaubens aus katholischer Sicht. *kreuzundmehr-glaubenskurs.de*

7 – ›Danielakademie‹

Die Gebetshausschule in Augsburg bietet Berufstätigen an fünf Wochenenden und in einer Intensivwoche eine Ausbildung zu praktischen Aspekten des christlichen Lebens, des Glaubens und der Gesellschaft. *gebetshaus.org/veranstaltungen*

8 – Sankt Andreas Schule für Evangelisierung – SASE

Die Sankt Andreas Schule bietet verschiedene themenzentrierte Kurse für Gruppen innerhalb eines vielfältigen pastoralen Konzepts an. *neueva.de*

9 – ›Kurse zum Glauben‹ in der evangelischen Kirche

Die evangelische Kirche bietet unter ›Kurse zum Glauben‹ eine ganze Reihe von Schulungen, die über den Glauben informieren und zur persönlichen Auseinandersetzung einladen. *kurse-zum-glauben.de*

10 – Biblische Ausbildung am Ort – BAO

Die BAO stellt ein breites Angebot an Glaubenskursen, Gemeindebibelschulen und Jüngerschaftskursen mit Lerngruppen in den evangelikalen Gemeinden vor Ort zur Verfügung. *bao-kurse.de, bao-kurse.at, bao.ch*

II – Missions- bzw. Jüngerschaftsschulen

1 – ›Mission Possible‹ – Missionskurs

Der hier im Buch vorliegende 10-teilige Missionskurs für Gemeinden und Gruppen will Menschen ermutigen und befähigen, den Glauben mit neuer Freude weiterzugeben und neue Formen des Dialogs in der Evangelisation zu entdecken. *mission-possible.at, akademie-wien.at*

2 – ›J-Kompakt‹

›Jüngerschaft Kompakt‹ ist eine dreiwöchige Jüngerschaftsschule auf der ›HOME Mission Base‹ in Salzburg (Loretto Gemeinschaft) mit Diensten für Menschen am Rande der Gesellschaft, Gebet und Ausbildung. *home-salzburg.com*

3 – ›Follow Me!‹

›Follow Me!‹ ist eine Jüngerschaftsschule zur persönlichen und spirituellen Formung für junge Katholiken ab 16 Jahren. Sie umfasst acht Wochenenden innerhalb eines Jahres. *followme.or.at*

4 – ›Followers‹

Diese 3-wöchige Jüngerschaftsschule von Regnum Christi im Heiligen Land und in Österreich lädt Jugendliche dazu ein, Apostel Jesu im 21. Jahrhundert zu werden. *regnumchristi.eu*

5 – ›CE-Leiterschulung: Bausteine für die Zukunft‹

Die Charismatische Erneuerung (CE) bietet neben Leiter/innen-Schulungen ›Leben aus dem Geist‹-Seminare und Worship-Schulungen an. *erneuerung.de*

Mehrmonatige Vollzeit-Missionsschulungen

– ›Emmanuel School of Mission‹ – ESM

Die ›ESM‹ ist ein internationales Angebot mit sieben Schulen weltweit. Die neunmonatige Schule für Jüngerschaft und Evangelisation der Gemeinschaft Emmanuel bietet jungen Erwachsenen eine katholische theologische, philosophische und humanistische Ausbildung. *emmanuelyouth.net/esm oder emmanuel.info/esm*

– ›H.O.M.E. Jüngerschaft J9‹

Neun Monate bekommen junge Erwachsene auf der ›H.O.M.E. Mission Base‹ in Salzburg (Loretto Gemeinschaft) eine Ausbildung in Jüngerschaft, Instrumentalcoaching, Medienkompetenz, Diensten für Menschen am Rande der Gesellschaft und Evangelisation. *home-salzburg.com*

– ›Discipleship Training School‹ – DTS

Diese 5- bis 6-monatige Jüngerschaftsschule besteht aus zwei Teilen: der Unterrichtszeit und dem anschließenden Missionseinsatz. Angeboten wird diese Schule von ›Jugend mit einer Mission (JMEM)/Youth with a Mission (YWAM)‹, einer globalen Bewegung aller christlichen Konfessionen. *jmem.at, ywam.org*

– ›INCENSE‹

›INCENSE‹ ist eine 10-monatige Ausbildung im Gebetshaus in Augsburg, in der Menschen jeden Alters als Worship-Leiter, Musiker, Gebetsleiter, Fürbitter und als kreative Gestalter wachsen können. *gebetshaus.org*

– ›Basical – christliches Orientierungsjahr‹

Junge Erwachsene leben gemeinsam in einer Wohngemeinschaft in Augsburg. Theologische und anthropologische Studien geben ihnen ein tieferes Verständnis des katholischen Glaubens. Ein Aufenthalt im Heiligen Land sowie diverse Projekte und Praktika ergänzen das ›Basical‹-Programm. *bja-augsburg.de*

1 – ›Lokale Kirchenentwicklung‹

Sie greift weltkirchliche Entwicklungen wachsender Kirchen in Lateinamerika, Afrika, Asien auf und eröffnet kirchlichen Mitarbeiter/innen in Summerschools mögliche Veränderungsprozesse für unsere europäische Situation. Bücher und Schulungen dazu u. a. von Christian Hennecke. *lokale-kirchenentwicklung.de*

2 – ›Vitale Gemeinde‹

Gemeindeaufbauexperten wie Robert Warren haben mit dem Modell der sieben Merkmale einer vitalen, im biblischen Sinn ›gesunden‹ Gemeinde eines der wirkungsvollsten Programme zur Gemeindeerneuerung geschaffen. *vitalegemeinde.de*

3 – ›Holy Trinity Brompton‹ – HTB

Die anglikanische Pfarre Holy Trinity Brompton ist Ausgangsort für ein außerordentliches Wachstum mit Tausenden von Gemeindegründungen nicht nur in der anglikanischen Kirche. Neben der Entwicklung des Alphakurses und Leiterschulungen gehören zu den Angeboten von HTB Gemeindeaufbau und Church Planting/Gemeindegründungen. *htb.org*

4 – ›Rebuilt‹ – Church of the Nativity

Nach dem Vorbild der Church of the Nativity, einer Pfarre in Baltimore (USA), wächst eine starke Bewegung von katholischen Christen, die zum Ziel hat, Gemeinden durch missionarische Jüngerschaft neu aufzubauen.
rebuiltparish.com, pastoralinnovation.at

5 – Basiskirchen auf den Philippinen

Durch Studienreisen auf die Philippinen und Seminare in Zusammenarbeit mit dem Pastoralinstitut in Bukal Ng Tipan empfangen kirchliche Mitarbeiter/innen neue Impulse für einen basisgemeinschaftlichen Aufbau der Pfarrgemeinden.

6 – ›Divine Renovation‹

Die ›Divine Renovation‹-Bewegung entstand mit James Mallon in der katholischen Pfarre St. Benedict in Halifax (Kanada), die zum Ziel hat, Pfarrgemeinden zu einer missionarischeren Ausrichtung zu inspirieren. *divinerenovation.net*

7 – ›Mailänder Pfarrzellenmodell‹

Das ›Pfarrzellenmodell‹ ist eine Methode der Neuevangelisierung der Pfarren. Dieses System basiert auf wöchentlichen kleinen Zellgruppen, die sich für Gebet, gemeinsamen Dienst und Evangelisierung treffen. *pfarrzellen.de*

8 – ›Natürliche Gemeindeentwicklung‹ – NGE

Die ›natürliche Gemeindeentwicklung‹ ist eine Methodik der (Wieder-)Belebung von Pfarren, durch das Intensivieren bzw. Entwickeln von guter Leitung, gabenorientierter Mitarbeit, zweckmäßigen Strukturen, Evangelisation, leidenschaftlicher Spiritualität und inspirierenden Gottesdiensten.
nge-deutschland.de, nge-schweiz.ch, nge-austria.at

9 – ›Fresh X‹

Die Bewegung ›Fresh X‹ steht für überraschende und neue Formen der Kirche. Es ist ein Netzwerk unterschiedlicher Kirchen, Organisationen und Werke, die neue Wege nutzen, um Menschen einen Zugang zur Gemeinde zu ermöglichen und Kirchen neu zu gestalten. *freshexpressions.de*

10 – Gebetshaus Augsburg

Das Augsburger Gebetshaus versammelt neben dem Angebot der 10-monatigen INCENSE-Ausbildung Tausende Christen verschiedener Konfessionen zu großen Worship-Konferenzen, Gebetsabenden, Schulungen und Projekten. *gebetshaus.org*

11 – Akademie für Dialog und Evangelisation

Die Akademie bietet neben dem ›Mission Possible‹-Kursprogramm für Diözesen und Gemeinden auch Leiterschulungen, Begleitung und Coaching für missionarische Prozesse in Gemeinden an. Vor Ort werden neue Formen des Dialogs mit der agnostischen bzw. atheistischen Gesellschaft, insbesondere für junge Menschen, umgesetzt. *akademie-wien.at, mission-possible.at*

12 – ›Pastoralinnovation‹

›Pastoralinnovation‹ ist eine Unternehmensberatung, die Innovation im kirchlichen Bereich unterstützt. Sie verbindet in all ihren Programmen und Angeboten fachliches Know-how mit theologischer Fundierung und geistiger Ausrichtung. Sie hilft Pfarren, Organisationen und Einrichtungen der Kirche mit praktischen Tools.
pastoralinnovation.at

13 – ›Zentrum für angewandte Pastoralforschung‹ – ZAP

Das Zentrum für angewandte Pastoralforschung ist eine Gruppe von Wissenschaftler/innen der Ruhr-Universität in Bochum (Deutschland), die eine zukunftsfähige, innovative, attraktive und ambitionierte Entwicklung der Kirche begleiten und unterstützen. *zap-bochum.de*

Mach's konkret!

Eine persönliche Aufgabenstellung
zum Ausprobieren – Aufgabe 7

© kath. Kirche Vorarlberg

»Wen und wie lade ich ein?«

Du hast mit anderen gemeinsam begonnen, ein Projekt zu planen oder dich in etwas schon Bestehendes eingeklinkt. Es gibt einen Termin für eine ganz konkrete Aktion oder Veranstaltung, ihr seid mit Eifer am Vorbereiten und sicher, dass es eine tolle Sache wird. Wer aber wird dazukommen?

Überlege dir ganz konkret, wen du zum geplanten Projekt einladen möchtest. Für wen in deinem Freundes- und Bekanntenkreis könnte dies interessant und eine gute Gelegenheit sein, um mit dem Glauben in Berührung zu kommen? Lade diese Menschen persönlich mit einer ganz individuellen Einladung ein. Bitte im Herzen für sie bei Gott.

Otto Neubauer – Mission Possible

Nicht *für* junge
Leute, sondern *mit* ihnen

Martin Fenkart, Pastoralamtsleiter

»In unserem Dialog- und Missionszentrum hatten wir immer auch mit jungen Leuten zu tun, die sich selbst als Agnostiker oder Atheisten oder fern von der Kirche sahen. So mancher wurde neugierig, warum wir es denn »so mit dem Glauben und mit diesem Jesus hatten«. Es wuchsen freundschaftliche Beziehungen unter uns, Vertrauen und echtes Interesse aneinander. Davon ermutigt, war ich geradezu beflügelt, gemeinsam mit ein paar anderen Christen einen neuen Glaubenskurs für diese jungen Leute anzubieten. Doch kein Einziger war dazu bereit. Ich war darüber so frustriert, dass ich mir sagte: »Wenn die eigenen Leute nicht wollen, machen wir es eben MIT denen, FÜR die wir es eigentlich machen wollen.« Ich kontaktierte 40 junge Leute persönlich, die ich für ein solches Unterfangen interessant fand – Agnostiker und Studierende mit den unterschiedlichsten Weltanschauungen, die meisten von ihnen ohne religiöse Praxis. Zu unser aller großer Überraschung erklärten sich weit mehr als die Hälfte der jungen Erwachsenen bereit, als *Mitarbeiter/innen* bei einem Glaubenskurs mitmachen zu wollen.

In vielen Stunden gemeinsamen Planens entstand so ein ganz neues Format: ›Spirit & Soul‹. Ausgehend von der Überlegung, wie Abende zu Glaubensthemen aussehen müssen, damit sie selbst sich wohlfühlen und ihre Freunde mitbringen, organisierten wir mit dem neu gebildeten Team eine Serie von Frühlingsabenden mit ihren eigenen Fragestellungen zum Leben. Das Entscheidende dabei war, dass sich jeder aktiv einbrachte, eine kleine Aufgabe bei den Abenden übernahm und sich so sehr mit dem Vorhaben identifizierte, dass sie oder er auch eigene Freunde zu den Abenden mitbrachte.

Ich konnte über diesen neuen Mix nur staunen: persönliche Statements aus ganz unterschiedlicher, darunter auch christlicher Perspektive zum jeweiligen Thema mit Filmausschnitten, dazu Diskussionen in kleinen Runden in Baratmosphäre, ein liebevoll gerichtetes Buffet, bunte Cocktails, Livemusik und ein ›Soul Space‹ in einem Extraraum. Es wurde kein Glaubenskurs im klassischen Sinn, dafür aber ein umso aufregenderes neues Format, in dem sich Christen und Nichtchristen miteinander austauschen und voneinander lernen können. Diese Abende sind zum Hit des Jahres geworden und gehören mittlerweile zum fixen Bestandteil des Zentrums.«

8.
Wie
wachsen wir?

Initiieren, tragen
und leiten

»Für mich ist es ein Wunder, meinen beiden Töchtern beim Wachsen zuzusehen und sie zu begleiten. Gerade meine Erstgeborene entwickelt sich trotz ihrer Behinderung zu einem unglaublich starken, tollen Mädchen. Dafür kann ich Gott nur danken! Im Rückblick erkenne ich, wie sehr ich auch selbst an der Situation gewachsen bin. Vor ein paar Jahren bin ich durch eine Mutter-Kind-Gruppe zum ersten Mal mit meiner Pfarre in Kontakt gekommen. Da war ich einfach froh über die herzliche Aufnahme. Heute helfe ich selber mit und leite sogar den Bereich Ehe und Familie für die Gemeinde. Ich staune immer wieder, wie so vieles in mir und auch in der Pfarre aufblüht.«

Nina Poschinger, Karosseriebautechnikerin

Kein trautes Heim in den Vorstadtghettos

Es gibt viele, die keine Hoffnung haben und nicht einmal im Ansatz eine Chance für ihr Leben sehen. Europas Politik ist kaum einem Phänomen gegenüber so resigniert und paralysiert wie den wachsenden Vorstädten mit ihrer überbordenden Arbeitslosigkeit, Verwahrlosung und Gewalt. Die mittlerweile Stigmatisierten in den Vorortghettos von Paris bis nach London und Berlin-Neukölln gelten heute als Synonym für gescheiterte Integration. Irgendwie scheint kein Weg hinauszuführen, so komplex und unüberschaubar ist ihre Problemwelt. Was wird uns noch blühen? Offensichtlich ein Wachstum mit eindeutig negativen Vorzeichen.

Ein junger Familienvater, Cyril, aus gutbürgerlicher Familie in Paris wollte genau das nicht wahrhaben, dass nämlich die Hoffnungslosigkeit das letzte Wort hat. Er erzählte uns, dass ihn bereits als Jugendlicher der Aufruf zum ›Aufbau einer Zivilisation der Liebe‹ beim Weltjugendtag 1997 ins Herz getroffen und seitdem nicht mehr in Ruhe gelassen hätte. Um das Jahr 2000 begann er tatsächlich mit Freunden in die Pariser Vorstadt zu gehen und Kontakte mit den sogenannten Losern der Gesellschaft zu knüpfen.

Bereits ein Jahr zuvor ist eine kleine Wohngemeinschaft von jungen Frauen mitten in die trostlosen Plattenbauten von Bondy gezogen. Sie lebten einfach Nachbarschaft mit ihren großteils muslimischen Nachbarn, halfen den Schülern bei den Hausaufgaben und begannen gemeinsame sportliche Aktivitäten zu organisieren. Es forderte sie sehr heraus und sie mussten viel lernen. Und sie beteten viel für die vielen scheinbar Chancenlosen.

Zunächst ist es verblüffend, dass noch nie zuvor so offen über Gott gesprochen wurde wie in der vermeintlich ›gottverlassenen‹ Vorstadt. Und das bei Angehörigen so unterschiedlicher Religionen. Die Erfahrung der Not aus nächster Nähe und gleichzeitig die unglaubliche Dankbarkeit dieser jungen Leute ließ darüber hinaus echte Freundschaften wachsen – und die so negativ scheinende Wirklichkeit mit neuen Augen sehen.

Es zieht Kreise. Sie renovieren und adaptieren Räume, spielen Theater, machen Musik. Immer mehr Freiwillige helfen mit. Bald werden es sogar Familien sein, die ihr eigenes ›Wohlfühl-Ghetto‹ in den schönen Bezirken verlassen und in diese ›No-Go-Area‹ ziehen, um Gemeinschaft mit den Menschen dort zu leben. Bis hin zum gemeinsamen Schulbesuch ihrer Kinder teilen sie ihr alltägliches Leben. So entsteht ein viel beachtetes Projekt, das sich ›Le Rocher‹ nennen wird. Es wächst und wächst, und hat sich mittlerweile mit seinen Niederlassungen auf viele Städte Frankreichs ausgebreitet. Heute arbeiten Hunderte Vollzeitvolontäre für ein Jahr lang an den Projekten für Bildung, Sport, Freizeitaktivitäten und vielfältiger Betreuung der am meisten Benachteiligten mit.

Der etwas andere Erfolg

Die gezielte Frage nach Wachstum in unseren Gemeinden kann durchaus Beschämung und Ratlosigkeit auslösen. Nicht selten rechtfertigen wir uns mit dem Hinweis, dass bei uns gänzlich andere Erfolgskriterien als in der Welt gelten würden. Überhaupt sei *Erfolg* kein Name Gottes. Beeindruckende Erzählungen von Wachstumserfolgen wie in den Megachurches Amerikas und Afrikas gibt es zwar, sie stoßen aber angesichts des derart rasanten Schrumpfungsprozesses der klassischen Kirchengemeinden in Europa auch bei vielen Katholiken nur sehr bedingt auf Begeisterung. Zu weit scheinen die Erfahrungswelten voneinander entfernt zu sein.

Und nicht ganz zu Unrecht warnen einige vor allzu schneller Beurteilung, denn beginnend bei den biblischen Erzählungen könnten Missionsgeschichten unterschiedlicher nicht sein. Ein Blitzlicht in die Geschichte großer Missionare soll genügen: Die tatsächlich herzeigbaren Erfolge der Missionspatronin Therese von Lisieux oder des Einsiedlers Charles de Foucauld, die äußerst zurückgezogen gelebt hatten, waren zu ihren Lebzeiten verschwindend klein. Hingegen haben der Jugendapostel Don Bosco oder der polnische Franziskanermissionar Maximilian Kolbe bereits in wenigen Jahren Hunderte, ja später sogar Tausende Mitstreiter um sich versammelt und viel beachtete Projekte auf die Beine gestellt. In ihrer Unterschiedlichkeit sind sie heute allesamt herausragende Modelle christlicher Mission. Sie bezeugen, dass in der Nachfolge Jesu fraglos eigene Maßstäbe gelten.

Christlich orientiertes Effizienzdenken muss in seinem Grundmuster immer vom Durchgang von Tod zu Auferstehung geprägt sein: »Wenn das Weizenkorn nicht in die Erde fällt und stirbt, bleibt es allein. Wenn es aber stirbt, bringt es viele Frucht« (Joh 12,24). Es liegt in der Natur der Liebe, sich für den anderen hinzugeben. Die konkrete Nachfolge, die täglichen Akte von Liebe und Hingabe lassen sich nie von den zahlreichen geheimnisvollen Niedergangs- und Kreuzeserfahrungen trennen. Was allerdings oft vergessen wird, ist das Befreiende daran: Der Sieg wurde bereits für uns errungen. Wir leben alle von der Zusage, dass es mit Gott am Ende gut ausgehen wird. Zudem gibt uns die Schrift ganz klare Hinweise, dass letztlich die Erfahrung von Frieden, Freude und Fest eindeutige Gradmesser sind, ob Gott tatsächlich am Werk ist.

Unsere eigenen Missionserfahrungen über nunmehr längere Projektzeiträume hinweg haben uns jedenfalls bei Bewertungen hinsichtlich Effizienz um vieles zurückhaltender, sorgsamer und hoffentlich respektvoller und großherziger werden lassen. Durch so manch innere Widerstände hindurch mussten wir zunächst akzeptieren lernen, dass bestimmte Prozesse wesentlich mehr Zeit brauchen, als wir uns dies in unserer ungestümen, scheinbar so heiligen Ungeduld zugestehen wollten. Jede gute Frucht muss reifen dürfen. Eine Gruppe, eine Gemeinschaft braucht Zeit, damit sie den Rhythmus der Liebe lernt. Beispielsweise kann jede ernsthafte Gemeindebildung nur über viele Jahre hinweg angelegt werden.

»Wir überlegten, es einfach bleiben zu lassen. Obwohl wir uns jahrelang in der Kindergruppe unserer Pfarre so eingesetzt hatten, waren bloß eine Handvoll Kinder dabei. Nach vielem Hin und Her haben wir uns im Team dann doch durchgerungen, weiterzumachen, weil wir den Eindruck hatten, dass Gott hier noch etwas vorhat. Jetzt stehe ich staunend da und sehe zu, wie sich Dinge entwickeln, von denen wir jahrelang geträumt haben. Was so lange im Verborgenen gewachsen ist, bricht jetzt hervor und wird sichtbar.«

Martina Flachberger, Physiotherapeutin

Ferner erzählt uns die Bibelstelle vom Sämann, dass eben nur ein Teil des Samens auf fruchtbaren Boden gefallen ist (Lk 8,4–15). Nur dort bringt er Frucht, dann allerdings hundertfach. Es kommt also auf ein Zweifaches an: Zum einen, dass überhaupt gesät wird, und zum anderen auf die Beschaffenheit bzw. Bearbeitung des Bodens. Und was die Früchte betrifft: Nur diejenigen, die überhaupt die Bereitschaft zum Sehen mitbringen, werden sie auch erkennen können.

Ich erinnere mich noch gut an die Jahre unmittelbar nach unserer ersten Pfarrmission neuen Stils in den 1990er-Jahren in einer obersteirischen kleinen Arbeiterstadt. Ein Priester, der dort später Dienst tat, beklagte sich öffentlich, dass er keine Früchte der Mission sähe. Ein paar Jahre später kontaktierte mich ein anderer Priester,

Otto Neubauer – Mission Possible

der anschließend in derselben Pfarrgemeinde den Hirtendienst übernommen hatte. Er wolle mir einfach sagen, wie unendlich dankbar er für die Pfarrmission von damals wäre, weil sein Dienst jetzt hauptsächlich darin bestünde, die Früchte dieser einen Mission zu ernten. Es wären so unglaublich viele.

Mag sein, dass beide auf ihre Weise recht haben. Ich denke auch an die vielen Lebenswenden oder Bekehrungen Einzelner, von denen ich erst viele Jahre nach einer Mission erfahren habe. Sie erfüllen mich heute noch mit großer Dankbarkeit. Aber sie gehören uns nicht. Wer weiß schon, bei wem, wie und auf welchen Wegen Gott in seiner Weisheit wirkt. Wir bewegen uns hier in dem weiten Spannungsbogen, der vom Wort Jesu »Selig, die nicht sehen und doch glauben« (Joh 20,29) bis hin zu seinem unmissverständlichen Auftrag reicht, dass wir großzügig Früchte bringen sollen: »Dadurch wird mein Vater verherrlicht, dass ihr viel Frucht bringt und meine Jünger werdet« (Joh 15,8). Das nimmt uns ordentlich in die Verantwortung und spricht uns etwas wunderbar Menschliches zu: Überhaupt etwas schaffen zu dürfen, mit den Talenten zu wuchern, Erfolg zu haben. Und die Bibel bezeugt es so oft, wie sehr Gott es liebt, wenn wir Erfolg haben.

Wir wachsen auf eine Weise, die wir selber oft gar nicht wahrnehmen können. Und weil es Gott ist, der wachsen lässt, greifen tatsächlich rein weltliche Maßstäbe nicht, wenn wir den Erfolg unserer Mission messen wollen.

Charakteristika für das Wachstum

Das Vertrauen, dass Gott in dieser Welt wirkt, auf vielfältigste Weise und auf für uns oft unsichtbaren Wegen – das ist unsere Ausgangsbasis. Umso mehr dürfen wir uns auch über das sichtbare und augenscheinliche Gelingen und die Erfolge freuen und staunen. Gott wollte uns ausdrücklich als Mitarbeiterinnen und Mitarbeiter, als Mitschöpferinnen und Mitschöpfer in seinem Projekt haben.

So erleben wir auch in der Kirche durch alle Nöte hindurch Erfolge, Aufbrüche und außerordentliche Wachstumsprozesse, die uns anspornen, aufwecken und ermutigen können und sollen. Es wäre nur zu dumm, wegzuschauen und daraus nichts lernen zu wollen. Vor allem, wenn wir so augenscheinlich klare Zeichen an den Entwicklungen der Gemeinden ablesen dürfen.

Wenn wir hinsehen, dann beobachten wir nämlich, dass überall dort, wo weltweit christliche Kirchen und Gemeinschaften nachhaltig wachsen, drei wesentliche Kriterien übereinstimmend festgemacht werden können:

1. Reiches Gemeindeleben speist sich immer aus *kleinen Gruppen*, die sich nicht selbst genügen, sondern sich in einem selbstverständlichen Dienstcharakter *nach Aussen* richten – ›Small Christian Communities‹, Basisgemeinden, Arbeits- und Gebetsgruppen.

2. Eine ausdrückliche *Sorge um die Armen* – in den unterschiedlichsten Ausdrucksformen.

3. Es gibt in all diesen wachsenden Gemeinden *anziehende lebendige Gottes-*

dienste – Liturgien, Meetings for Worship, Gebetsversammlungen.

Diese drei Dimensionen befruchten einander so sehr, dass es selbst in der Reihenfolge der Aufzählung nicht um eine Gewichtung dieser drei gehen kann.

Es lohnt sich, auf einige der weltweit stärksten Wachstumsmomente hinzuschauen. Zunächst ist vielen Europäer/innen weithin nicht bewusst, dass unter allen Religionen die Christenheit, mit besonderer Betonung der freien christlichen Gemeinschaften, weltweit das größte Wachstum verzeichnet. Dabei muss nicht nur der Erfolg der vielen Pfingstbewegungen wie in Afrika genannt werden, sondern auch das erstaunlich signifikante Wachstum in England, das uns ja näher liegt; vor allem in den anglikanischen Gemeinden Londons, wie etwa die Megagemeinden von ›Holy Trinity Brompton‹ (HTB), der Geburtsstätte der Alphakurse, oder die Gemeinden von St. Helen's Bishopsgate.

Seit 1980 wurden allein in England weit über 5000 neue Gemeinden gegründet. Die Zahl der erwachsenen Mitglieder der anglikanischen Diözese Londons ist allein seit 1990 um über 70% gestiegen.[48] Ein ebenso ermutigendes Zeichen sind die aus Australien stammenden Gemeinden von ›Hillsong‹, die auch in Europa enormen Anklang finden und in der ganzen Welt weiter wachsen. Traut man neuesten Forschungen, soll die aufopfernde Missionsarbeit im Untergrund des kommunistischen China so stark gefruchtet haben, dass es dort aktuell nach absoluten Zahlen mehr Gottesdienstbesucher als in ganz Europa geben soll. Ob dies den Fakten entspricht, wird sich noch zei-

gen, jedenfalls macht es deutlich, dass sich unerwartet massive Verschiebungen einer christlich-kirchlichen Präsenz unter den Kontinenten vollziehen.

Aus katholischer Perspektive muss unbedingt noch Südkorea mit der beeindruckenden Geschichte einer langen Laienmission erwähnt werden. Dort wuchs (auch bei gleichzeitigem Bevölkerungszuwachs) innerhalb der letzten 60 Jahre die Katholikenzahl von 500.000 auf über fünf Millionen. In Südkorea, aber auch auf den Philippinen und mittlerweile in vielen anderen Erdteilen boomen die ›Small Christian Communities‹. Sie dienen mittlerweile vielen Gemeinden in Europa als Vorbilder und Entwicklungshelfer für den Gemeindeaufbau und eine neue Kirchenentwicklung. Die Liste könnte jetzt mit einer Vielzahl von weiteren neuen Aufbrüchen und Bewegungen ergänzt werden.

> Wachstumsmotor der Christenheit sind derzeit fast immer ›Small Christian Communities‹ in Gemeinden mit starker Ausrichtung auf die Armen und mit anziehenden, lebendigen Gottesdiensten.

Vom lähmenden Konsum zum befreienden Dienst

Die Beobachtungen quer durch alle Konfessionen zeigen, dass Wachstum überall und unmittelbar mit der Wiederentdeckung von *Jüngerschaft* und *Mission* korreliert. Eine eindeutige missionarische Grundausrichtung der Gemeinde hängt wiederum direkt an klaren Leitungsentscheidungen. Für Katholiken in gut versorgten Pfarren ist kaum nachvollziehbar, dass sich eine Gemeinde in erster Linie an denen orientieren soll, die gar nicht da sind. Aber genau diese Erkenntnis hat eine ursprünglich mittelmäßige katholische Pfarre, ›Church of the Nativity‹, in Baltimore in den USA zu einer vollkommenen Wandlung und zu einem erstaunlich nachhaltigen Wachstum geführt. Ihr Zeugnis ist so bestechend, dass es unter dem Schlagwort ›Rebuilt‹ (Wiederaufbau) nunmehr weltweit zum Vorbild und zur Ermutigung für viele, vor allem katholische Gemeinden, geworden ist.

Es beeindruckt, zu welch weitreichenden Konsequenzen überzeugende Leitungsentscheidungen und guter Hirtendienst führen können. Eine der größten Herausforderungen in Baltimore war es, den Weg von einer konsumierenden und selbstbezogenen zu einer großherzigen und dienstbereiten Gemeinde zu finden. Das hat zwar einerseits starken Widerstand in der bestehenden Gemeinde provoziert, aber anderseits unerwartet viele Energien und neue Freude freigesetzt. Etwa ein Drittel der zunächst 1000 Mitglieder hat wegen der Neuausrichtung die Gemeinde verlassen, aber aufgrund des Engagements der anderen ist sie in nur wenigen Jahren von ein paar Hundert auf über 5000 Gottesdienstbesucher gewachsen.

Exemplarisch steht die Gemeinde heute für den Wiederaufbau, der auch aus müde gewordenen Gemeinden heraus möglich ist. Ihre Mission könnte nicht einfacher formuliert sein: »Liebe Gott – Liebe deine Mitmenschen –

Mache andere zu Jünger/innen Jesu.« Ihre Vision: »Kirche muss Bedeutung haben, indem wir Menschen zu Jünger/innen machen, die wieder andere zu Jünger/innen machen. Wir tun das unter den entkirchlichten Katholik/innen.« Ihre wesentlichen Schritte der Umsetzung: Lobpreis und Anbetung, Nachfolge und Jüngerschaft, Gemeinschaft/Kleingruppen, Dienst/Herausforderung, Evangelisierung/Suche der *Verlorenen*. Die Pfarre von Baltimore leitete eine komplette Kehrtwende in Denken und Fühlen ein. Es war ein echter Kulturwandel, der alle Gemeindemitglieder weg vom Konsum hin zum Dienst bewegte und so anderen Menschen *da draußen* die Kirche wieder zugänglich und attraktiv machte.

Wieder andere Beispiele zeigen, dass wir nicht nur beim Aufbauen und Erneuern des Bestehenden hängen bleiben dürfen. Nachhaltig ist das Wachstum oft erst, wenn es zu ganz neuen Gründungen führt: Ausgehend von *gesunden* Gemeinden werden neue gegründet. Wie es in der Apostelgeschichte, aber auch in vielen Erdteilen der Welt heute Praxis ist, müssen wir »Church Planting«, Gemeindegründungen, zu den Herzstücken christlicher Mission zählen.

Das Beispiel der anglikanischen Kirche in England gibt uns weiteren Lernstoff: Mit einer pointiert einfachen Vision »Christ-centred and outward looking!« (christuszentriert und nach außen orientiert) hat sich die Diözese London für das Jahrzehnt bis 2020 vorgenommen, mehr als 100 neue Gemeinden zu gründen. Vorreiter dieser Praxis sind die Gemeinden aus der Londoner Pfarre Holy Trinity Brompton. Die einzelnen Schritte ihrer Missionsstrategie *connect – share – gather – train* (Verbinden – Teilen – Sammeln – Ausbilden) präzisieren einen Weg mit klar verständlichen Vorgangsweisen. Sie zeugen von einer liebevollen, menschlich gereiften und im selben Atemzug sehr geisterfüllten Art, Menschen anzusprechen und Gemeinden zu bilden. Ganz nebenbei: Bei Besuchen vor Ort kann man zudem erleben, dass Professionalität und Charisma kein Gegensatz sein muss.

Es tut gut, sich von solchen Pionierprojekten anregen zu lassen, wie man sehr zeitgerecht und modern Menschen erreicht (›connected‹) und wie unkonventionell man kirchenfernen Leuten den Raum des Gebets und der Gemeinschaft öffnen kann. Im Wesentlichen geht es um eine gewinnend liebevolle Kultur, in der aber Gott selbst alles zugetraut wird. Mit dem, was eigentlich auf der Hand liegt, haben sie ernst gemacht: Wenn wir mit alten Liedern, alten Kleidern, alten Texten, alten Gebäuden und schlechtem Licht mehr Hindernisse als Brücken bauen, dann machen wir es eben anders – so gastfreundlich und großherzig wie nur möglich. Ohne, dass dabei die Substanz der Botschaft verraten wird; im Gegenteil, sie wurde dadurch erst richtig offenbar. Vieles hat in Wohnungen, unter Freunden, in Bars, an Abenden während der Woche, in Sportstätten oder Clubs seinen Anfang genommen und über die Jahre zu neuen Gründungen von starken Gemeinden unter dem Dach der lokalen Kirche geführt.

Erfolgreiche Beispiele zeigen: Ob eine Gemeinde eine missionarische Ausrichtung hat und ›Jüngerschaft‹ lebt, ist auch eine Frage mutiger Leitungsentscheidungen, die auch Kritik und Unverständnis aushalten müssen.

Frauen und Männer des Volkes

Es lässt schon aufhorchen, dass Frauen und Männer an unterschiedlichsten Plätzen, unter unterschiedlichsten Bedingungen, in den unterschiedlichsten sozialen Kontexten, in den unterschiedlichsten kirchlichen Ausformungen, offensichtlich von ein und demselben Geist Gottes bewegt werden und versuchen, die große Familie Gottes zu sammeln. Auch wenn es Gegenbewegungen mit erneuter Abgrenzungskultur in einem Stil aggressiver politischer Agitation gibt, so staunen Beobachter auf ihren *Kundschafterreisen* doch sehr, wie stark die wiedererkennbaren Früchte auf ein vermehrtes Zueinander der verschiedenen christlichen Gemeinschaften und Kirchen drängen und so lang gepflegte Berührungsängste schwinden. Was lernen die großen etablierten Kirchen daraus? Wer sind die Akteure, die im Wesentlichen diese Missionen tragen und initiieren?

In der katholischen Kirche wurden diese Fragen über lange Zeit hauptsächlich und wohl zu einseitig vom Amt her gedacht. Aufstieg und Niedergang der Diözesen sind anhand der Priesterstatistik festgemacht worden. Heute realisiert man allerdings, dass die größten Wachstumsschübe weitgehend in Regionen passieren, wo Frauen und Männer mitten aus dem Volk christliches Leben

Otto Neubauer – Mission Possible

»Die Kirche ist für mich wie eine große Familie.
Sie lässt sich nicht eingrenzen auf Mauern
und Strukturen, sondern sie ist vor allem
eine Gemeinschaft. Sie muss nicht wachsen,
um etwas zu sein, aber sie wächst – weil
immer ausnahmslos alle eingeladen sind.«

Anson Samuel, Theologiestudent

initiieren und tragen. Daraus ergeben sich für die katholische Welt bedeutende Fragen.

Entscheidend ist das Vertrauen in das großzügige Wirken des Heiligen Geistes, das das ganze Volk erfassen kann. Leider ist das allmähliche Wachsen dieses Vertrauens noch immer von zermürbenden Diskussionen über die Identität von *Laien* und *Klerus* begleitet.

Gerade die vielen Pioniere der Kirchenentwicklung weltweit warnen davor, dass Aufbrüche durch schlechte oder nicht ausgeübte Leitung wieder erstickt werden können. *Leadership* ist das große Thema der Gemeindegründungen. Mit der Frage der Leitung wird dann regelmäßig auch die Frage nach der Stellung des *Hirten* aktuell. Und wie wesentlich die Hirten für das Wachstum sind, sehen wir zuallererst an den zahlreichen Bildern von den guten und schlechten Hirten in der Schrift (Joh 10,1–17; Ez 34,11–22).

Was im Zweiten Vatikanischen Konzil im Dekret über die *Laien* (der ›laikós‹ – zum Volk gehörig) in *Apostolicam Actuositatem* ausgedrückt wird, hat jedenfalls in der Realität bereits eine unerwartet bunte Gestalt angenommen: »Pflicht und Recht zum Apostolat haben die Laien kraft ihrer Vereinigung mit Christus, dem Haupt. Denn durch die Taufe dem mystischen Leib Christi eingegliedert und durch die Firmung mit der Kraft des Heiligen Geistes gestärkt, werden sie vom Herrn selbst mit dem Apostolat betraut. Sie werden zur königlichen Priesterschaft und zu einem heiligen Volk (1 Petr 2,4–10) geweiht (…) Allen Christen ist also die ehrenvolle Aufgabe auferlegt, mitzuwirken, dass die göttliche Heilsbotschaft überall auf Erden von allen Menschen erkannt und angenommen wird« (Apostolicam Actuositatem 3).

Im Dekret wird nicht nur zum Lebenszeugnis ermutigt. Die Laien entwickeln auch auf ganz eigene Weise die direkte Verkündigung des Wortes mitten in ihren jeweiligen gesellschaftlichen Milieus: »Ein wahrer Apostel sucht nach Gelegenheiten, Christus auch mit seinem Wort zu verkünden, sei es den Nichtgläubigen, um sie zum Glauben zu führen, sei es den Gläubigen, um sie zu unterweisen, zu stärken und sie zu einem einsatzfreudigen Leben zu erwecken« (Apostolicam Actuositatem 6). Interessante Erfahrungen haben wir diesbezüglich bei den Gemeindemissionen neuen Stils in vielen Ländern Europas gemacht. Gemeinsam mit der

Pfarrgemeinde, dem Pfarrer und seinen Mitarbeiter/innen haben größtenteils Laien eine zehntägige Mission entwickelt und verantwortet. Laien wurden für die direkte Verkündigung in den Häusern und an verschiedensten Stätten des Gesellschafts- und Arbeitslebens engagiert. Frauen und Männer haben die missionarische Beauftragung, die im Konzil ausdrucklich angesprochen wird, angenommen und selbstverantwortlich Gestalt und Form verschiedenster Aktivitäten und Begegnungen entwickelt, um sie in die Tat umzusetzen. So konnten sehr viele Menschen in den Pfarrgemeinden erreicht und ihnen lebensnäher begegnet werden. Das Konzil betont, dass es der Heilige Geist selbst ist, der dazu befähigt, diese Formen des Apostolats nahe am Leben der Menschen zu entwickeln und auszuführen. Es ist der Auftrag der Laien, mit ihren Begabungen in der Welt die Verkündigung umzusetzen.

Die Ausbreitung des Glaubens ist die Aufgabe jedes getauften Christen – Priester wie Laie. Und die Erfahrung zeigt, dass Mission, die von Laien mitentwickelt, getragen und verantwortet wird, größere Wirksamkeit durch Lebensnähe erreicht.

Gemeinsame Mission von Klerikern und Laien

Der volle Einsatz der Laien in der Verkündigung ergibt sich demnach nicht erst aus der mangelnden Präsenz der Priester. Sie sind zu einem eigenen Apostolat (griech.-lat. *apostolos* ›abgesandt‹) in der Welt berufen. Dieses Apostolat verstärkt sogar noch die außerordentliche Berufung des Klerus, die im Hirtenamt und in der Verwaltung der Sakramente, besonders in der Feier der Eucharistie als Quelle und Höhepunkt allen christlichen Lebens, besteht. Laien und Klerus sind aufeinander verwiesen, und das muss auch durch das wechselseitige Anerkennen einer gemeinsamen Verantwortung in der Verkündigung sichtbar werden. Die jeweiligen Berufungen gelangen so zu ihrer vollen Reife.

Über die Jahre hinweg hat sich bei der Vorbereitung diverser Missionen und Missionsschulungen in den Gemeinden auch Besorgniserregendes gezeigt. Die Laien in den Pfarrgemeinden trauten sich zunächst nicht zu, den Glauben weiterzugeben. Sie hätten ja ›keine Berechtigung‹ dazu und schon gar keine Befähigung. Nicht selten hat sich in den Gemeinden das Laienengagement auf die logistische Assistenzarbeit von Sakramentenpastoral und Pfarrfesten beschränkt. Diese Dienste sind notwendig und bedürfen besonderer Wertschätzung. Aber die primäre Aufgabe des Apostolates, der Verkündigung, ist den Laien zumeist weder als wesentliche Verantwortung bewusst noch im Ansatz entwickelt.

Ebenso verwundert es, dass auch gut 50 Jahre nach dem Konzil das geistliche Leben weitgehend für die *Geistlichen* oder für den *geistlichen*, d. h. kirchlichen Raum, reserviert bleibt. Auch wenn es beeindruckende Ausnahmen gibt, so dürfen wir uns nicht darüber hinwegtäuschen, dass wir einen großen Nachholbedarf in Bezug auf die geistliche wie missionarische Befähigung der Laien durch vermehrte Ausbildung und bewusste Beauftragung haben.

Die Beispiele verschiedenster neuerer Mission haben gezeigt, wie wichtig es ist, dass die Christen sich ihrer je eigenen Verantwortung in ihrem Dienst bewusst sind und dort auch ihre Kreativität und ihre Kompetenz für die Mission in ihrer konkreten Lebenswelt entwickeln und entfalten können. Die Laien leben in der Welt, bringen ein ganz bestimmtes Lebenswissen in die Mission ein und sind *erwachsene*, mündige Christen. Sie brauchen Eigenverantwortlichkeit, sonst verkümmert die Berufung zur Mission oder beginnt nie richtig zu wachsen. Gleichzeitig ist es von großer Bedeutung, dass die Christen in der Welt nicht nur sich selbst, sondern auch die *Neuhinzugewonnenen* zu den Sakramenten, zur Eucharistie und damit zu den Priestern führen – und dass sie selber beständig von den Sakramenten her ihre Mission leben. Das führt dann von selbst dazu, die Würde und den Auftrag des Priesters als *Verwalter der Sakramente* und als *Hirten* zu achten, und ihn gleichzeitig als Mensch und Bruder zu unterstützen.

Es gilt, Aufbrüche und Brüche gleichermaßen ernst zu nehmen. Mit dramatischen Worten hat Kardinal Christoph Schönborn in seinem viel beachteten diözesanen ›Masterplan‹ zur Reform der Erzdiözese Wien zu einer noch viel tiefer greifenden Umkehr der Kirche aufgerufen: »Wenn das Zeichen (die Kirche) undeutlich, das Werkzeug untauglich wird, muss es neu geschmiedet werden – im Feuer der Prüfung, unter mächtigen Schlägen und im stillen Schmelzen des Materials und seiner Ausgießung in die kommende Form.« Schönborn wird sehr konkret: Es gehe nämlich um eine doppelte Bekehrung:

»Wir Priester müssen uns bekehren, uns tatsächlich in den Dienst des gemeinsamen Priestertums zu stellen, d. h. ›darunter‹, und das in Freude. Die Laien – so bekennen mir immer mehr Laien – brauchen eine Bekehrung zur inneren dankbaren Haltung, von Priestern etwas zu empfangen, das sie sich selber nicht geben können.«[49]

Offensichtlich ist es in der Realität viel schwieriger, diesen gegenseitigen Dienst in der Ausübung von gemeinsamer Verantwortung und Leitung richtig anzupacken. So beklagte der hoch geschätzte Kirchenrechtler Libero Gerosa seit Langem fehlende Antworten und Konsequenzen hinsichtlich der Vorrangstellung des gemeinsamen Priestertums aller Gläubigen gegenüber dem Priestertum des Amtes (der geweihten Priester): »Diese Priorität verdeutlicht (…), dass in der Kirche die Funktion des amtlichen Priestertums, das der sakramentalen Wirkkraft nach an erster Stelle steht, im Dienst am gemeinsamen Priestertum steht und nicht umgekehrt.«[50] Aber genau hier fehle eine entscheidende Weiterentwicklung, so Gerosa, auf die wir noch immer warten würden.

Die Praxis der Aufbrüche der letzten Jahrzehnte müsste uns hellhörig machen; aufmerksam, ob der Heilige Geist damit nicht schon neue Konsequenzen für das Führungsdenken in der ganzen Kirche gezeigt hat. Sind hier nicht klare prophetische Zeichen für ein tieferes Verständnis der Teilhabe am Hirtendienst Christi erkennbar? Gilt es nicht noch viel ernsthafter nachzufragen, ob es mit dieser Praxis nicht doch zu einer echten und sichtbaren Weiterentwicklung – basierend auf dem Konzil – gekommen ist? Wie so oft in der Kirche muss ja zuerst vorgelebt werden, was dann erst festgeschrieben werden kann.

Hinzu kommt, dass die Kirche in weiten Teilen nach wie vor große Schwierigkeiten mit Leitungsaufgaben, speziell für Frauen, hat. Sie bilden zwar den Großteil des Kirchenvolkes im Dienst, aber Leitungsaufgaben werden ihnen zumeist nicht zugetraut. Was in den kirchlichen Aufbruchsbewegungen mittlerweile nicht mehr wegzudenken wäre, mit welch menschlichem Reichtum im Miteinander von Frauen und Männern Verantwortung ausgeübt wird, bleibt vielen Gemeinde- und Diözesanleitungen noch fremd.

Wir stellen fest, dass ein großer Teil der neuen großen geistlichen Gemeinschaften und Bewegungen von Laien geleitet wird, gleichzeitig viele Priesterberufungen hervorgebracht hat und auch über weite Wegstrecken ein lebendiges Miteinander von Laien und Klerus kennt. Und wir wissen auch, dass vieles von diesem Hirtendienst der Laien für die Territorialkirche bis heute interessanterweise unvorstellbar bleibt.

Zugrunde liegt dem auch eine jahrzehntelange einseitige Praxis, die bis heute weitreichende Folgen hat. Die Pfarrer, Priester der Gemeinden, haben die Laien in erster Linie als Helfer ihres Gemeindeaufbaus herangezogen. In Wahrheit sollte es genau umgekehrt sein, wie der Wiener Kardinal Schönborn als Vorkämpfer nicht müde wird zu betonen. Die Priester hätten die Aufgabe, zuerst Helfer der Getauften zu sein, damit diese ihre Mission in der Welt leben können. Das alles scheint nur auf den ersten Blick eine Wortklauberei zu sein. In der Praxis hat dies ungeahnte Konsequenzen. Es bedeutet nichts anderes, als die Kirche wieder vom Kopf auf die Füße zu stellen.

Kirche ist wesentlich Dienstinstrument für die Welt und nicht Selbstzweck für die Gemeinde und den Kleriker. Ist die Kirche gleichsam ein *Sakrament*, wie das II. Vatikanum sagt, ist damit jede nach innen gerichtete Gemeindeideologie abgewiesen. Es geht um nichts Geringeres als darum, dass der Geist Gottes nicht ausgelöscht wird und so immer neu in unsere Zeit hineinsprechen kann.

Mission und Verkündigung sind nicht eine Aufgabe des Priesters, bei der ihm die Laien helfen dürfen. Sie sind Aufgabe der Gemeinde, und der Priester muss ihr dabei helfen, liefert ihr das Rüstzeug dazu.

Vielfältige Formen von Hirtenaufgaben

Die positiven Beispiele gemeinsam getragener und charismenorientierter Mission von Amtspriestern und Laien offenbaren, wie stark die doppelte Mission, die Mission durch die Sakramente und die Mission in der Welt, zutiefst aufeinander bezogen und voneinander abhängig ist. Der Dialog mit der Welt, die Mission, hat die klassische Hierarchie vom gemeinsamen Priestertum her neu belebt. Das destabilisiert natürlich gewohnte Machtverhältnisse. Das neu gelebte engere Zueinander von Dienst und gemeinsamem Priestertum – in der Dynamik unterschiedlicher Aufgabenfelder – führt uns aber zu einer tieferen

Erfahrung der Kirche als Familie und Gemeinschaft.

Hier geht es letztlich um gegenseitigen Dienst. Erst so gewinnt man ein tieferes Verständnis von *Gehorsam*, dem Gehorsam gegenüber dem Heiligen Geist. Partizipation an der Leitung bedeutet zuallererst ein gemeinsames Hinhören auf den Geist, auf die Schwestern und Brüder. Die Worte Jesu »Denn wo zwei oder drei in meinem Namen versammelt sind, da bin ich mitten unter ihnen« (Mt 18,20) gilt auch für die Ausübung von Verantwortung. Erst wenn wir die Charismen verschiedener Ausprägung ernst nehmen, ermöglicht das schließlich einen Mut machenden, zutrauenden und subsidiären Leitungsstil.

All das mindert nicht die Bedeutung des Amtspriesters, wie immer wieder befürchtet wird. Vielmehr wird diesem Dienst eine neue Strahlkraft gegeben. Weil in einem ergänzenden Zueinander das sakramentale Geschehen neu Raum gewinnt und auf seine eigene Weise in den Vordergrund tritt. So wird die elementare Bedeutung der Objektivität des Heilshandelns durch den Amtspriester klarer. Ein Priester, der nicht alles und jedes leitet und managt, wird viel stärker als ›Zufluchtsort‹ der heiligen Geheimnisse, des heilenden Dienstes, aufgesucht werden. Er ist als Hirte ›in persona Christi‹ mit der geistlichen Vollmacht ausgestattet und dadurch auch Garant der rettenden und heilenden Zusage Gottes.

Der leider vielfach abgewertete Begriff des Sakramentenspenders wird durch die *Bedürftigkeit* des Volkes Gottes nach diesen Heilsmitteln neu erstarken. Uns darf der Lebensstrom, der uns

»Wir hätten so gerne Konzepte für erfolgver-
sprechende Aktivitäten, in erster Linie zählt aber
die Sehnsucht im eigenen Herzen! Sind wir nur
Nachlassverwalter einer einst gut florierenden
Volkskirche oder brennen wir dafür, dass unsere
Pfarren wieder zu einem »Umschlagplatz« gelebten
Glaubens werden? Natürlich können wir keine
Trendumkehr einer großflächigen gesellschaftlichen
Entwicklung schaffen, aber viele »kleine Feuer«
können wir entzünden. Nicht ›Change the World‹,
sondern ›Change your World‹.«

Hermann Glettler, Bischof

durch die Sakramente entgegenkommt, noch viel tiefer bewusst werden. Sie können zu Angelpunkten, Quellen und Höhepunkten der Mission werden. Die Hingabe für diesen Hirtendienst an den heiligen Geheimnissen zeichnet die Amtspriester zu Recht mit einem besonderen Prägemal aus.

Wachstum braucht ein Hinhören auf den Heiligen Geist. Wenn die Charismen jedes und jeder Einzelnen geachtet werden, entfalten sowohl der Dienst des Laien wie der Dienst des Priesters ganz neue Strahlkraft.

›Entweltlichung‹ der Kirche in der Leitung

Wir dürfen uns nicht scheuen, die Frage stärker an uns heranzulassen, ob nicht die Verweltlichung der Kirche und ihr oftmals herrschaftlicher Lebensstil über Jahrhunderte hinweg die Kirche, die Hierarchie und ihren Leitungsstil substanzieller geprägt und durchwoben haben, als wir wahrhaben wollen. Wir unterschätzen zu oft die menschlichen Folgen des Umgangs mit Macht, Ansehen und Besitz.

Das hat auch Konsequenzen, die in das theologische Reden hineinreichen. Bereits Papst Benedikt XVI. hat mit einer unmissverständlichen und mutigen Rede in Freiburg eine *Entweltlichung der Kirche* gefordert und bei einigen Bischöfen nur mit sehr großer Mühe Gehör gefunden. So viel Relativierung war selten nach einer Papstrede von diesen zu hören. Und das, obwohl die Botschaft sehr klar war. Die säkulare Gesellschaft hingegen hatte sie offensichtlich besser verstanden: »Die Geschichte kommt der Kirche in gewisser Weise durch die verschiedenen Epochen der Säkularisierung zu Hilfe, die zu ihrer Läuterung und inneren Reform wesentlich beigetragen haben. (…) Das missionarische Zeugnis der entweltlichten Kirche tritt klarer zutage. Die von materiellen und politischen Lasten befreite Kirche kann sich besser und auf wahrhaft christliche Weise der ganzen Welt zuwenden, wirklich weltoffen sein. (…) Sie öffnet sich der Welt, nicht um die Menschen für eine Institution mit eigenen Machtansprüchen zu gewinnen.«[51]

Der Ruf zur Entweltlichung geht alle an, Laien wie Kleriker, und bezieht sich auch und nicht unwesentlich auf die Leitungsstruktur und den Leitungsstil. Von ganz unten bis nach ganz oben braucht es ein echtes Umdenken, eine Umkehr, wie christliche und geistliche *Hirtenschaft* in einer veränderten Welt gelebt werden kann. Unser wiederholter Aufruf, als ›Arme bei den Armen zu evangelisieren‹, würde eben gerade hier an vorderster Front die Hirten als Vorbilder echten Dienstgeistes brauchen. Das, was Gott schenkt, wirklich empfangen zu können, wird nicht ohne den Geist der Demut und der freudigen Annahme des Neuen passieren können.

Die Zugänge zum innerlichen Leben sind so vielfältig und reich. In den unterschiedlichsten Lebenswelten bräuchte es Hirten, die diesen Zugang zu Gott frei machen, den Weg dorthin zeigen und begleiten. Vergangene Machtansprüche zu verteidigen oder auch neue einzufordern, würde unseren Blick für die eigentliche Mission wohl eher verdunkeln. Das Prophetische in der neuen Vielfalt von Charismen und Hirtenaufgaben anzuerkennen, wird des Geistes des Freimuts und des Wagnisses bedürfen.

Die Kirche kann der Ausbreitung des Glaubens dienen, indem sie der Leitung durch Laien größeren Raum gibt – und gleichzeitig auf dem Weg fortschreitet, das Verständnis von Leitung zu »entweltlichen«, also konsequent die Versuchungen des Herrschens durch die Haltung des Dienens zu ersetzen. Das gilt selbstverständlich auch für die Leitung durch Laien.

Mach's konkret!

Eine persönliche Aufgabenstellung
zum Ausprobieren – Aufgabe 8

»Wem und wofür kann ich danken?«

Den Fokus auf die Dinge und Situationen des Lebens zu legen, für die wir dankbar sein können, verändert den Blick und lässt uns vieles erkennen, was wir im Trubel des Alltags mit seinen Mühen und Sorgen oft nicht wahrnehmen. Die Dankbarkeit schärft unsere Aufmerksamkeit für den anderen und für das viele, das uns durch sie oder ihn geschenkt ist. Diese Dankbarkeit dem anderen auch mitzuteilen, tut gut und verändert auch unsere Beziehungen.

Nimm dir in der nächsten Woche jeden Tag fünf Minuten Zeit, um bewusst zu überlegen, wofür du heute dankbar bist. Welche Ereignisse, welche Menschen, welche Dinge, die oft so selbstverständlich sind, fallen dir ein? Was entdeckst du an dir selbst, wofür du danken kannst? Welche Gaben und Talente konntest du heute einsetzen? Notiere es dir und lies alles nach einer Woche noch einmal durch – verändert es etwas an deiner Sichtweise?

Solltest du mit anderen zusammen den Kurs »Mission Possible« machen, kannst du dir bis zur nächsten Einheit zu jedem der anderen Teilnehmer ein oder zwei Talente, Charismen, positive Eigenschaften notieren, die dir aufgefallen sind oder dich besonders beeindruckt haben. Im Rahmen des nächsten Kursabends könnt ihr euch dies gegenseitig mitteilen.

Die Scheibenwischerfunktion

Carola Neubauer, sechsfache Familienmutter, Biologin

»Wenn mein Freund damals gewusst hätte, wie wenig Ahnung ich von Kirche und Glauben hatte, hätte er mich wohl nicht gleich in ein Gebet verwickelt: »Danke für Carola und für ihr ganzes Leben«, so klang das dann. Und es hat mich total getroffen. So etwas hätte ich selbst nie sagen können. Wie konnte er für mich danken, bei all dem, was schon in meinem Leben schiefgelaufen war. Da war für mich nicht so viel Dankenswertes dabei.

Doch diese Worte hatten ihre Wirkung. Es war für mich der Beginn eines langen Prozesses der Selbstannahme und Versöhnung. Mit der Zeit konnte ich dahinter so etwas wie eine Zusage erkennen, ja auch von Gott her: »Es ist gut, dass du bist. Ich habe dich schon immer geliebt.« Die Freunde meines Freundes empfand ich damals als echt tolle Begleiter, obwohl es ihnen vielleicht gar nicht bewusst war. Wenn sie mich um Mithilfe baten oder nach meiner Meinung fragten, bestärkte mich das in meinem Selbstvertrauen. Erst durch das Zutrauen der anderen konnte ich dann auch Gaben entdecken, die ich vorher nie in mir selbst gesehen hätte. Ich lernte, mich selbst aus einem neuen Blickwinkel zu sehen.

Auch heute neige ich noch dazu, eher das zu sehen, was nicht so gut läuft. Aber ich habe mir die Dankbarkeit wie ein Werkzeug zu eigen gemacht, das ich jeden Tag bewusst zur Hand nehme. Dankbarkeit ist für mich ein echter Schlüssel zum Leben geworden. Es gibt so vieles, das gelingt, das ich gut kann. Auch die Hilfe, die ich von anderen empfange oder selbst anderen geben kann, ist ein Grund, dankbar zu sein. Nur auf den Mangel zu schauen, lässt mich die großartigen Dinge, die ja schon da sind, übersehen. Dankbarkeit hat da für mich eine lebenswichtige Scheibenwischerfunktion – der Blick aufs Wesentliche wird wieder freigelegt.«

9.
Wo liegen meine und unsere Stärken?

Charismen, Begabungen,
persönliche Berufung

»Als Journalistin habe ich gelernt, im Dialog den anderen zuerst zu sehen und zu schweigen, zu hören, zu verstehen, zu berühren. Wenn es gelingt, dass sich die Gesprächspartner als Menschen begegnen, wird plötzlich gegenseitiges Verstehen und Inspiration möglich. Da entdecke ich, wie viel jeder Einzelne zu geben hat. Das Beste im anderen rauszuholen ist reizvoll. Das Faszinierende ist, dass ich ständig in eine Welt voller Begabungen schauen darf. Und auch voller Scheitern. Aber das gehört zusammen.«

Barbara Stöckl, Journalistin und TV-Moderatorin

Wer dankt, sieht besser

Es gibt nicht viele Freunde, deren ungewöhnliche Ideen mich so unmittelbar zur Nachahmung angeregt hätten: Stefan hatte seiner Frau zur Fastenzeit einen speziellen, zunächst kaum nennenswerten Deal vorgeschlagen. Sie wollten einander verschweigen, worauf sie verzichteten. Der jeweils andere Partner musste selbst herausfinden, worin das Fastenopfer des anderen bestünde. Das Verblüffende für Stefans Frau war, dass sie so überhaupt keine Mäßigung bei ihrem Mann beobachten konnte. Kein einziges Anzeichen! Er verzichtete weder auf Süßigkeiten noch auf Fleisch, trank Alkohol, rauchte auch mal eine Zigarette, schaute fern und ließ es sich – zumindest ihrer Wahrnehmung nach – mehr als gut gehen. Nur eines hatte sie paradoxerweise realisiert: dass sie schon lange nicht mehr eine so wunderschöne Zeit miteinander erlebt hatten. Als nun endlich die Osternacht kam, war ihre Neugierde übergroß, welches kleine Geheimnis er ihr offenbaren würde. Seine Antwort: »Ganz einfach. Ich habe mir bewusst vorgenommen, dich in diesen 40 Tagen nicht zu kritisieren!«

Wow! Dieses durchaus herausfordernde ›Experiment‹ startete ich sofort zu Hause und in der Arbeit. Und bald machte ich eine sehr kostbare Erfahrung: Es war, als würde sich durch das Entfernen dieses Schleiers der Kritik langsam das eigentliche, viel schönere Gesicht des anderen zeigen. Nicht, dass das Fehlerhafte plötzlich weggeschwemmt worden wäre. Nein, keine rosarote Brille. Es blieb auch klar, dass es in jeder gesunden Beziehung auch kritische Auseinandersetzung braucht. Das Geheimnisvolle an dieser ›Übung‹ war allerdings, dass der Wunsch wuchs, immer öfter Danke zu sagen, ja zu loben. Mit beeindruckenden Folgewirkungen: Wer mehr dankt, sieht tatsächlich auch besser!

Das Gute im anderen sehen zu lernen, sensibilisierte mich Schritt für Schritt für die Stärken der anderen. Dieser Weg eines steten Auszugs aus meiner Selbstbezogenheit führte mich schließlich dazu, sogenannte ›Charismen‹ sehen zu lernen. Wenn wir diese bei den anderen erkennen, anerkennen und fördern, ermöglichen wir unglaublich Belebendes für eine Gemeinschaft und für den Aufbau einer Gemeinde.

Es braucht Charisma

Immer, wenn wir auf andere zugehen und Brücken bauen – also zur *Mission aufbrechen* –, dann kommt etwas in Bewegung. Es hat zumeist etwas Aufregendes und Belebendes an sich. Da ist dann *was los,* sagen wir nicht selten. Tatsächlich erleben wir uns selbst dabei oft wie *los-gelöst,* befreit aus unserer Selbstbezogenheit. Besonders aber fasziniert, dass die Mission eine ungeahnt reiche Kreativität und die vielfältigsten Begabungen freisetzt, die wir an uns selbst und bei anderen entdecken. Genauso wie durch die aufkeimende Liebe zweier Menschen plötzlich ganz neue Kräfte zutage treten und die Liebenden gleichsam über sich hinauswachsen lässt. Wir verspüren womöglich, dass es sich hier um ein Phänomen handelt, das über ein natürliches und menschliches Maß hinausreichen kann.

Wenn wir aus christlicher Perspektive von *Charisma* und *Charismen* sprechen, dann meinen wir etwas, das über eine natürliche Veranlagung hinausgeht. Ein Charisma ist eine Gabe, die uns von Gott für die anderen geschenkt wird, damit sie den anderen nützt und sie aufbaut. Das griechische Wort *Charis* heißt Geschenk; und wir glauben, dass es Gottes Freude ist, uns zu beschenken. Er will, dass seine Gaben in der Gemeinschaft der Menschen und der Kirche nur so sprießen und blühen und Frucht bringen. Seine Gaben sind nicht gegeben, weil wir sie uns verdient hätten. Nein, es ist reine *Gnade,* die wir empfangen haben, damit andere damit beglückt werden; ein Dienst an der Gemeinschaft und zum Wohl aller.

So erkennen in der Regel auch zuerst die anderen mein Charisma und nicht ich selbst. Dennoch gilt es ebenso, von uns aus nach Charismen zu streben: »Jeder von uns sollte sich also fragen: Gibt es irgendein Charisma, das der Herr in mir hat entstehen lassen, in der Gnade seines Geistes, und das meine Geschwister in der christlichen Gemeinschaft erkannt und ermutigt haben?« So wie Papst Franziskus wollen wir einander anspornen, die empfangenen Gaben in aller Großherzigkeit zu teilen und sie nicht zu vernachlässigen. Im selben Atemzug werden wir davor gewarnt, dass die Gaben niemals Anlass für Stolz, Neid oder zur Klage über andere werden dürfen. »Diese Fragen müssen wir uns stellen: ob ich ein Charisma habe, ob dieses Charisma von der Kirche anerkannt ist, ob ich mit diesem Charisma zufrieden bin oder ob ich etwas neidisch bin auf die Charismen der anderen, ob ich dieses Charisma haben wollte und haben will. Das Charisma ist eine Gabe: Nur Gott schenkt es!«

Der heilige Paulus berichtet im Korintherbrief, wie ein und derselbe Geist unterschiedliche Gaben in der Kirche zuteilt: »Es gibt verschiedene Kräfte, aber es ist derselbe Gott, der alles in allen wirkt. Jedem aber wird die Offenbarung des Geistes verliehen zum allgemeinen Nutzen. Dem einen wird durch den Geist das Wort der Weisheit gegeben, einem anderen durch denselben Geist das Wort der Erkenntnis, einem anderen in demselben Geist Glaubenkraft, einem anderen die Gabe, Krankheiten zu heilen in ein und demselben Geist, einem anderen machtvoll wirkende Kräfte, einem anderen die Prophetengabe, einem anderen die Fähigkeit

»Auf der Bühne fühlte ich mich immer schon zu Hause. Doch als Zehnjährige wurde ich von einem betrunkenen Autofahrer mit 140 km/h angefahren. Plötzlich war unklar, ob ich wieder gehen, geschweige denn jemals wieder tanzen würde. Die Musik und der Glaube haben mich durch diese ganz schwierigen Zeiten durchgetragen. Heute kann ich mit meiner Stimme, Liedern und den Geschichten biblischer Musicals dazu beitragen, dass Menschen berührt werden. Es ist für mich eine tiefe Freude, etwas geben zu können! Ich bin überzeugt, Gott hat jedem eine Gabe geschenkt, die er/sie für andere einsetzen kann.«

Tabea Wendelin, Musicaldarstellerin

zur Unterscheidung der Geister, wieder einem anderen verschiedene Arten der Zungenrede, einem anderen schließlich die Gabe der Auslegung der Zungenreden. Alles das aber wirkt ein und derselbe Geist, indem er einem jeden zuteilt, wie er will.« (1 Kor 12,6–11).

Es ist besonders schön, wenn wir einander Gaben zusprechen dürfen. Wann immer wir Schulungen durchführen oder Missionen vorbereiten, gib es einen Moment, wo wir uns gegenseitig Talente zusagen, die wir auf dem gemeinsam gegangenen Weg an der/dem anderen entdeckt haben. Zumeist bereiten wir uns einige Zeit darauf vor, damit jede und jeder Einzelne für das Gegenüber mindestens ein, zwei Gaben formuliert und diese ihm dann persönlich in einer gemeinsamen Runde zuspricht. Es ist jedes Mal ein Geschehen besonders herzhafter Ermutigung und Erneuerung für jeden Einzelnen und gleichzeitig eine Stärkung in der Einheit. Es ist doch beeindruckend, wie viele unterschiedliche Charismen und Geistesgaben es in einer Gemeinde gibt und welche Vielfalt erst recht in der großen weltweiten Gemeinschaft der Kirche.

Diese Vielzahl und Unterschiedlichkeit sollte niemals ein Grund zur Verwirrung sein, sondern den Reichtum an Fruchtbarkeit ein und desselben *Leibes Christi*, der Kirche, verdeutlichen. Aus dieser Perspektive heraus können wir uns über die Erfolge anderer freuen, ohne dass wir uns vergleichen und den Mangel dieser und jener Charismen beklagen oder die vorhandenen Gaben in der jeweils eigenen Gemeinschaft schlechtreden zu müssen. Es ist ein und derselbe Geist, der in der großen Vielfalt zu einer Einheit führt. Wir gehören zusammen, alle Glieder am Leib sind kostbar, haben ihren speziellen Platz und sind gleichzeitig voneinander abhängig. Paulus beschreibt dies im Korintherbrief sehr genau mit dem Bild vom menschlichen Leib und den Gliedern:

»Besteht doch auch der Leib nicht aus einem Glied, sondern aus vielen. Würde der Fuß sagen: Weil ich keine Hand bin, gehöre ich nicht zum Leib!, so gehört er doch zum Leib. Und würde das Ohr sagen: Weil ich kein Auge bin, gehöre ich nicht zum Leib!, so gehört es doch zum Leib. Wäre der ganze Leib Auge, wo bliebe das Gehör? Wäre er ganz Gehör, wo bliebe der Geruchssinn? Nun aber hat Gott die Glieder dem Leib eingefügt, jedes Einzelne von ihnen so, wie er es wollte. Wenn aber das Ganze nur ein Glied wäre, wo bliebe dann der Leib? So aber sind zwar viele Glieder da, jedoch nur ein Leib. Das Auge kann nicht zur Hand sagen: Ich brauche dich nicht!, ebenso wenig der Kopf zu den Füßen: Ich brauche euch nicht! Nein, ganz im Gegenteil, gerade die Glieder des Leibes, die als schwächere gelten, sind notwendig, und die Glieder des Leibes, die wir für weniger geachtet halten, umkleiden wir mit besonderer Ehre, und dem, was wir an uns für unanständig halten, begegnen wir mit größerem Anstand; die anständigen Teile brauchen das nicht. Nein, Gott hat bei Zusammensetzung des Leibes dem Minderbeachteten größere Ehre verliehen, damit im Leib kein Zwiespalt entsteht, sondern alle Glieder einträchtig füreinander sorgen. Und wenn ein Glied leidet, leiden alle mit; wenn ein Glied ausgezeichnet wird, freuen sich alle Glieder mit. Ihr aber seid der Leib Christi, jeder einzelne ist ein Glied an ihm« (1 Kor 12,14–27).

Ein Charisma ist eine Gabe, die Gott einem Menschen schenkt, um sie für andere zu verwenden. Um unser eigenes Charisma zu erkennen, brauchen wir die Aufmerksamkeit der anderen. Und um anderen ein Charisma zusprechen zu können, braucht es unsere liebevolle Aufmerksamkeit.

Wir trauen
Menschen etwas zu

Eine Grundfrage wird uns und vor allem die Leiterinnen und Leiter in der Mission in der Gemeinde ständig begleiten: Was trauen wir den anderen Menschen zu? Das heißt auch: Was trauen wir Gott zu, das er im anderen wirken kann? Ich erinnere mich noch gut an die Vorbereitung einer sehr großen Gemeindemission, bei der die Pfarre längere Zeit damit zu kämpfen hatte, vor Ort keinen Missionsprojektleiter zu finden. Es gab wohl eifrige Mitarbeiter/innen, aber es schien keiner für die schwierige Koordination des Ganzen geeignet. Schließlich wurden wir auf einen jungen Familienvater aufmerksam, an den zunächst keiner dachte. Er wurde nämlich von niemandem für *fromm* genug für diese Aufgabe gehalten. Aber wir hatten schon bei den ersten Arbeitstreffen im Vorfeld seine soziale Kompetenz und seine Klugheit schätzen gelernt. Als er dann doch zu seiner großen Verwunderung um diese Leitungsaufgabe gebeten wurde, stellte er sich großherzig in diesen Dienst. Zur Überraschung und letztlich zur Freude aller ist er in diese Aufgabe wunderbar hineingewachsen. Später wird genau dieser Familienvater überall dankbar erzählen, wie er aufgrund der zahlreichen Schwierigkeiten und seiner Abhängigkeit vom Team damals allmählich die große Kraft des Gebetes entdeckte.

Eine andere Geschichte erfuhren wir vom Pfarrer einer Großpfarrei in Norddeutschland. Er berichtete von einem sehr alten Ehepaar, das ihm in seiner Gemeinde aufgefallen war, weil die beiden mit ihren gut 50 Ehejahren immer noch so zärtlich und liebevoll miteinander umgingen. Sie waren mehr als verwundert, als der Pfarrer sie um die Mitarbeit in der Ehevorbereitung bat. Jedes Mal, wenn sie dann bei den Paarabenden über ihr Leben erzählten, war das mitunter der aufmerksamste Moment. Besonders bewegte, wie eine lebendig gebliebene Liebe durch sehr schwere Zeiten gehen musste. Dieses Ehepaar wäre vorher nie auf die Idee gekommen, dass sie etwas für andere zu sagen hätten, wenn der Pfarrer sie nicht gefragt hätte.

Derselbe Seelsorger war von dem Wunsch beseelt, einen Begrüßungsdienst vor den Gottesdiensten aufzubauen, so wie er dies in amerikanischen Gemeinden kennengelernt hatte. Unter anderem ist er bei seiner Suche nach Mitstreiter/innen auf eine Frau in der Gemeinde gestoßen, die sehr still war und niemandem auffiel, aber unglaublich gut zuhören konnte. Sie stellte sich schließlich für diesen Dienst gelebter Gastfreundschaft in der Gemeinde zur Verfügung. Mit ihrem freundlichen Gesicht und ihrer besonderen Gabe der Aufmerksamkeit für jede und jeden einzelnen ist sie zu einem außerordentlichen Geschenk für viele geworden.

Durch den Zuspruch und die Ermutigung anderer werden wir geführt und wachsen so in die vielfältigen Berufungen der Kirche hinein. Durch die wiederholte Bitte um Gottes Geist wird die konkrete Entfaltung unseres je eigenen Weges Schritt für Schritt geformt. Immer aber muss am Anfang dieses elementare Zutrauen anderer stehen, das uns zu der Frage führt, wo wir uns mit unseren Charismen einsetzen können. Als Beispiel für ein stärkeres Engagement der Laien nannte Franziskus das Zutrauen, das einmal in die amerikanische Heilige Katharine Drexel gesetzt wurde. Die schlichte Frage des Papstes Leo XIII. an die junge Frau, die von ihm eigentlich nur Priester für die von ihr finanziell unterstützte Indianermission erbitten wollte: »Und du? Was willst du tun?« verwandelte ihr Leben.

Unsere Stärken entwickeln sich oft erst dann so richtig, wenn wir einer Berufung nachgehen. Darum ist es so wichtig, einander – und vor allem dem Heiligen Geist – etwas zuzutrauen.

Die größte Gabe ist uns allen geschenkt

Die heilige Theresia vom Kinde Jesu, meist Therese von Lisieux genannt, die nur 24 Jahre alt wurde, war in vielen ihrer Wünsche geradezu maßlos. So vieles wollte sie unternehmen, sie verspürte die Berufung zum Missionar und zum Priester und wollte am liebsten alle Charismen auf einmal besitzen. Im Gebet entdeckte sie jedoch, dass ihr entscheidendes Charisma, das alle Berufungen in sich enthält, schlicht und einfach die *Liebe* wäre: »Im Herzen der Kirche möchte ich die Liebe sein!« Das mache jede noch so kleine Tat plötzlich ganz groß. »Wenn man aus Liebe eine Nadel aufhebt, kann man eine Seele retten.«

Es ist diese Gabe, die uns allen geschenkt ist: die Fähigkeit zu lieben. Sie wird zum größten Charisma, wenn wir

immer mehr in sie hineinwachsen und sie entfalten. Paulus bezeichnet diese Gnadengabe als den Weg, der alles übersteigt. Das hat mehr Zündstoff, als uns zumeist bewusst ist. Das Fehlen dieses Charismas kann jeden noch so leuchtenden Erfolg in den Schatten stellen. Selbst die größten Gaben verlieren vollends ihren Wert und ihre Kraft, wenn sie nicht aus der Liebe heraus gelebt werden: »Und wenn ich die Prophetengabe hätte und alle Geheimnisse wüsste und alle Erkenntnis und wenn ich allen Glauben hätte, sodass ich Berge versetzen könnte, hätte aber die Liebe nicht, so wäre ich nichts« (1 Kor 13,2).

Das 13. Kapitel des Korintherbriefes über die Liebe ist für die Mission und das ganze christliche Leben so essenziell, dass wir es unentwegt wiederholen müssten, damit es in Fleisch und Blut übergeht. Alle diese Eigenschaften der Liebe – wie Langmut und Güte – zielen letztlich auf eine Gemeinschaftsbildung ab. »Nach der Taufe leben wir nicht mehr wie isolierte Individuen, sondern sind Männer und Frauen einer Gemeinschaft geworden, dazu aufgerufen, Gemeinschaftsstifter in der Welt zu sein.«[52] Das teuflische Gegenprogramm dieses wahrhaft demütigen Weges ist der Hochmut, mit dem wir über andere urteilen, uns abschotten und trennen. »Er (der Teufel) selbst ist der ›Trenner‹ und beginnt oft damit, uns glauben zu lassen, dass wir gut seien, vielleicht besser als die anderen: So hat er den Boden bereitet, um Zwietracht zu säen. Das ist die Versuchung aller Glaubensgemeinschaften und kann sich auch in den schönsten Charismen der Kirche einnisten.«[53]

»Egal ob im Kolleg, bei der Arbeit im Supermarkt oder beim Sport, ich bemühe mich, den anderen mit einem freundlichen Wort oder einem Lächeln zu begegnen. Das klingt so einfach, aber ich glaube, darauf kommt es an. Weil ich mich selbst von Gott anerkannt und geliebt weiß, will ich das, was ich tue, mit Liebe tun.«

Matthias Probst, Mitarbeiter in einem Supermarkt, Hochbaustudent

In jeder Hinsicht dient das Charisma der Liebe den Christen in dieser Welt, um überall ›Gemeinschaftsstifter‹ zu sein; sie tun alles, um zu vereinen, andere mit aufzunehmen und sich selbst in Welt und Gesellschaft zu integrieren. »Sie (die Charismen) sind kein verschlossener Schatz, der einer Gruppe anvertraut wird, damit sie ihn behütet; es handelt sich vielmehr um Geschenke des Geistes, die in den Leib der Kirche eingegliedert und zur Mitte, die Christus ist, hingezogen werden, von wo aus sie in einen Evangelisierungsimpuls einfließen« (EG 130). Papst Franziskus ergänzt, dass Unterschiede zwischen Menschen und Gemeinschaften durchaus lästig sein könnten, »doch der Heilige Geist, der diese Verschiedenheiten hervorruft, kann aus allem etwas Gutes ziehen und es in eine Dynamik der Evangelisierung verwandeln, die durch Anziehung wirkt. Die Verschiedenheit muss mithilfe des Heiligen Geistes immer versöhnt sein; nur er kann die Verschiedenheit, die Pluralität, die Vielfalt hervorbringen und zugleich die Einheit verwirklichen« (EG 131).

Das stärkste Charisma ist, sich vom Heiligen Geist führen zu lassen. Anders ausgedrückt: Das stärkste Charisma ist es, zu lieben. Dann kann man aus allem etwas Gutes ziehen.

Was die Bibel
noch dazu sagt

1 Korinther 13

»Wenn ich mit Menschen-, ja mit Engelszungen redete, hätte aber die Liebe nicht, so wäre ich tönendes Erz oder eine gellende Schelle.

Und wenn ich die Prophetengabe hätte und alle Geheimnisse wüsste und alle Erkenntnis und wenn ich allen Glauben hätte, sodass ich Berge versetzen könnte, hätte aber die Liebe nicht, so wäre ich nichts.

Und wenn ich alle meine Habe verschenkte und wenn ich meinen Leib zum Verbrennen hingäbe, hätte aber die Liebe nicht, so nützte es mir nichts.

Die Liebe ist langmütig, gütig ist die Liebe, sie ist nicht eifersüchtig, die Liebe prahlt nicht, sie bläht sich nicht auf.

Sie handelt nicht taktlos, sie sucht nicht den eigenen Vorteil, sie lässt sich nicht erbittern, sie trägt das Böse nicht nach.

Sie freut sich nicht über das Unrecht, freut sich vielmehr mit an der Wahrheit.

Alles deckt sie zu, alles glaubt sie, alles hofft sie, alles duldet sie.

Die Liebe hört niemals auf. Prophetisches Reden nimmt einmal ein Ende, Zungenrede verstummt, Erkenntnis vergeht.

Denn Stückwerk ist unser Erkennen und Stückwerk unser Prophezeien. Wenn aber das Vollendete kommt, dann wird das Stückwerk abgetan.

Als ich ein Kind war, redete ich wie ein Kind, dachte wie ein Kind, urteilte wie ein Kind. Als ich ein Mann wurde, legte ich ab, was kindlich (an mir) war.

Jetzt sehen wir in einem Spiegel alles rätselhaft, dann aber von Angesicht zu Angesicht. Jetzt erkenne ich stückweise, dann aber werde ich ganz erkennen, so wie auch ich ganz erkannt worden bin.

Jetzt bleiben Glaube, Hoffnung, Liebe, diese drei; doch am größten unter ihnen ist die Liebe.«

Mach's konkret!

Eine persönliche Aufgabenstellung
zum Ausprobieren – Aufgabe 9

»Meine Berufung?«

Mission kann jeder! Gott hat für jede und jeden einen eigenen Ruf und eine eigene Aufgabe. Er hat auch eine ganz besondere Aufgabe für dich. Er braucht dich und ruft dich ganz persönlich. Und er ruft dich gerade in der Sehnsucht, die du selbst hast; in dem, wofür du brennst; durch das, was dir ein Herzensanliegen ist.

Hast du in den letzten Wochen deine Berufung in Kirche und Gesellschaft neu entdeckt? Bitte notiere dir deine Gedanken dazu. Welche Idee hast du, die du gerne umsetzen möchtest, wo würdest du dich gerne einbringen? Welche Fragen bleiben für dich offen und worum möchtest du Gott konkret bitten?

Otto Neubauer – Mission Possible

Mit zwölf wollte
ich die Welt retten

Nicky von Habsburg, Vorstandsvorsitzende Mary's Meals Deutschland

»Die Ungerechtigkeiten, die Bilder von hungernden Kindern, das alles bestürzte mich trotz meiner kindlichen Fröhlichkeit. Ich unterhielt mich viel mit einer Großtante, die engagierte Sozialistin war, und fand das überzeugend. Ich besuchte eine katholische Schule im bürgerlichen 16. Arrondissement von Paris, hatte dort viele Freunde, war aber mit meinem linken Gedankengut etwas ›artfremd‹. Mit 16 entdeckte ich Sartre und Camus und war fasziniert. Das alles erschien mir, die ich aus Tradition getauft war und manchmal in die Messe ging, viel spannender als Kirche und frommes Gerede. Nach meinem Baccalauréat verbrachte ich ein halbes Jahr bei meinem Vater in Mexiko und entschied mich, Politik zu studieren und in die Entwicklungspolitik zu gehen.

Bei meiner Rückkehr erwartete mich Unerwartetes: Ich, eingefleischte und renitente ›Heidin‹, begleitete – nicht ahnend, worauf ich mich einließ – meine Schwester zu einem Marienwallfahrtsort namens Medjugorje. Nach drei Tagen Abwehr und hitzigen Diskussionen mit Menschen, die mich missionieren wollten, begegnete ich in einem Abendgottesdienst der Güte und wunderbaren Zärtlichkeit Gottes.

Das stellte alles auf den Kopf: Ich heiratete, bekam fünf Kinder, und ohne dass wir das vorher je in Erwägung gezogen hätten, nahmen wir noch einen kleinen 2-jährigen Jungen auf, der eine Familie brauchte. Das alles machte die Realisierung meines Traums, in der Dritten Welt zu arbeiten, nicht wahrscheinlicher! Doch dann lernte ich die Organisation Mary's Meals kennen, die täglich über eine Million Kinder in den ärmsten Ländern im Rahmen der Schule ernährt. Durch diese Verbindung von gesunder Nahrung und Bildung schenkt Mary's Meals vielen Kindern Zukunft und Hoffnung. Das sprach mich sofort an.

Vor drei Jahren fing ich an, dort zu arbeiten, und bin heute Vorstandsvorsitzende für Deutschland. Nun sehe ich in der Rückschau, wie Gott diesen ganzen Weg geführt hat, eine Sehnsucht in mich gelegt hatte, die er hat reifen lassen und die sich nun in meiner Arbeit ausdrückt. Viele Jahre habe ich im Rahmen einer internationalen, christlichen Gemeinschaft große Treffen für Jugendliche und später für Familien mitorganisiert. Letztlich konnte ich dabei auch mithelfen, einen ›Hunger‹ zu stillen: die Sehnsucht dieser Menschen nach Gott, nach Sinn und nach Erfüllung.«

10.
Welche
Kirche?

Aufbau einer offenen Gemeinschaft
durch Sendung und Sammlung

»Ich frage mich oft, wie eine Kirche aussehen müsste, zu der man gerne kommt. Als Seelsorger durfte ich immer wieder erleben wie heilsam und motivierend es ist, wenn Menschen eine Erfahrung mit Gott machen, die sie wissen lässt: Ich bin angenommen. Das setzt unglaubliche Kräfte frei, die nach außen strahlen und andere anziehen. Dieser Erfahrung sollte die Kirche dienen. Und dem möchte ich dienen, indem ich mich auf die Menschen einlasse, wie sie sind und mit ihnen suche, wo Gott in ihrem Leben da ist.«

Martin Sinnhuber, Priester

Man kann nicht vom Balkon herunter evangelisieren

Manche können es kaum fassen, wie viel Selbstkritik Papst Franziskus seiner Kirche bisher zugemutet hat. Besonders zuwider sind ihm offensichtlich ›Selbstgerechtigkeit‹ und ›Machtgehabe‹. Bei seiner ersten Lateinamerikareise 2015 brachte er diese Schwierigkeiten für die christliche Mission bildhaft auf den Punkt: Dass man eben *nicht vom Balkon herunter* evangelisieren könne – von oben herab und aus sicherer Distanz.

Er musste ja selber die ersten Schritte als Papst auf einem Balkon machen, und er stand tatsächlich in den ersten Momenten wie verloren und fehl am Platz dort oben. Und kaum, dass er ein paar Sätze gesagt hatte, beugte er tief sein Haupt und bat zuerst um unser Gebet für ihn – von uns unten! Als könne er uns sonst nur schwer begegnen und daher auch nur schwer segnen. Und es vergingen nur ein paar Tage, bis er eine weitere Geste des Beugens, des Herabstiegs setzte, die weltweit Aufsehen erregte: als er seine erste, sonst so große, feierliche Abendmahlsliturgie des Ostertriduums, die seit Jahrhunderten im selben Modus unter Vorsitz des Papstes mit den Kardinälen gefeiert wurde, hinaus aus den heiligen Prunkräumen hin zu den Verbrechern in ein römisches Gefängnis verlegen ließ. Dort beugte er seine bereits lädierten Knie vor weggesperrten Männern und Frauen. Er hat sich vor ihnen hingekniet! Er hat ihnen die Füße gewaschen und – mit einem Lächeln zu ihnen hochgeschaut. Für nicht wenige in der Kirche war dies eine verkehrte Welt.

Es war genau diese Art von ›Umkehrung‹, die mich selbst Ende der 80er-Jahre mitten im Rotlichtviertel von Paris an eine entscheidende Wende von Kirche-Sein glauben ließ. Zunächst bin ich bei einer großen abendlichen Gebetsversammlung in einer Pariser Kirchenkrypta von einer unerwartet ehrlichen Freude überwältigt worden. Bald danach stand ich schon in einer kleinen Bar in der Nähe der Place Pigalle. Dort – hineingedrängt zwischen den Bordellen – bedienten Laienmitglieder und Priester der katholischen Gemeinschaft Emmanuel kulinarisch die Touristen, Freier und Prostituierten. Eine enge Stiege führte uns vom Minirestaurant hinauf in die unmittelbar darüber liegende kleine Anbetungskapelle, in der rund um die Uhr für die Menschen in dem Viertel Fürbitte gehalten wurde.

Als ich dann am nächsten Morgen auch noch ihr Begegnungszentrum für Aidskranke besuchte (HIV-Infizierte wurden noch wie Aussätzige behandelt), habe ich eines zumindest verstanden: echte Gottesverbundenheit darf mich niemals selbstgerecht und abgehoben auf die scheinbar gottlose Welt hinunterschauen lassen, sondern wird mich mitfühlend und mitleidend den Wunden dieser Gesellschaft aussetzen und Gott dort finden lassen.

Wozu brauchen wir die Kirche?

Eine Fußballmannschaft, die kein Match mehr gewinnen und keine Tore schießen will, hat sich in der Zielsetzung grob vertan. Ebenso ein Arzt, der keine Kranken heilen will. Oder ein Koch, der keine Speisen zubereitet. Niemand wird sich mehr für sie interessieren oder ihre Dienste in Anspruch nehmen. Wenn nun von der Kirche nur ein blutleeres, kompliziertes Regelwerk oder eine museale Hülle übrig bleiben, dann hat auch sie ihre Aufgabe verfehlt, ihren Sinn verloren.

Unsere Welt darf also auf eine Kirche hoffen, deren ›Herzschlag‹ sie spürt. Es ist vor allem der Herzschlag eines Vaters, einer Mutter, der zur Suche aller *Verlorengegangenen* bewegt und so die große Sammlung der Familie Gottes herbeiführt. Dieses Herz kann keine Ruhe finden, bis nicht alle heil nach Hause finden.

Es ist dieser Herzschlag, der den eigentlichen Blutkreislauf der Kirche wieder in Gang bringt und belebt. Wie wir es anhand des menschlichen Herzens mit dem Ein- und Auspumpen des Blutes sehen können, so lebt auch die wesentliche Grunddynamik der Kirche von diesem steten Wechsel von Hinein- und Hinausströmen, von Sammeln und Senden. Auf die *Systole* mit der Blutausströmungsphase folgt unmittelbar die *Diasystole* mit der Bluteinströmungsphase: Senden und Sammeln.

Das Herz der Kirche ist wie das Herz der Menschen: Es holt zusammen und es schickt aus – Sammeln und Senden gehören zusammen. Geschieht nur eines davon, stirbt die Kirche.

Der Herzschlag für die Verwundeten

Diese vitale Dynamik lässt sich auch mit der lebensentscheidenden Wirklichkeit von Ein- und Ausatmen zeigen. Die Einheit von *Einatmen* bzw. Sammeln – und *Ausatmen* bzw. Hinausgehen stellt uns aufgrund unserer kirchlichen Prägungen vor beachtliche Herausforderungen. So paradox es klingen mag, aber in weiten Teilen der Kirche Europas waren wir es über lange Zeit hinweg nicht mehr gewohnt, *ausatmen* zu müssen, also Mission zu leben. Kein Wunder, wenn sich dann auch das *Einatmen*, das Sammeln, mit der Zeit verkrampfte und stockte.

Oder aber die beiden Bewegungen wurden unabhängig voneinander gelebt und trennten sich so in einen spirituellen und einen rein sozialen Teil; so, als ließe sich das Herz spalten. Jedenfalls ist nach dem großen Energieaufwand, der in die Selbstbeschäftigung der Kirche geflossen ist, der ganze Organismus empfindlich müde geworden. Trotz eines zuweilen heroischen Aufwands in der Sakramentenpastoral oder bei den zahllosen kirchlichen Festen und auch trotz der bemerkenswerten caritativen Projekte ist die Anziehungskraft der Kirche vielerorts verloren gegangen. Wenn also für die Wiederbelebung nicht zwingend ein künstlicher Herzschrittmacher eingesetzt wird, wie ist dann dieser Herzschlag wieder in Gang zu bringen?

Es sind Liebeserfahrungen, die uns mitten im Alltag aufwecken und die unser Herz wieder zum Schlagen bringen. Vielleicht klingt dies angesichts der gewaltigen Herausforderungen zu naiv. Und doch kann eine solche Erfahrung,

»Meine Eltern haben mir früh mitgegeben,
dass ich kein ›Zufallstreffer‹ bin, sondern eine
Verantwortung in der Gesellschaft habe. Mission
ist für mich eine Zuwendung einem jeden
einzelnen gegenüber, indem ich den anderen
im Anderssein annehme und seine menschliche
Würde an allererste Stelle setze. Ich habe mich
dazu entschlossen, mich immer *für* und nicht
gegen etwas einzusetzen. Viel zu geben hat
mich bis zum heutigen Tag nicht ärmer gemacht.«

Doraja Eberle, Gründerin der humanitären Hilfsorganisation
»Bauern helfen Bauern«, ehemalige Landesrätin in Salzburg,
Flüchtlingshilfe-Koordinatorin

wenn sie echt ist, selbst in einer langjährigen, erkalteten Ehe Unerwartetes in Bewegung bringen. Es geht darum, wieder innerlich ergriffen zu werden von einer Kraft, die strömt und pulsiert – nach innen wie nach außen. Die kirchlichen Sendschreiben im Buch der Offenbarung bringen das Problem einer viel beschäftigten Kirche auf den Punkt. Nach dem Zuspruch und Lob für all den Eifer der damaligen Gemeinde in Ephesus heißt es schlicht: »Aber ich habe gegen dich, dass du deine erste Liebe verlassen hast« (Offb. 2,4).

Auf vielerlei Weise haben wir im Vorangegangenen dieses Phänomen christlicher Liebe bedacht. Aber was ist das Außergewöhnliche an dieser *ersten Liebe*, von der das Buch der Offenbarung spricht? Es besteht darin, den Geliebten als solchen zu erkennen und ihm wirklich den Vorzug zu geben. Nur der Heilige Geist kann das in uns bewirken. Dabei mag uns irritieren, dass uns der Geliebte – Christus – so oft als Verletzter, Schmutziger und Ausgestoßener entgegenkommt. Da vergeht einem sentimental frommes Gerede.

Laut Papst Franziskus hat dies in der Realität eine Dramatik, die er in seinem aktuellen Kirchenbild aufzeigt. Er beschreibt es als ›Feldlazarett nach einer Schlacht‹: »Was die Kirche heute braucht, ist die Fähigkeit, Wunden zu heilen und die Herzen der Menschen zu wärmen – Nähe und Verbundenheit. (…) Man muss einen Schwerverwundeten nicht nach Cholesterin oder nach hohem Zucker fragen. Man muss die Wunden heilen. Dann können wir von allem anderen sprechen. Die Wunden heilen, die Wunden heilen … Man muss ganz unten anfangen.«[54]

Bis in die menschlichen Dunkelheiten hinein gelte es mitzugehen, ohne sich dabei zu verlieren. Die Kirche dürfe sich niemals reduzieren auf kleine isolierte Grüppchen in kleinen Kapellen, vielmehr müsse sie mitfühlen und mitdenken mit dem ganzen Volk. Selbst vor dem Beschmutzt-Werden sollen wir uns nicht fürchten: »Mir ist eine ›verbeulte‹ Kirche, die verletzt und beschmutzt ist, weil sie auf die Straßen hinausgegangen ist, lieber als eine Kirche, die aufgrund ihrer Verschlossenheit und ihrer Bequemlichkeit, sich an

die eigenen Sicherheiten zu klammern, krank ist« (EG 49).

Dass wir uns in unserer Fixierung auf Selbsterhaltung in einen echten Krankheitszustand hineinmanövriert haben, müssen wir erst realisieren und akzeptieren. Nicht ohne Grund insistiert der Papst darauf, dass sich echte Freude erst durch die Hinwendung zu den Ärmsten und Fernsten auftue. Die Kirche erlangt ihre Dynamik erst wieder, wenn sie sich als eine wirklich weit geöffnete Gemeinschaft für die Welt berührbar macht. Für Franziskus bedeutet das wirklich ›Katholische‹, wörtlich das ›Allumfassende‹: dass wir das Vaterhaus für alle offen halten. Mit vollem Einsatz sollen wir alle Hürden und Mauern wegräumen, damit die Menschen wieder ihr eigentliches Zuhause bei Gott finden können.

Die Kirche lebt, wenn sie Christus wirklich liebt. Weil Christus uns aber so oft als Außenseiter, als Ungeliebter entgegentritt, werden wir dieser Liebe zu ihm nur gerecht, wenn wir eine Kirche bilden, die alle zu allen sendet – und alle sammelt. ›Katholisch‹ heißt ›allumfassend‹: Die Kirche ist ein Vaterhaus für alle.

Initiative ergreifen, sich einbringen, begleiten, Frucht bringen und feiern

Alles in der Kirche möge heute im Zeichen dieses Aufbruchs stehen. Diesen entschieden offensiven Weg der Kirche mit Papst Franziskus können wir nun in fünf Schritten (EG 24) zusammenfassen:

1. Wir wollen uns auf das Wagnis einlassen, unerschrocken die *Initiative zu ergreifen* und voranzugehen. Wir dürfen dies frohen Mutes und vertrauensvoll tun, weil Gott selbst mit seiner zuvorkommenden Liebe uns gegenüber die Initiative ergriffen hat. Wir entscheiden uns in unseren Gemeinden, »auf die anderen zuzugehen, die Fernen zu suchen und zu den Wegkreuzungen zu gelangen, um die Ausgeschlossenen einzuladen. Sie (die Gemeinde) empfindet einen unerschöpflichen Wunsch, Barmherzigkeit anzubieten – eine Frucht der eigenen Erfahrung der unendlichen Barmherzigkeit des himmlischen Vaters und ihrer Tragweite« (EG 24). Allein unsere Erfahrungen mit den Gemeindemissionen haben gezeigt, dass durch derartige gemeinsame Aufbrüche wie von selbst eine Art Schubumkehr, ein Perspektivenwechsel für die Gesamtgemeinde passiert. So erzählen uns die Pfarrer, dass sich dadurch vieles von einer nach innen gerichteten und um sich selbst kreisenden Gemeinde hin zu einer nach außen hin orientierten und an der Welt interessierten bewegt. Es weckt in der Tat auf. Jede noch so kleine missionarische Aktion für andere verändert unseren verengten Blick und weitet unser Herz. Jeder liebevolle Dialog mit Andersdenkenden in unserem Arbeitsumfeld kann uns neue Welten und Beziehungen eröffnen. Jede einfache Einladung unserer Nachbarn zu einem Hauskreis oder nur zu einem kleinen gemeinsamen Essen kann festgefahrene Konstellationen langfristig verändern. In allen Begegnungen bewegen wir uns in der Grundausrichtung heraus aus der *Exklusion* hin zur *Inklusion*.

2. Wir wollen uns als Kirche wie Jesus in das Alltagsleben der Menschen *einbringen*. Wir tun dies nicht als Besserwisser, von oben herab, sondern in der Haltung des *Niederkniens* vor den anderen und des *Füße-Waschens*. »Die evangelisierende Gemeinde stellt sich durch Werke und Gesten in das Alltagsleben der anderen, verkürzt die Distanzen, erniedrigt sich nötigenfalls bis zur Demütigung und nimmt das menschliche Leben an, indem sie im Volk mit dem leidenden Leib Christi in Berührung kommt. So haben die Evangelisierenden den ›Geruch der Schafe‹, und diese hören auf ihre Stimme« (EG 24). Wir sondern uns also nicht ab, als wären wir die ›Reinen‹, die sich vor Unreinheit schützen müssen. Wir teilen die Sorgen und Freuden der Menschen in unserem unmittelbaren Orts- und Stadtleben; ja wir selbst haben dieselben Nöte und Freuden und sind auf Anteilnahme und Solidarität anderer angewiesen.

3. Die Gemeinde übt sich im *geduldigen Begleiten*: »Sie begleitet die Menschheit in all ihren Vorgängen, so hart und langwierig sie auch sein mögen. Sie kennt das lange Warten und die apostolische Ausdauer« (EG 24). In unserer *solidarischen Karawane* nimmt die Gemeinde viele mit auf den Weg und begleitet auch die, die scheinbar nicht dazu passen. Sie setzt sich auch für jene in ihrer Nachbarschaft ein, die anders denken und leben. Sie schielt nicht auf beeindruckende Zahlen, sondern sieht immer zuerst den einzelnen Menschen, der der Liebe bedarf. Die Ausdauer im Mitgehen lebt von Entscheidungen, immer wieder auf ein Effizienzdenken zu verzichten, das den anderen nur nach den begrenzten eigenen Kriterien beurteilt. So hat z. B.

»Ich würde es lieben, wenn die Kirche für
ihre Partys bekannt wäre. Eigentlich sollten
wir die besten Partys auf dem Markt haben,
wo wir doch wissen, was echte Freude ist.
Wenn einer meiner Freunde Jesus kennenlernt,
ist das für mich das Beste, das es gibt! Dieses
verrückte Gefühl des Feierns in meinem Herzen.
Und ich weiß, das ist nur ein Flüstern von
diesem donnernden Feiern im Himmel.«

Miriam Swaffield, Leiterin der FUSION-Studentenmission in UK

eine Bekannte hart mit sich gerungen, weil sie aufgrund eines Erbschaftsstreits über zwei Jahrzehnte von ihrer Verwandten nicht mehr gegrüßt und mit Nichtbeachtung bestraft wurde. Es kostete sie viel Energie, ihr im Herzen treu zu bleiben: weiterhin jeden Tag für sie zu beten, sie zu grüßen und sie nicht aufzugeben. Sie entschied sich unzählige Male neu, die Verwandte nicht aufgrund ihrer Ablehnung zu beurteilen. Nach menschlichem Ermessen schien nach so langer Zeit dennoch eine Wende immer ausge-

schlossener. Eines Tages aber stand die Verwandte plötzlich in ihrem Haus und schloss wider Erwarten mit ihr Frieden.

4. Wir freuen uns daran, *Frucht zu bringen*. Eine missionarische Gemeinde weiß darum, dass Gott unsere Fruchtbarkeit erwartet und sich daran freut. Sie hat sogar eine besondere Aufmerksamkeit für das gedeihliche Heranwachsen des *Weizens* (vgl. Mt 13, 24–30) und lässt sich vom *Unkraut* nicht nervös machen. »Wenn der Sämann inmitten des Weizens das Unkraut aufkeimen sieht, re-

agiert er nicht mit Gejammer und Panik. Er findet den Weg, um dafür zu sorgen, dass das Wort Gottes in einer konkreten Situation Gestalt annimmt und Früchte neuen Lebens trägt, auch wenn diese scheinbar unvollkommen und unvollendet sind. Der Jünger weiß sein ganzes Leben hinzugeben und es als Zeugnis für Jesus Christus aufs Spiel zu setzen bis hin zum Martyrium, doch sein Traum ist nicht, Feinde gegen sich anzusammeln, sondern vielmehr, dass das Wort Gottes aufgenommen werde und seine befreiende und erneuernde Kraft offenbare« (EG 24). Die Evangelisierung verlangt demnach unseren ganzen Einsatz, damit diese Botschaft einer *grenzenlosen* Liebe auch konkret an uns abzulesen ist. Es ist jedoch kein verbissener Kampf, vielmehr mühen wir uns bis in die Kleinigkeiten hinein immer um eine werbende und gewinnende Haltung. Es ist sofort spürbar, ob eine Gemeindeveranstaltung, ein Empfang oder ein Flyer nur halbherzig oder ohne positive Erwartungen gestaltet wird. Gleichzeitig verlieren wir auch im Eifer und in den Kämpfen nicht den Frieden, weil wir versuchen, stets die Hoffnung zu bewahren.

5. Die »fröhliche evangelisierende Gemeinde« versteht es, »immer zu *feiern*. Jeden kleinen Sieg, jeden Schritt vorwärts in der Evangelisierung preist und feiert sie. Die freudige Evangelisierung wird zur Schönheit in der Liturgie inmitten der täglichen Anforderung, das Gute zu fördern. Die Kirche evangelisiert und evangelisiert sich selber mit der Schönheit der Liturgie, die auch Feier der missionarischen Tätigkeit und Quelle eines erneuerten Impulses zur Selbsthingabe ist« (EG 24). Die

Gesundheit einer Gemeinde oder Gemeinschaft erkenne man am besten an der Art, wie Feste gefeiert werden, so ein sehr achtsamer Diözesanbischof, der in seinen über 25 Amtsjahren unzählige Visitationen mit unterschiedlichsten Feiern erlebt hat. Mit Sicherheit können Feste zu den schönsten Sammlungsmomenten für eine Gemeinde werden, in denen alle Kreativität, Herzlichkeit und Gastfreundschaft ihren Ausdruck finden. Gerade in die dichteste Form der Feier, die Eucharistiefeier, die Quelle und Höhepunkt unseres christlichen Lebens sein soll, darf wirklich unsere ganze Liebe investiert werden. Aber wie heilsam wären doch auch all die kleineren Anlässe, die mit ein paar liebevollen Aufmerksamkeiten für ein paar Momente den Alltag eines Arbeitsteams, eines Pfarrgemeinderats oder einer Familie verwandeln können. Wir dürfen uns in einer Kultur des Feierns einüben, die unser ganzes Leben auf das große himmlische Festmahl ausrichtet.

Die Kirche gesundet durch kleine und große missionarische Aufbrüche, im Alltagsleben und mit ganz ›normalen‹ Menschen. Ihre Ausdauer im liebevollen Begleiten zeichnet sie ebenso aus wie die Fähigkeit, sich mehr über die Frucht zu freuen, als sich über das Unkraut aufzuregen. Und diese Vitalität wird offenbar durch ihre Feierkultur.

»Die Kirche der Zukunft braucht jeden von uns!
Sie findet nicht nur in barocken Gebäuden,
sondern in unseren Schulen, an den Universitäten,
in unseren Büros und Baustellen, in Einkaufszentren, in den WGs und an unseren Küchentischen
statt. Jeder kann Jesus nachfolgen, jeder hat etwas
weiterzugeben: die Hoffnung, die Freude und das
Leben, das wir in Jesus finden. Er ist das Glück,
von dem die Welt so sehr träumt.«

Berna Lang, Leiterin der J9-Jüngerschaftsschule

Eine Gemeinschaft
mit allen Menschen

Eine heruntergekommene Kirche, eine Kirche, die vom hohen Ross steigt, wird fähig sein, als *arme* Kirche mit den *Armen* Freude und Herrlichkeit der Botschaft zu teilen. Die Kirche kann auf diese Weise gelassen und im Vertrauen ihre Hände ausstrecken, um mit allen Menschen guten Willens Gemeinschaft aufzubauen. Diesen Auftrag in die Welt hinein gilt es unaufhörlich zu wieder-holen, sodass unsere Sehnsucht immer größer wird, alle in die Familie Gottes einzuladen.

Ausgehend vom Zweiten Vatikani-schen Konzil, hat die Kirche auf diesem Missionsweg einige Schritte gesetzt. Diese Weiterzigkeit in der Mission, die wesentlich auf unserer Hingabe basiert, stößt aber bis heute auf Auseinanderset-zungen über ein richtiges Kirchenverständnis. Die Bilder, die Papst Franziskus mit der *solidarischen Karawane* und mit der sich in ihr ereignenden *heiligen Wallfahrt* gebraucht, sind starke Aktualisierungen und Übersetzungen für das, was in einer so unübersichtlich gewordenen Welt mit den Begriffen für die Kirche als *Volk Gottes*, als *Leib Christi* oder als *Tempel des Heiligen Geistes* gemeint sein kann. In einer Menschheitsfamilie, in der wir einander als eine wahre Schicksalsgemeinschaft so sehr brauchen und aufeinander angewiesen sind, mischt sich der Sauerteig der Kirche in einer ganz bestimmten Weise in den großen Menschheitsleib und durchsäuert ihn (vgl. Lk 31,21).

Die Konzentration liegt eindeutig mehr auf der Verbindung und Vernetzung als auf der Unterschiedenheit. Hierzu lohnt sich ein Schwenk zu einem bemerkenswerten theologischen Diskurs in der Mitte des 20. Jahrhunderts mit Henry de Lubac, Hans Urs von Balthasar, Karl Rahner und anderen. Mit unterschiedlichen Zugängen ist ihnen doch ein außerordentlicher Durchbruch für ein Kirchenverständnis gelungen, das der schleichenden Ghettoisierung der Kirche in der Welt entgegenwirkte: »Kirche, die nicht in ihrer Ganzheit offen zur Welt ist, hätte aufgehört, Kirche zu sein«, so Hans Urs von Balthasar.

Nicht einem seichten Humanismus oder einer Einheitsreligion soll hier das Wort geredet werden, sondern um nichts Geringeres als um den Auftrag, Licht in der und für die Welt zu sein, geht es: »Licht scheint nicht für sich selber, sondern den Wesen, die seiner bedürfen, um zu gedeihen, zu wachsen, sich zu wärmen.« Dahinter liegt wieder ein Wahrnehmen von *Katholizität*, nach der alle füreinander Verantwortung tragen.

Oder noch einfacher gesagt: Es macht wenig Sinn, alleine in den Himmel kommen zu wollen!

Diese Überlegungen münden zielgenau in das 25. Kapitel des Matthäusevangeliums. Klarer könnte die Erzählung über das Weltgericht die Frage der Zugehörigkeit zu Gottes Reich nicht beantworten. Was es nun zu tun gelte, liegt so eindeutig auf der Hand. Umso mehr verwundert es, wie sehr wir die Botschaft verkomplizieren konnten. Zudem legen diese Gerichtsworte die eigentliche Scheidung offen: ob wir uns tatsächlich zur Nächstenliebe dem *Geringsten* gegenüber bewegen lassen oder nicht.

Unübertroffen sind Überraschung und Freude derjenigen, die Jesus erst am Ende als jenen erkennen, dem sie schon so oft in den *Bedürftigen* begegnet sind: »Er wird die Schafe zu seiner Rechten stellen, die Böcke aber zu seiner Linken. Dann wird der König zu denen auf seiner Rechten sagen: Kommt, ihr Gesegneten meines Vaters, nehmt das Reich in Besitz, das euch seit Grundlegung der Welt bereitet ist. Denn ich war hungrig und ihr habt mir zu essen gegeben; ich war durstig und ihr habt mir zu trinken gereicht; ich war fremd und ihr habt mich aufgenommen; ich war nackt und ihr habt mich bekleidet; ich war krank und ihr habt mich besucht; ich war im Gefängnis und ihr seid zu mir gekommen. Da werden ihm die Gerechten antworten: Herr, wann sahen wir dich hungrig und haben dir zu essen gegeben oder durstig und haben dir zu trinken gegeben? Wann haben wir dich als Fremden gesehen und aufgenommen oder nackt und dich bekleidet? Wann haben wir dich krank oder im Gefängnis gesehen und sind zu dir gekommen? Und der König wird ihnen antworten: Amen, ich sage euch: Was immer ihr einem dieser meiner geringsten Brüder getan habt, das habt ihr mir getan« (Mt 25,33–40).

Die missionarische, allen Menschen zugewandte Kirche ist eine, die am Jüngsten Tag nicht fremd und furchtsam vor Christus steht, sondern ihn voller Freude wiedererkennt – als den Freund, dem sie schon so oft, in so vielen Menschen begegnet ist.

Eine Mission, die Leben und Gesellschaft verwandelt

Epilog

Eine christliche Mission, die in einem liebenden Dialog konkret werden soll, betrifft alle Bereiche des menschlichen Lebens. Es geht eigentlich jeden Menschen und jede gesellschaftliche Wirklichkeit an, weil jeder Mensch eine Aufgabe, eine Mission hat. Eine bloße Fokussierung auf Projekte und Gemeindeveranstaltungen, die wir auch eingehend mit den zehn Fragestellungen und Praxisbeispielen angesprochen haben, wäre natürlich ein zu einengendes Missions- und Dialogverständnis. Weit mehr Zeit und Energie nimmt nämlich der normale Alltag in Arbeit und Familie, unter Freunden und in unseren vielfältigen privaten und gesellschaftlichen Engagements ein. In diesem Schlusskapitel möchte ich unseren Blick für diesen neuen Dialog und eine innovative Mission schärfen, die sich mitten in den Erfahrungen des Alltags, der Kultur, der Politik und im Besonderen aus dem Glücks- und Ernstfall Familie ereignet.

Brennpunkte mitten im Alltag

Gleich beim Nachbarn nebenan kann sich Entscheidendes für die Mission offenbaren. So passierte es mitten in der Hochphase unserer neuen Gemeindemissionen in den 1990er-Jahren. Begeistert von den ermutigenden Aufbrüchen in den Pfarrgemeinden erlebten wir tatsächlich außergewöhnlich starke Zeiten eines neuen missionarischen Elans. Ich war damals als junger Familienvater der Leiter einer neuen Evangelisationsakademie und musste öfter für mehrtägige Projekte verreisen. Von heiligem Eifer erfasst, versuchten meine Frau und ich, die – mitunter auch physisch für das Familienleben mit den kleinen Kindern sehr herausfordernden – Zeiten irgendwie zu meistern. Die Nächte wurden immer kürzer und die freien Abende zu Hause immer seltener. Trotz allem kam mir eine Art von Entschleunigung mitten in diesem missionarischen Drive nicht in den Sinn.

Eines Abends allerdings, unmittelbar vor ein paar gemütlichen Abendstunden, kam meine Frau mit einer ernsten Anfrage. Sie wollte wissen, welchen Beruf ich denn hätte? Wie bitte? Sie blieb trotz meiner Irritation recht hartnäckig in der Erwartung einer Antwort. Schließlich meinte sie, dass gerade ein *Missionar*, gar ein Leiter einer Akademie für Mission, doch realisieren hätte müssen, dass unser neuer Nachbar vor mittlerweile gut drei Monaten in die Wohnung neben uns eingezogen sei. Keine zwei Worte hätte ich bisher mit ihm gewechselt und nur ganze 30 Zentimeter lägen zwischen unserer und seiner Türe. Außerdem wüsste ich sehr wohl, dass dieser Nachbar aufgrund seiner Scheidung nun alleine sei und nahezu niemanden hier in der Gegend kenne. Ob ich mir nicht wenigstens an diesem Abend einen Ruck geben könnte, um mit ihm auf ein Bier zu gehen. Ich verneinte prompt. Dafür bliebe ja sonst noch Zeit genug. Heute nicht. Die anschließende Diskussion inklusive meiner Reserviertheit destabilisierte mich unerwartet stark.

Ich entschied mich dann doch, an des Nachbars Türe zu läuten. Ich, der damals landauf, landab Pfarrleute zu Hausbesuchen motivierte, fühlte mich plötzlich vor dieser einen Türe so fehl am Platz wie nie zuvor. Insgeheim hoffte ich, dass der Nachbar nicht zu Hause wäre. Selbst meinen lapidaren Satz, ob er denn »Zeit auf ein Bier« hätte, stotterte ich ungewohnt schüchtern daher, als er doch öffnete. Es schien mir gänzlich unangebracht. Aber seine ersten Worte und die darauffolgenden Stun-

den sollten mir unvergesslich bleiben. Allein seine sofortige freudige Zusage ließ schon erahnen, wie sehr dieser kleine Schritt von mir erwartet wurde. Mir wurde im Laufe des Abends schnell klar, dass ich hier wirklich gebraucht wurde. Dazu muss ich gestehen, dass mir der Nachbar bei unseren flüchtigen Begegnungen aufgrund seines so selbstsicheren und immer hastigen Auftretens als Managertyp mit schwarzem Mercedes anderes vermittelt hatte. Bis in die Morgenstunden hinein vertraute mir nun dieser Mann in einer Kneipe um die Ecke seine ganze schwierige Lebens- und Ehegeschichte an. Erzählungen wie diese waren mir natürlich nicht neu, dennoch wurde ich selten so tief in die Welt eines anderen mit hineingenommen.

Ich weiß nicht mehr, ob ich an diesem Abend, in dieser Nacht überhaupt etwas Sinnvolles sagte. Aber irgendwie stellte sich im Lauf des Gesprächs eine besondere Gewissheit ein, dass Gott genau diesen Menschen hier, der mir gegenübersaß, unendlich lieb hat. Auch wenn ich das ja prinzipiell für alle Menschen immer schon glaubte, erfuhr ich in dieser Nacht eine spezielle Art echter Teilhabe an diesem *Lieb-Haben* Gottes, unaufgeregt und doch voll echten Mitgefühls. Ich spürte so selbstverständlich wie schon lange nicht mehr eine *Gegenwart*, die Gegenwart eines Freundes, ja, die Gegenwart Gottes.

Mit dieser provozierten Nachtbegegnung hatte mich meine Frau wieder einmal innerlich aufgeweckt, aufs Neue vom hohen Ross heruntergeholt und auf das doch so Naheliegende gestoßen. Selbst die größten und schönsten Projekte müssen immer an diesen Erfahrungen im Alltag ihren Ausgangspunkt nehmen: bei meinem Lebenspartner, meinen Kindern, beim Nachbarn, den Arbeitskollegen, einfach bei den *Nächsten*, die mich heute brauchen.

Die Gegenwart des Freundes

Diese Geschichte mit meinem Nachbarn mag rein äußerlich betrachtet nicht so spektakulär sein, aber sie führt uns zu etwas sehr Grundlegendem unserer Mission: In die *Gegenwart*! Es geht um diese immerwährende Gegenwart des Freundes. Ich glaube an diesen einen *Freund* aller Menschen, Jesus Christus, der durch seinen Geist wirklich unter uns ist, in jedem Augenblick. Deswegen ist der Glaube an die Auferstehung Jesu auch so entscheidend, wie der Apostel Paulus so eindringlich festhält. Wäre er nicht real *gegenwärtig*, wären wir um alles betrogen (vgl. 1 Kor 15). Dass ›er lebt!‹, verwandelt in der Tat alles, auch jegliche Alltagssituation. Gott hat nämlich für immer in dieser Welt Wohnung genommen.

Wir rufen uns noch einmal mit der Ansage des heiligen Theologen Thomas von Aquin in Erinnerung, dass sich die ganze Mission Jesu darin zeigt, dass Gott mit seinem Geschöpf eine Freundschaft aufbauen will – *»fundari amicitiam«*. Die Liebe Gottes zum Menschen erweist sich wesentlich als *Freundschaft*. Freundschaft braucht aber Präsenz. In seiner Gegenwart, der des Freundes, bauen wir Christen – im ständigen Dialog – an Freundschaften. Nach Thomas von Aquin ist das selbst Unsympathischen und Feinden gegenüber möglich: »Aber die Freunde meiner Freunde werden dennoch in gewisser Weise auch mir zu Freunden, auch wenn sie mir direkt nicht sympathisch sind. Wenn uns Freundschaft mit Gott verbindet, dann lieben wir aus dieser Freundschaft heraus jene, für die Gott nicht gezögert hat, seinen Sohn zu schenken, auch wenn sie unsere Feinde sind.«[55] Wir verbinden uns zu einem großen und weiten Netz an Beziehungen von Gott und Menschen.

Im Besonderen durch den Dialog mit Gott, durch das Gebet, bleiben wir ständig mit ihm verbunden. Je mehr wir nämlich mit Gott angefüllt sind, umso mehr sehen und erkennen wir Gott in dieser Welt. Das Ringen um eine tägliche Zeit der Stille gehört wohl zu den wichtigsten und entscheidenden Kämpfen meines Lebens. Innehalten, beten, danken, Fürbitte halten. Sich einmal am Tag bewusst werden, was wirklich wichtig ist: Dem immer gegenwärtigen Christus zuhören lernen – besonders auch durch das tägliche Lesen in der Bibel. Es ist eine Zeit mit dem *einen Freund*, der alles für mich eingesetzt hat.

All das schenkt dann diesen veränderten, achtsamen Blick, der den Kleinigkeiten des Alltags eine neue Dimension gibt: ein Lächeln und ein bewusstes Danke für die gestresste Kassiererin im Supermarkt, ein bewusstes Hinhören auf ein unerwartetes Anliegen meiner Arbeitskollegin, ein neuerlich aufmerksames Rückfragen bei der Begegnung mit dem Nachbarn im Stiegenhaus, bei einem lästigen Anruf freundlich bleiben, ein stilles Gebet für die offensichtlich gerade traurige Floristin beim Blumenkauf, vor einer mit Sorge erwarteten Veranstaltung für jeden Teilnehmenden innerlich danken, die freudige Erzählung meines Kindes jetzt aufnehmen, den mühseligen Amtsweg mit einem Asylbewerber geduldig ertragen, ein mutiges Eintreten für einen ungerecht Behandelten bei einer Besprechung, eine Beleidigung bei einem Elternabend gleich verzeihen und, und, und. Es kann möglich werden, dass wir *kleine Dinge mit großer Liebe tun*, so Mutter Teresa.

Nicht durch mühevolles Überzeugen passiert Mission, sondern durch unsere ungeteilte Aufmerksamkeit und Liebe für den anderen, sagt Papst Franziskus: »Gott verkündet man durch die Begegnung mit den Menschen und unter Berücksichtigung ihrer Geschichte und ihres Weges. Denn der Herr ist nicht eine Idee, sondern eine lebendige Person: Seine Botschaft wird übertragen durch das einfache und wahre Zeugnis, durch Zuhören und durch Aufnahme und durch die Freude, die man ausstrahlt. (...) Den Gott der Hoffnung verkündet man, indem man im Heute das Evangelium der Liebe lebt, ohne Angst, es auch mit neuen Formen der Verkündigung zu bezeugen.«[56]

Im Dialog mit der zeitgenössischen Kultur

Das Evangelium in neuen Formen ins Heute zu tragen, braucht immer auch eine ordentliche Portion Mut. Wandlung passiert so oft auch durch eine offene Auseinandersetzung. Gerade anhand der Welt von Kunst und Kultur lässt sich das gut zeigen. Wir vergessen zuweilen, dass jahrhundertelang Kunst und Kultur ein sehr wesentlicher Faktor in der Verkündigung waren. Beginnend mit dem 18. Jahr-

hundert, hat es allerdings zu schweren Krisen bis hin zu scheinbar unüberbrückbaren Zerwürfnissen geführt, so als wären Kunst und Kirche bis heute bleibend geschiedene Leute. Wie der Dialog mit zeitgenössischer Kunst und Kultur wiederaufgenommen und auf freundschaftlich anziehende Weise gelingen kann, dazu möchte ich gerne meinen Freund Hermann Glettler, den heutigen Innsbrucker Bischof, ausgiebiger zu Wort kommen lassen. Sein Beispiel hat geradezu prophetische Kraft für den aktuellen und zukünftigen Dialog mit vielen anderen gesellschaftlichen Wirklichkeiten, die uns immer weiter entfernt von Kirche und Religion scheinen.

Hermann Glettler hat viele Jahre als Pfarrer in Graz mit der Initiative ›Andrä Kunst‹ zeitgenössische Kunst in seinen Kirchenraum und in die Liturgie einbezogen: »Ich wollte nicht etablierte Kirchenkunst (mit der vielfach sehr fragwürdigen Qualität) zeigen, sondern einen Dialog mit der tatsächlich aktuellen Kunstszene führen. Diese Grundentscheidung produziert Spannungen, die Freiräume und Kommunikation benötigen, um fruchtbar gemacht zu werden. (...) Das Moment der Verstörung bzw. der Verunsicherung hat selbstverständlich eine positive Bedeutung. Ent-Grenzung zulassen, durch gezielte ästhetische Störungen eine Weite des Herzens und eine Fähigkeit zur Begegnung mit dem anderen erlernen, die profane Welt in ihrer Schönheit und Verletztheit wahrnehmen und in all dem als Einzelperson und gemeinsam als katholische Pfarre und Gemeinschaft sensibler, berührbarer und damit auch geistlicher werden.«

Die Kirche kann, laut Glettler, auf diese Weise wieder Impulsgeber für einen öffentlichen Diskurs sein, wenn sie den Kulturschaffenden Raum gibt und Gastfreundschaft übt.

Menschen werden durch diese Öffnung die Kirche als einen attraktiven und vitalen Ort erleben und nicht selten werden verhärtete, ablehnende Positionen relativiert. Es braucht, so Glettler, diesen Freiraum in einer dreifachen Dimension: »*Provokation, Sympathie* und *Transformation*. Mit *Provokation* ist nicht in erster Linie ein oberflächlicher Bürgerschreck zu verstehen, sondern ein – im Wortsinn des Lateinischen provocare – Herausgerufen-Werden aus einer falschen Engstirnigkeit, aus Intoleranz, aus einer falschen Saturiertheit. Gegen jede Form geistiger und geistlicher Erstarrung passiert durch Kunst ein Angerufen-Werden, zumindest für den, der sich rufen lässt.«

Dazu gehöre unbedingt die *Sympathie*, die so viel wie Mitleiden, Mitempfinden, Einfühlungsvermögen bedeutet. Aus Erfahrung weiß er, »dass durch qualitätsvolle Kunst, speziell aufgrund ihrer diagnostischen, analytischen und bisweilen prophetischen Dimension, die Aufmerksamkeit für die bedrängenden Fragen der Zeit und für die unterschiedlichen Facetten gesellschaftlicher Realität wächst. Kunst ist eine Hilfestellung zum Verstehen der bisweilen bedrängenden Fragen einer Zeit. Kunst ist eine permanente Schule der Aufmerksamkeit, wenn sie als Dialogpartner ernst genommen wird.«

Und schließlich geschieht durch den Umgang mit Kunst *Verwandlung*: »Ansatzweise ein geistiges Wachsen, eine gelegentlich auch spirituelle Wei-terentwicklung, kurzum eine Transformation des Menschen, der sich in ein ehrliches Schauen hineinbegibt. Es ist meine Grundüberzeugung, dass mit jeder Person, die in ihrem Innersten durch eine Begegnung berührt wird, etwas Positives passiert. Begegnung verändert.«[57]

Aus der Komfortzone steigen und Politik mitgestalten

Wenn also Kunst und Kultur tatsächlich unsere Aufmerksamkeit für die drängenden Fragen der Zeit öffnet, dann sind die Schritte in die Politik hinein nicht weit. Das oft als saturiert und senil gescholtene politische Europa muss heute aber nicht mehr nach Aufregern suchen, um aufgeweckt zu werden. Zu besorgniserregend sind für viele die krisenhaften Ereignisse, die uns täglich entgegenkommen. Von humanitären Katastrophen und menschlichen Tragödien gezeichnete Flüchtlingsströme, der nicht enden wollende Terror oder die unerwartet starken politischen Destabilisierungen sind nur ein Teil der überfordernden Realität. Drängend stellt sich die Frage, wie Christen mit diesen massiven Weckrufen umgehen. Es ist keine Schande, sich angesichts der Übermacht der anstehenden Aufgaben überfordert zu fühlen. Aber beschämend wäre es, sich vor diesen Herausforderungen zu drücken, wegzuschauen und uns in unseren kleinen Welten abzuschotten oder in vermeintliche Sicherheiten zu flüchten. Wir müssen uns entscheiden. Und diese Entscheidungen bekommen heute in der Tat eine neue Brisanz, denn

Otto Neubauer – Mission Possible

sie bestimmen, welche neue politische Kultur von Christen mitgeprägt wird: eine, die ängstlich Mauern errichtet, oder eine, die mutig Brücken baut.

Dank der Errungenschaft einer sinnvollen Trennung von Staat und Kirche muss nun neu geklärt werden, wie sehr und in welcher Form sie einander – diesmal aber in Freiheit – brauchen. Ein Glaube, auch mit all den tugendhaften und moralischen Kräften, schafft elementare Voraussetzungen für den friedlichen Zusammenhalt eines gesellschaftlichen Miteinanders. Treffend hat der bekannte deutsche Staatsrechtler Ernst-Wolfgang Böckenförde vor gut vier Jahrzehnten festgehalten: »Der freiheitliche, säkularisierte Staat lebt von Voraussetzungen, die er selbst nicht garantieren kann. Das ist das große Wagnis, das er, um der Freiheit willen, eingegangen ist. Als freiheitlicher Staat kann er einerseits nur bestehen, wenn sich die Freiheit, die er seinen Bürgern gewährt, von innen her, aus der moralischen Substanz des Einzelnen und der Homogenität der Gesellschaft, reguliert. Andererseits kann er diese inneren Regulierungskräfte nicht von sich aus, das heißt mit den Mitteln des Rechtszwanges und autoritativen Gebots zu garantieren versuchen, ohne seine Freiheitlichkeit aufzugeben und – auf säkularisierter Ebene – in jenen Totalitätsanspruch zurückzufallen, aus dem er in den konfessionellen Bürgerkriegen herausgeführt hat.«[58]

Wie groß dieses Wagnis der Freiheit ist, sehen wir nun an der zunehmenden Instabilität auch westlicher Demokratien. Dass eine Demokratie ohne Werte zum Totalitarismus entarten kann, das hat das vergangene Jahrhundert schon

zur Genüge bewiesen. Andererseits beobachten wir eine neue Instrumentalisierung christlicher Werte und Zeichen vonseiten der Staaten. In jedem Fall wären christliche Inspirationsquellen im pluralen Angebot der europäischen Gesellschaft essenziell für die genannten Voraussetzungen, die der Staat selbst nicht garantieren kann. Aber wie? Wir gehen davon aus – und das bezeugt die europäische Geschichte –, dass persönliche Überzeugungen und Lebensweisen weitreichende politische Bedeutungen haben können. Sie sind für die Vitalität und die Einheit Europas von elementarer Bedeutung, selbst wenn sie nur von einer Minorität getragen werden sollten.

Erschütternd klingt heute, was der langjährige Präsident der Europäischen Kommission, Jacques Delors, schon vor zwei Jahrzehnten einmahnte: »Wenn es uns nicht gelingt, Europa in zehn Jahren eine Spiritualität, eine Bedeutung zu verschaffen, haben wir das Spiel verloren. Glauben Sie mir und meiner Erfahrung. Mit juristischem Geschick oder wirtschaftlichem Know-how allein ist Europa zum Scheitern verurteilt. Ohne langen Atem lassen sich die Möglichkeiten der Europäischen Union nicht verwirklichen.«[59] Sogar der berühmte atheistische Philosoph der Frankfurter Schule, Jürgen Habermas, forderte ein gutes Jahrzehnt später, dass sich die säkulare Gesellschaft »trotz Trennung von Staat und Religion nicht der normativen Gehalte religiöser Überlieferungen« verschließen dürfe, von denen sie zehrt. Man müsse »der schleichenden Entropie der knappen Ressource Sinn« in Europa mit aller Kraft entgegentreten.

Leider beinahe aus unserem Blickfeld verschwunden ist eine für Europa so weitreichende und wundersame Begegnung zweier Repräsentanten, deren Reiche sich über Jahrzehnte als *die* Gegenspieler schlechthin gegenüberstanden: Michail Sergejewitsch Gorbatschow und Papst Johannes Paul II. Ihr Beispiel müssen wir dringend in Erinnerung rufen und ihre Botschaft für aktuelles politisches Handeln verstehbar machen. Der letzte Präsident des großen kommunistischen Sowjetimperiums hat in vollem Ernst über seinen Besuch beim Papst 1989 gesagt: »Das war das wichtigste Treffen meines Lebens! (…) Es könnte keine ›Perestrojka‹, d.h. wahre Änderung in der Freiheit, geben ohne die spirituelle, christliche Dimension. (…) Das Problem des Menschen ist aber nicht nur das Problem der totalitären Ideologien, es ist nicht nur das von Gewalt und Krieg. Das Problem des Menschen besteht im Menschen selbst, und die Lösung dazu kann man nur im Herzen des Menschen finden.«[60]

Eine freiheitsstiftende Politik lebt definitiv von Voraussetzungen, die die persönlichsten menschlichen Haltungen und Entscheidungen von Menschen betreffen. Mit dem Geist Gottes sind Wunder mitten in ausweglosen Situationen möglich, auch wenn es vieler, vieler kleiner Schritte der Vorarbeit bedarf. Nicht umsonst gilt Papst Franziskus quer über alle politischen Lager und Regierungen hinweg als neuer Hoffnungsträger für eine wachsend zerstrittene Welt. Bei der Verleihung des Karlspreises hielt er eine höchst beachtete Europarede, um einem müden Kontinent mit großem Selbstzweifel

gleichsam zu einem Neustart zu verhelfen. Entscheidend sei heute eine *Solidarität der Tat* – im *Dialog*, in der *Integration* und in der *Kreativität*. Eine Schlüsselrolle komme dabei der Jugend zu. Er fordert sie heraus, eine Vorreiterrolle im *Brückenbau* entgegen allen Mauerbauern zu übernehmen. Sie sollen aus ihren Komfortzonen herausgehen. Es brauche keine »Sofa-Jugendlichen«, sondern junge Menschen mit Schuhen, noch besser mit Stiefeln an den Füßen«[61], um Spuren zu hinterlassen.

Dieser Impuls des Papstes war so stark, dass sich auf Basis dieser Karlspreisrede Jungpolitiker/innen aller Parteien bei uns in der Wiener Akademie für Dialog und Evangelisation zu mehreren Werkstätten zusammengetan haben und schließlich elf Prinzipien eines neuen politischen Dialogs formuliert haben. Ziel sei es, »allmählich eine neue Art des Politik-Machens« zu entwickeln und das »Gegen- und Aneinander-Vorbeireden« in Richtung »Miteinander-Reden« zu wandeln. Sie werben für eine Kultur des Zuhörens, Solidarität über Parteigrenzen hinweg und sprechen sich gegen »eine Uniformierung des Denkens« aus. Dem Gemeinwohl sei immer der Vorzug vor einer »kurzsichtigen Parteipolitik« zu geben. »Wir wollen uns bemühen, Gemeinsamkeiten zu entdecken, ohne die Unterschiede zu verschweigen.« Das Programm hatte so starke Resonanz, dass sich sogar der österreichische Bundespräsident Van der Bellen und Kardinal Schönborn der Diskussion mit den jungen Vertretern aller Parteien Österreichs und Gruppierungen der Zivilgesellschaft bei einer Auftaktveranstaltung gestellt haben.

Ernst- und Glücksfall Familie

Ganz zum Schluss meiner Ausführungen möchte ich mich der wohl zerbrechlichsten und zugleich beglückendsten Mission zuwenden. Wenn man von Eltern ehrliche Antworten hinsichtlich Kindererziehung und im Speziellen über die religiöse Erziehung und deren Früchte erwartet, dann kann es sehr heikel werden. Es wird nämlich so entlarvend konkret. Wer täglich so unmittelbar dran ist – wir haben sechs Kinder vom Schul- bis zum Studienalter –, der kann sich nur schwer *weise* reflektierend zurücklehnen. Er ist selbst tief hinein verwoben in ein Gemisch von Versagen und Gelingen, von Nichtwissen und Neuanfängen. Wie kaum jemand anderer können Kinder unsere *Mission* infrage stellen. Sie werden sowohl von dem Guten an uns berührt, aber auch hautnah von unseren eigenen Wunden und Verfehlungen.

Wir haben schon so oft vom Kern und Grund jeglicher Mission gesprochen: dass wir wieder *heim ins Vaterhaus* kommen, heimgeholt werden müssen, dorthin, wo die eigentliche Liebe ist. Wo, wenn nicht in der Familie, wird das am deutlichsten. Es betrifft die Kinder ebenso wie die Eltern, die scheinbar *heilste* genauso wie die scheinbar *verlorenste* Familie – wir alle brauchen diese Mission der *Heimholung*. Diese Mission als Eltern, dieses Heimbringen unserer Kinder zu unserem Vater, Gott Vater, können wir eben nicht in sicherer Position *vom Balkon herab* tun. Die Versuchung scheint heute aber groß, dass wir uns gerade als christliche Familien zunehmend in eine schützende Blase absondern wollen. In eine Sonderwelt, um das Negative der Welt abzuwehren und sicherer zu sein.

Erst im Zugestehen unserer eigenen Zerbrechlichkeit, aber auch der unserer gegenwärtigen Gesellschaft, wird deutlich, wo die elementaren Bedürfnisse für unsere Mission als Eltern liegen. Sie treffen nämlich die Herzmitte der Mission überhaupt: Die Befreiung von der Wunde der Vereinzelung, der Einsamkeit, des selbstherrlichen Selbermachen-Wollens, die uns den eigenen Vater, Gott, zu einem fernen Unbekannten gemacht hat.

Heute beeindruckt mich besonders die Generation unserer *Digital Natives* mit ihrer geradezu bedrängenden Sehnsucht nach Heimat. Vor ein paar Jahren hat ein gut 20-jähriger junger Deutscher, Philipp Riederle, in der Öffentlichkeit auf sich aufmerksam gemacht. Als Prototyp eines Digital Natives verkündete er auf Bühnen zahlreicher Top-Firmen, dass für die heutige junge Generation mit dem Internet die Grenzen der Kommunikation fallen und gleichzeitig damit eine neue Heimatlosigkeit einhergehe: »In Wirklichkeit fühlen wir uns in dieser virtuellen Welt *nicht heimisch*, sondern zugleich auch ausgesetzt (…) keiner weiß, wohin es geht (…) wir haben viele Möglichkeiten, aber wenig Zeit. Wir suchen nach Sinn und Vertrautem, und wir wollen dazugehören. *Wir wollen ein Zuhause!* – unser einziges wirkliches Ziel: nach Hause! Wir wollen Heimat! Wir wollen Familie. (…) Je weiter man rausfährt (in die digitale wie reale Welt), desto größer sollte der Leuchtturm sein, der einem zeigt, wo man steht.«[62]

Um nichts anderes geht es bei der Mission in der Familie: auf menschliche Weise erfahrbar zu machen, wo wir in Wahrheit alle *zu Hause* sind. Die Familien sind par excellence die *Heimholungsorte*, die direktesten und authentischsten Orte von Kirche – *Hauskirche*. Christlich wird die Familie sogar als »Abbild der Gemeinschaft des Vaters und des Sohnes im Heiligen Geist«[63] verstanden. Vier Dimensionen solcher geistlichen *Beheimatung* möchte ich im Folgenden skizzieren. Ich scheue mich dabei nicht, gerade die ganz einfachen, kleinen und scheinbar so selbstverständlichen Quellen der Glaubensweitergabe zu betrachten.

1. Daheim sein können – sich verdanken und danken.

Aller Glaube beginnt und wächst mit der Dankbarkeit. Seit vielen Jahren schon beginnen wir jeden Morgen mit Dankliedern und Dankgebeten – noch vor dem Frühstück bei Tisch. Unsere Kinder nehmen mehr oder weniger – je nach Lebensphase – daran teil. Auch wenn es mal freudiger und dann wieder müder zwischen dem Frühstücksbrot-Vorbereiten und chaotischen Ankleidungsritualen (wir haben fünf Töchter!) passiert, so ist es dennoch so, als würde mit dem Danken jedes Mal auf geheimnisvolle Weise ein Schalter umgelegt und ein neues Licht in den Tag strahlen. Auch zeitweilige Genervtheit oder so manche Späße lassen nicht eine tiefe Grundwahrheit verblassen: Wer dankt, sieht besser!

Wenn dann die Kinder abends vor dem Schlafengehen erneut beim Gebet danken, werden wir oft überrascht, wie viel Konkretes ihnen dazu einfällt, wie reich die Welt ist und wie viel wir täg-lich einem Größeren verdanken. Vor allem in schweren Zeiten holt uns das Danken und Loben immer wieder aus den momentanen Verstrickungen des Alltags heraus. Es wächst uns so gleichsam die Erfahrung zu, dass in Gott wirklich alles geborgen ist und Gott, dem Vater, alles vertraut ist. Die unterschiedlichsten Rückfragen der Kinder, ob Gott doch auch in dieser und jener Leidsituation anwesend wäre – »Wo war Gott, als ein anderes Kind entführt wurde?« – zeigen, wie ernst sie um diese Geborgenheit ringen.

Die abendliche Liste der Bittgebete für Menschen in Not stärkt das Vertrauen, dass Gott nichts egal ist, und dass er sich um die Nöte der Menschen annimmt. Bewusst oder unbewusst wird wahrnehmbar: *Bei Gott sind alle zu Hause!* Er ist überall zu Hause, ihm gehört alles, und wir dürfen zu ihm gehören. Nicht ohne Grund diagnostizierte Mutter Teresa als die umfassendste Krankheit der europäischen Gesellschaft das *»Nicht-willkommen-Sein«*. In irgendeiner Weise hängen wir da offensichtlich alle mit drin. Dankbarkeit ist eines dieser heilenden Öle, die uns darin gesunden lassen, uns wirklich angenommen zu wissen.

Am intensivsten kann dies bei *dem* Fest der Danksagung, bei der Eucharistiefeier, erlebt werden. Für meine Frau und mich ist sie *Quelle und Höhepunkt*. Zu dieser sonntäglichen Feier werden unsere Kinder allerdings erst Schritt für Schritt Zugang finden, wenn sie zuerst an uns Eltern in vielen kleinen, ganz konkreten Akten erleben, wie uns diese Feier selbst verwandelt. Es hat mich tief geprägt, wie mir meine bereits verstorbene Mutter einmal mit Tränen der Dankbarkeit gestand, dass sie die ganze Woche auf diesen Moment der Wandlung und den Empfang der Kommunion am Sonntag hinlebe. Und ich konnte es ihr, die in ihrem Leben viel leiden musste, bei der heiligen Messe auch ansehen, dass es ihr Alles war, ihre Freude und ihr wahrer Rettungsanker.

2. Erneut heimkehren und Verzeihung erfahren.

»Meine Eltern streiten immer!« musste ich einmal eines meiner Kinder am Spielplatz zu einer Freundin sagen hören. Meine Empörung darüber legte sich zumindest kurzfristig, als meine andere Tochter bald darauf jemand anderem mitteilte: »Meine Eltern streiten nie!« Was nun? Vielleicht ist es auch nicht so wichtig, ob all unsere blinden Flecken aufgedeckt werden, aber klar ist: Nirgends gehen uns Konflikte so nahe wie in der eigenen Familie. Und wohl nirgends erfahren die Kinder so viel über Gott und darüber, wie das nun konkret mit Versagen, Sünde und Vergebung funktioniert. Die Worte eines Exerzitienreferenten vor gut einem Jahrzehnt »Wenn du vergibst, bist du Gott am nächsten!« gehören zu den tröstlichsten und herausforderndsten, die ich kenne.

Das Bekennen unserer Armseligkeit kostet uns offensichtlich viel. Es ist doch interessant, dass Papst Franziskus die Annahme von Gottes Zärtlichkeit und Barmherzigkeit als die schwierigste Herausforderung für den Menschen benennt. Zu glauben, dass wir trotz und mit unseren Sünden angenommen sind, müssen wir alle wohl zuerst sehr, sehr konkret – und wiederholt – erfahren. Carola und ich hatten in unseren eigenen Familientraditionen nie gelernt, die

Bitte um Verzeihung oder die Annahme von Verzeihung laut auszusprechen. Wir haben inzwischen wohl festgestellt, wie wichtig das klare Benennen, das Austragen von Konsequenzen und die Wiedergutmachung von Fehlern für die Sensibilisierung von Gut und Böse sind. Aber mindestens genauso wichtig und noch wesentlich heilsamer für das Wachstum der Kinder wie der Eltern sind das offene Bekennen von Schuld und das sprachliche Ausdrücken der Vergebung und ihrer Annahme.

Mir ist es fast peinlich zu sagen, wie unendlich schwer es mir gefallen ist, mich erstmals vor unseren Kindern für einen Zornesausbruch zu entschuldigen. Und wie viel überraschende Wandlung hat doch dieser so kleine Akt in der Familie bewirkt. Nirgendwo können sich unsere Kinder so zu Hause fühlen wie bei Gott, weil sie nirgendwo so viel Güte wie bei ihm erhoffen dürfen. Was auch immer im Leben passiert – und wie groß auch das Versagen ist, darf ich wissen, wohin ich immer zurückkehren kann. Wie tröstlich ist es doch für uns Eltern, dass Gott das viele, das wir trotz unserer Sorge für unsere Kinder versäumt haben, wiedergutmachen kann und auch gutmachen wird.

3. Ein Zuhause für alle.

Wenn es nun Gott mit der *Heimholung aller* Menschen in die *Familie Gottes* so ernst meint, ist Evangelisierung in der Familie untrennbar mit dem Leben unserer Umwelt verbunden. Es kann nur ein *weit offenes Zuhause* sein, an dem viele teilhaben können. Wie traurig, wenn wir christlichen Familien und Freundeskreise uns ausschließlich unter uns treffen und mit uns selbst begnügen. Wir gleichen »belagerten

Burgen« und nicht einer »offenen Stadt auf dem Hügel«, sagt Franziskus. Der Beginn der Evangelisierung und damit das erste blühende Wachstum der Kirche hat in kleinen Hauskirchen seinen Anfang genommen, in Familien mit ihren Freunden und den Neu-hinzu-Gewonnenen. Durch die Ausstrahlung der gläubigen Familien wurde ihre unmittelbare anders- oder nichtgläubige Umwelt erfasst. Heute kommen wir in Europa zunehmend in eine ähnliche Situation. Wo soll in einer weltanschaulich pluralistisch und vorwiegend praktisch agnostischen Welt ein Nichtgläubender oder Suchender unmittelbarer die Erfahrung der *Familie Gottes*, einer *versöhnten Welt* machen, wenn nicht in der Vertrautheit von Familie oder unter Freunden?

Unsere Kinder lieben es, Gott sei Dank, wenn wir Gäste einladen. Und nachdem viele unserer Freunde nicht gläubig, zumindest keine Kirchgänger sind, und ich durch meine Arbeit mit vielen (eher) agnostisch orientierten jungen Studierenden zu tun habe, haben wir sie eine Zeit lang jeweils einmal wöchentlich zu uns in die Wohnung eingeladen. Ab acht Uhr abends gab es ein gutes Abendessen, daher auch der Name »dinner@8«. Natürlich durfte dabei der Spaß mit den Kindern nicht fehlen, und nach einem halbstündigen Impuls über ein Grundthema des christlichen Glaubens gab es dann meistens lange Diskussionen bis Mitternacht. Jede Woche kamen mehr als ein Dutzend junger Leute, immer wieder auch neue, die wiederum ein nächstes Mal Freunde mitnahmen. Für meine Frau und mich gehörte dieser Abend zu einem der schönsten Momente der Wo-

che. So viel Freude, Herzlichkeit und Dankbarkeit in so dichter Atmosphäre – und das mit größtenteils agnostischen jungen Leuten!

Eine der Teilnehmerinnen, eine junge Theaterwissenschaftlerin, deren Vater vier Kinder mit jeweils einer anderen Frau hat, betätigt sich nun schon seit einigen Jahren für unsere kleineren Kinder mit großer Freude als Friseurin; vor allem, weil es so guttue, in der Aura einer Familie zu sein, die sie so nie erfahren hatte. Sie, die sich bisher immer als Atheistin bezeichnete und bei der kirchenbezogene Annäherungsversuche immer scheiterten, gestand mir nach dem Besuch vieler unserer »dinner@8«-Abende: »Jetzt verstehe ich endlich: Hier an diesem Abend, da passiert ja ›Kirche‹. Das ist dann auch *meine Kirche*!«

Eine andere junge atheistische Studentin brachte einmal ihre Mutter, eine Philosophin und die erste Chefin der feministischen Wissenschaftlerinnen Österreichs, zu diesem Abend mit. Eben diese offenbarte mir gleich, wie tiefgründig sie die katholische Kirche ablehnte. Der Kurzvortrag zum Heiligen Geist während der Abendbegegnung berührte sie allerdings so tief, dass viele weitere Gespräche und der Besuch von Gebetsabenden folgten. Ein Jahr später bekannte sie in einer großen Austauschrunde: »Es ist doch eigenartig, obwohl ich ja nie zur Kirche gehörte, empfinde ich es bei euch wie ein ›Nachhause-Kommen‹. Als wäre ich erst jetzt richtig zu Hause.«

4. Viele neue Zuhause schaffen.

Zu guter Letzt möchte ich mich noch einem besonders kostbaren und zugleich höchst gefährdeten Gut der

Mission zuwenden: der Freiheit. Wie wir wissen, kann der Glaube letztlich nur aus einer freien Entscheidung heraus angenommen werden und auf Dauer wachsen, weil es im Glauben im Innersten um die Liebe geht und sie ohne ihre Mitte, die Freiheit, nicht möglich wäre. Einerseits ist uns bewusst, wie sehr christliche Erziehung Führung und klare Vorgaben braucht. Andererseits sind wir herausgefordert, unsere Kinder in eine immer größere Freiheit zu führen, damit sie immer selbstständiger Entscheidungen treffen können. Gerade in der intimsten Begegnung des Menschen, in seiner einmaligen Antwort Gott gegenüber, brauchen wir höchsten Respekt und Achtung.

Wie unendlich wichtig sind da die vielen Gespräche, der Dialog, den wir mit unseren Kindern führen. Dabei beeindrucken mich die nächtlichen Gespräche nahe dem Kühlschrank von meiner Frau mit meiner ältesten Tochter genauso wie die Ermutigungen von Papst Franziskus: »Der Dialog entsteht aus einer respektvollen Haltung einer anderen Person gegenüber, aus der Überzeugung, dass der andere etwas Wertvolles zu sagen hat. Voraussetzung dafür ist, im eigenen Herzen Platz zu machen für den Standpunkt, die Meinung und das Angebot des anderen. Ein Dialog schließt eine herzliche Aufnahme ein und keine Vorverurteilung. Für einen Dialog muss man seine Abwehr sinken lassen können, die Tore des Hauses öffnen und menschliche Wärme bieten.«[64]

Auch unsere Kinder müssen einmal ein neues *Zuhause* für sich und andere schaffen und sich vom Alten loslösen.

Wir müssen verstärkt unser Zutrauen ihnen gegenüber einüben, sodass sie selbst die Wege zu einem neuen Zuhause bauen. Sonst wird in ihnen keine Kreativität freigesetzt, die eine echte Mitarbeit mit Gott, an seinem Werk, ermöglicht. Letztlich bleibt uns ihr Weg mit Gott ein Geheimnis, auf das wir keinen Zugriff haben. Selbst Jesus hat in der Konfrontation mit seiner eigenen Familie mit starken Worten auf das Wesen seiner *neuen* Familie hingewiesen: »Denn jeder, der den Willen meines Vaters im Himmel tut, der ist mir Bruder und Schwester und Mutter« (Mt 12,50).

Eine unverwechselbare Freude

Also, für jede und jeden ist dieses Wunder möglich, in der großen Familie Gottes dabei zu sein. Weil Gott uns nicht im Stich lässt – dich nicht, mich nicht, keinen! Es geht um viel. Gerade heute, angesichts eines erneut aufflammenden Kampfes der Kulturen mit besorgniserregenden Abschottungsmaßnahmen, wagen wir, entschlossen auf eine Mission zu setzen, in der wir zuerst alle Menschen als Brüder und Schwestern ansehen. Ich kann bezeugen, dass es eine unverwechselbare Freude schenkt, weil es um eine Liebe geht, die menschliche Begrenzungen überwinden kann. Und der eigentlich *Missionierte* ist dann immer der *Missionar* selber. Wo auch immer du stehst, heute schon bist du eine *Mission*, wenn du einen kleinen Schritt setzt, diese Liebe aufnimmst und nicht für dich behältst.

Danksagung

Für die Erstellung dieses Handbuches möchte ich allen voran meiner Mitarbeiterin Maja Schanovsky danken. Mit ihr darf ich seit vielen Jahren all die kleinen und großen Schritte einer aufregenden Missionsarbeit gemeinsam verantworten und leben. Jeder hier geschriebene Text durchlief auch ihr umsichtiges Lektorat und ihre auf reicher Erfahrung basierende Beratung. Mit Hannah Flachberger hatte ich für das Buch eine großartige Projektassistentin, die mit Ideen, Einsatz und Genauigkeit die unzähligen Aufgaben für dieses Handbuch koordiniert hat. Überaus dankbar bin ich der immer so selbstlosen wie auch professionellen Unterstützung von Michael Prüller, dem Chef des Wiener diözesanen Medienhauses, seiner inhaltlichen Textbearbeitung und der konzeptionellen Beratung. Jeder und jedem Einzelnen, die/der uns mit einem persönlichen Testimonial beschenkt hat, sage ich ein aufrichtiges Vergelt's Gott! Ihr habt dem Buch Leben eingeflößt. Letztlich ist dieses Handbuch ein großes Gemeinschaftswerk, an dem viele mit- und vorgearbeitet haben. Ihnen allen sei sehr herzlich gedankt: u. a. Markus Andorf, Anton Knoblich, Theresa Lindemann, Therese Neubauer, Nobert Oberndorfer, Stephan Stiegler, Hanna Winter und unzähligen mehr.

Zudem war mir die Zusammenarbeit mit der Art-Direktorin Hanna Waldbauer und dem Art-Direktor Emmanuel Torres, die das gesamte Design verantworten, eine besondere Ehre.

Vor allem und überhaupt gilt mein tiefer Dank meiner Frau Carola, mit der ich diese Mission im Innersten teilen darf, und unseren sechs Kindern Therese, Christoph, Hannah, Clara, Bernadette und Elisabeth, die diesen Weg so großherzig mittragen. All das ist uns durch den Missionsauftrag der Gemeinschaft Emmanuel geschenkt worden, in der wir mit großer Freude leben dürfen.

Anhang
Handreichung für Kursleiter/innen

Aufbau, Leitung und Programm
des vorliegenden Missionskurses

Dieses Buch kann als begleitendes Kursbuch für den Kurs »Mission Possible« verwendet werden. Je eines der 10 Kapitel entspricht einer der 10 Kurseinheiten. Jede Einheit besteht aus einem Mix von Impulsen, Diskussion und Austausch, Kleingruppenarbeit und praktischen Übungen und einer Gebetszeit. 10 grundlegende Fragestellungen zur Mission geben den 10 Kapiteln und Einheiten das Thema.

Zeitrahmen: Die 10 Kurseinheiten können als 2½-stündige Abendprogramme wöchentlich, 14-tägig oder monatlich stattfinden oder geblockt z. B. an drei Wochenenden. Für jede Einheit sollte man mindestens mit 2½ Stunden (inklusive Pause) rechnen. Für eine geblockte Variante ist es wesentlich, die Praxis-Teile gut einzuplanen, damit sie im Gesamten nicht zu kurz kommen.

Leitung: Der Kurs wird von mindestens zwei Personen geleitet, empfehlenswert ist ein Team von drei bis vier Personen, um den Teilnehmer/innen eine gute Begleitung bieten zu können.

Als Kursleiter/in ist es wichtig, eigene Missionserfahrung zu haben. Sinnvoll ist es, zusätzlich eine 2- bis 3-tägige Missionsleiterschulung absolviert zu haben oder sich durch genügend missionarische Eigenerfahrung, theologisches Grundwissen und Leitungskompetenz dazu befähigt zu wissen. Die Leitung sollte mit den Inhalten des Handbuchs gut vertraut sein.

Zielgruppe: Alle Christ/innen, die mit Jesus Christus einen Weg gehen und nach neuen Möglichkeiten suchen, ihren Glauben weiterzugeben. Engagierte Christ/innen, die ein missionarisches Projekt angehen und umsetzen wollen. Menschen, die ihre Gruppe, Gemeinde oder Gemeinschaft neu missionarisch ausrichten möchten.

Der Kurs kann für eine ganze Pfarrgemeinde veranstaltet werden oder für Personen aus unterschiedlichen Kreisen. Für eine gute Weiterarbeit und Fruchtbarkeit empfiehlt es sich in jedem Fall dringend, dass mindestens 2–3 Personen aus einer Gruppe, Gemeinde, Dekanat, Freundeskreis, Gemeinschaft oder Region gemeinsam teilnehmen. Zahl der Teilnehmer sollte ohne Leitung mindestens 10 und höchstens 30 Personen betragen.

Exemplarischer Aufbau des (Abend-)Kurses:
Die Einheiten bestehen in ihrer Grundstruktur jeweils aus 4 Teilen:
1. IMPULSVORTRAG MIT DISKUSSION
2. AUSTAUSCH – ARBEITSGRUPPE
3. GEBETSZEIT
4. PRAXIS DURCH AUFGABENSTELLUNG

Die vier Teile können unterschiedlich angeordnet und gestaltet werden. Der 30- bis 40-minütige Impuls-Vortrag kann von der Leitung oder von Gastreferenten/innen anhand des Handbuchs gehalten oder als Video gemeinsam angesehen werden. (Die 10 Videos zu den 10 Einheiten stehen auf mission-possible. at kostenlos zur Verfügung.) Die Teilnehmer/innen sollten die Möglichkeit haben, während des Vortrags oder direkt danach Fragen zu stellen und das Gehörte zu diskutieren. Wenn möglich, kann die Impulseinheit auch zu einem Teil gemeinsam mit den Teilnehmer/innen erarbeitet werden. Übungen in Arbeitsgruppen ergänzen und vertiefen danach das Thema. Konkret erlebte Erfahrungen sollten als Testimonials des Leitungsteams, der Teilnehmer/innen oder eingeladener Gäste in jeder Einheit genügend Platz finden. Nicht fehlen sollte in jeder Einheit ein 10- bis 15-minütiger Gebetsteil, in dem das Thema angesprochen werden kann und alles Erarbeitete Gott anvertraut wird. Am Ende jedes Abends erhalten die Teilnehmer/innen als Praxisteil eine Aufgabenstellung (»Mach's konkret!«), die sie gebeten werden, bis zur nächsten Einheit umzusetzen. Die Ergebnisse und Erfahrungen werden in der folgenden Kurseinheit eingebracht und besprochen. Das Handbuch sollte jedem Kursteilnehmer zur Weiterarbeit und Vertiefung daheim zur Verfügung stehen. Jeder Kurs beinhaltet eine gemeinsame praktische Umsetzung, eine Missionsaktion, die spätestens ab der 5. Einheit geplant und vorbereitet und zusätzlich zu den Einheiten durchgeführt wird.

Einheit Nr. 1: Warum eigentlich Mission?
Empfang und Einführung in den Kurs durch die Leitung, Vorstellung und Erwartungen der Teilnehmer/innen / 30 Minuten
1. IMPULS (Kapitel 1) und Diskussion / 60 Minuten
Evtl. Pause mit Getränken und kleinen Snacks / 10 Minuten
2. AUSTAUSCH über persönliche Motivation und Sehnsüchte für die Mission in Kleingruppen:
»Was und wem wollte ich immer schon einmal vom Glauben weitergeben?« / 30 Minuten
3. GEBETSZEIT mit Liedern und von der Leitung vorbereiteten oder freien Gebeten / 15 Minuten
4. PRAXIS Erklärung der Aufgabenstellung Nr. 1: »Worüber ich nicht schweigen kann?« (siehe Ende 1. Kapitel) / 5 Minuten

Einheit Nr. 2: Was habe ich zu sagen?

Empfang und Einführung in den Abend / 10 Minuten
1. IMPULS (Kapitel 2) und Diskussion / 60 Minuten
Evtl. Pause mit Getränken und kleinen Snacks / 10 Minuten
2. AUSTAUSCH in 3er- oder 4er-Gruppen über die persönlichen Geschichten von Aufgabenstellung Nr. 1 / 50 Minuten
3. GEBETSZEIT mit Liedern und von der Leitung vorbereiteten oder freien Gebeten / 15 Minuten
4. PRAXIS Erklärung der Aufgabenstellung Nr. 2: »Woran glaubst denn du?« (siehe Ende 2. Kapitel) / 5 Minuten

Einheit Nr. 3: Wie soll das geschehen?

Empfang und Einführung in den Abend / 10 Minuten
1. AUSTAUSCH über die Erfahrungen bei den Interviews der Aufgabenstellung Nr. 2 (soweit möglich, sollte jede/r zu Wort kommen, wie diese Erfahrung für sie/ihn war). Zusätzlich exemplarische genauere Präsentation von 4–6 Interviews (Achtung auf Wahrung der Diskretion gegenüber den Interviewten!) / 60–70 Minuten
Evtl. Pause mit Getränken und kleinen Snacks / 10 Minuten
2. IMPULS (Kapitel 3) und Diskussion / 40–50 Minuten
3. GEBETSZEIT mit Liedern und teilw. von Teilnehmern vorbereiteten oder freien Gebeten / 15 Minuten
4. PRAXIS Erklärung der Aufgabenstellung Nr. 3: »Wie führe ich einen Dialog über den Glauben?« (siehe Ende 3. Kapitel) / 5 Minuten

Einheit Nr. 4: In welchem Geist?

Empfang und Einführung in den Abend / 10 Minuten
1. IMPULS (Kapitel 4) und Diskussion / 60 Minuten
2. AUSTAUSCH zuerst in 3er- oder 4er-Gruppen und dann im Plenum über die Erfahrungen mit der Aufgabenstellung Nr. 3 / 35 Minuten
3. GEBETSZEIT Gemeinsame Feier eines kleinen »Abends der Barmherzigkeit« (siehe Best Practice Nr. 8 Offene Kirche oder Nr. 10 Abend der Barmherzigkeit) / 30 Minuten
4. PRAXIS Erklärung der Aufgabenstellung Nr. 4: »Wie übe ich Barmherzigkeit?« (siehe Ende 4. Kapitel) / 5 Minuten
Ausklang mit Getränken und kleinen Snacks / 10 Minuten oder länger

Einheit Nr. 5: Kann man Mission planen?

Empfang und Einführung in den Abend / 10 Minuten
1. IMPULS (Kapitel 5) Einführung in das Thema und die Arbeitsgruppen / 15 Minuten
2. AUSTAUSCH und schriftliches Festhalten auf Plakaten in Kleingruppen zur Frage »Jesus kommt zu uns nach …

Was tut er da 10 Tage lang?« (Kapitel 5) / 40 Minuten
Präsentation im Plenum / 20 Minuten
Evtl. Pause mit Getränken und kleinen Snacks / 10 Minuten
Vorstellen von Best-Practice-Beispielen (siehe K 5)
und eigenen Erfahrungen / 35 Minuten
3. GEBETSZEIT mit Liedern und von Teilnehmern vorbereiteten
oder freien Gebeten / 15 Minuten
4. PRAXIS Erklärung der Aufgabenstellung Nr. 5: »Jetzt kommt dein
Projekt!« (siehe Ende 5. Kapitel) Noch an diesem Abend oder in der
nächsten Einheit wird die Entscheidung getroffen, welche eigene Missionsaktion die Teilnehmer/innen umsetzen möchten / 5 Minuten

Einheit Nr. 6: Wie geht man mit so einer Vergangenheit um?
Empfang und Einführung in den Abend / 10 Minuten
1. IMPULS (Kapitel 6) Hier kann es gut sein, einen Gastreferenten einzuladen, der sich mit Missionsgeschichte beschäftigt hat (z. B. Vertreter
eines Missionsordens), und anschl. Diskussion / 60 Minuten
Evtl. Pause mit Getränken und kleinen Snacks / 10 Minuten
2. AUSTAUSCH Start der Vorbereitungen für das gemeinsame Missionsprojekt,
an dem in Folge zwischen den Einheiten weitergearbeitet wird / 50 Minuten
3. GEBETSZEIT mit Liedern und von Teilnehmern vorbereiteten oder freien Gebeten / 15 Minuten
4. PRAXIS Erklärung der Aufgabenstellung Nr. 6: »Aufklärung tut not!« (siehe Ende 6. Kapitel) / 5 Minuten

Einheit Nr. 7: Was gibt es alles Neues?
Empfang und Einführung in den Abend / 10 Minuten
1. IMPULS (Kapitel 7) Kennenlernen neuer Missionsprojekte und
Glaubenskurse u. a. mit Projektvertreter/innen / 60 Minuten
Evtl. Pause mit Getränken und kleinen Snacks / 10 Minuten
2. AUSTAUSCH Fortführung der Vorbereitungen für das gemeinsame Missionsprojekt, an dem in Folge zwischen den Einheiten weitergearbeitet wird /
50 Minuten oder Rollenspiel eines missionarischen Gesprächs / 50 Minuten
3. GEBETSZEIT mit Liedern und von Teilnehmern vorbereiteten oder freien Gebeten / 15 Minuten
4. PRAXIS Erklärung der Aufgabenstellung Nr. 7: »Wen und
wie lade ich ein?« (siehe Ende 7. Kapitel) / 5 Minuten

Einheit Nr. 8: Wie wachsen wir?
Empfang und Einführung in den Abend / 10 Minuten
1. AUSTAUSCH Falls das Missionsprojekt schon umgesetzt wurde: Reflexion;
erste Feedbackrunde: Was wurde mir/uns durch das Projekt
geschenkt, danach weitere Analyse / 60 Minuten

Evtl. Pause mit Getränken und kleinen Snacks / 10 Minuten
2. IMPULS (Kapitel 8) / 60 Minuten
3. GEBETSZEIT mit Liedern und von Teilnehmern vorbereiteten oder freien Gebeten / 15 Minuten
4. PRAXIS Erklärung der Aufgabenstellung Nr. 8: »Wem und wofür kann ich danken?« (siehe Ende 8. Kapitel) / 5 Minuten

Einheit Nr. 9: Wo liegen meine und unsere Stärken?
Empfang und Einführung in den Abend / 10 Minuten
1. IMPULS (Kapitel 9) / 60 Minuten
2. AUSTAUSCH der Aufgabenstellung vom letzten Abend: Gegenseitiges Mitteilen der Begabungen, Talente und Charismen in großer Runde, Austausch darüber in Kleingruppen / 60 Minuten
Evtl. Pause mit Getränken und kleinen Snacks / 10 Minuten
3. GEBETSZEIT mit Liedern und von Teilnehmern vorbereiteten oder freien Gebeten / 15 Minuten
4. PRAXIS Erklärung der Aufgabenstellung Nr. 9: »Meine Berufung?« (siehe Ende 9. Kapitel) / 5 Minuten. Vor der letzten Einheit sollte allen Kursteilnehmer/innen ein Gespräch über ihre
jeweils konkrete Mission mit der Kursleitung angeboten werden.

Einheit Nr. 10: Welche Kirche?
Empfang und Einführung in den Abend / 10 Minuten
1. AUSTAUSCH der Aufgabenstellung vom letzten Abend: »Wo habe ich
meine Berufung neu entdeckt« in Kleingruppen oder Plenum / 30 Minuten
Reflexion über den gesamten Kurs: Erste Feedbackrunde: Was wurde mir/
uns durch den Kurs geschenkt, danach weitere Analyse / 30 Minuten
2. ABSCHLUSSIMPULS (Kapitel 10) / 35 Minuten
3. GEBETSZEIT Sendungsfeier mit Gebet um den Heiligen Geist für jede/n
Einzelne/n in einer Gebetsform, die der Gruppe entspricht / 45 Minuten
4. GET-TOGETHER bei Getränken und Snacks mit Open End.

Literatur

Abkürzungen
einiger kirchlicher Lehrdokumente
AL – Amoris Laetitia,
Nachsynodales Schreiben 2016
EG – Evangelii Gaudium,
Apostolisches Schreiben 2013
EN – Evangelii Nuntiandi,
Apostolisches Schreiben 1975
GS – Gaudium et Spes,
Pastorale Konstitution 1965
LG – Lumen Gentium,
Dogmatische Konstitution 1964
RM – Redemptoris Missio, Enzyklika 1990

Fußnoten
1 – Pozzo di Borgo, Philippe: Ich und
Du. Mein Traum von Gemeinschaft
jenseits des Egoismus, Berlin 2015.
2 – Ebd. S. 144.
3 – Tore trennen äußeren Tempelvorhof, den
»Vorhof der Heiden«, vom heiligen Bezirk.
4 – Papst Franziskus, General-
audienz am 04.05.2016.
5 – Vgl. Vattimo, Gianni: Glauben –
Philosophieren, Stuttgart 1997.
6 – Vgl. Mutter Teresa: Komm, sei mein
Licht. Die geheimen Aufzeichnungen der
Heiligen von Kalkutta, München 2007.
7 – Handke, Peter: Eine herbstliche Reise
zu Peter Handke nach Paris.
Interview von Ulrich Greiner,
Die Zeit, 25.11.2010.
8 – Papst Franziskus:
Begegnung mit japanischen Studierenden am 21.08.2013.
9 – Papst Franziskus: Mein Leben, mein
Weg. El Jesuita, Freiburg u. a. 2013.

10 – Kitz, Volker: Wir lernen den
Umgang mit anderen Religionen und
Kulturen, nicht aber mit anderen
Meinungen, Die Zeit, 08.03.2018.
11 – Vgl. Ratzinger, Joseph/Benedikt XVI.:
Jesus von Nazareth. 1. Teil,
Freiburg u. a. 2007, S. 170.
12 – Ebd.
13 – Papst Benedikt XVI.: Weihnachtsan-
sprache vor der Kurie am 21.12.2009.
14 – Vgl. Ratzinger, Joseph/Benedikt XVI.:
Jesus von Nazareth. 1. Teil, Freiburg
u. a. 2007, S. 115.
15 – Vgl. Papst Franziskus: Predigt
in Paraguay am 12.07.2015.
16 – Vgl. Rahner, Karl/Vorgrimler, Herbert:
Die pastorale Konstitution über die Kirche
in der Welt von heute »Gaudium et Spes«,
Freiburg u. a. 1966, in: Kleines Konzils-
kompendium, Art. 2. Vorwort, S. 24.
17 – Wohl wird zwischen Getauften
und Ungetauften unterschieden, auch
wenn alle Menschen Kinder Gottes sind.
18 – Vgl. Rahner, Karl/Vorgrimler,
Herbert: Die pastorale Konstitution
»Gaudium et Spes«, Vorwort, S. 26: »Sogar
in der Form von Anathematismen, um
moderne Irrtümer zurückzuweisen«.
19 – Bildhaft durch die
Engelsburg symbolisiert.
20 – Ratzinger, Joseph: Einführung
in das Christentum. Vorlesungen über
das Apostolische Glaubensbekenntnis, München 1968, S. 281–289.
21 – Papst Franziskus: Predigt am 26.06.2015.
22 – Benedikt XVI.: Predigt in
Freiburg, 25.09.2011.
23 – Halík, Tomáš: Geduld mit
Gott, Freiburg u. a. 2010, S. 149.
24 – Papst Benedikt XVI.: Weihnachts-
ansprache vor der Kurie am 21.12.2009.
25 – Papst Franziskus: Predigt am 03.10.2015.

26 – Papst Franziskus: Predigt
in Paraguay am 12.07.2015.

27 – Benedikt XVI.: Predigt beim
Gottesdienst in Mariazell am 08.09.2007.

28 – Ebd.

29 – Ebd.

30 – Benedikt XVI.: Der Glaube ist
keine Moral, sondern Begegnung
mit Jesus, 14.09.2009.

31 – Ebd.

32 – Ebd.

33 – Ebd.

34 – Knab, Rainer: Platons
Siebter Brief. Einleitung, Text,
Übersetzung, Kommentar, Hildesheim
u. a. 2006.

35 – Benedikt XVI.: Predigt beim Gottesdienst in Mariazell am 08.09.2007.

36 – Papst Franziskus: Botschaft zum
»Welttag der Sozialen
Kommunikationsmittel« am 22.01.2016.

37 – Vgl.: Papst Franziskus: Predigt vor
der Bischofssynode 2015 am 03.10.2015.

38 – Johannes Paul II.: Generalaudi-
enz, Mittwoch am 21.08.2002.

39 – Papst Franziskus: Predigt vor
den Kardinälen am 15.02.2014.

40 – Ebd.

41 – Ebd.

42 – Breig, Maximilian (Hrsg.):
Leben und Werke der heiligen
Margareta Maria Alacoque, Teil 1:
Selbstbiographie, Leutesdorf 1991, S. 98.

43 – Therese von Lisieux: Briefe
der heiligen Therese von Lisieux,
Deutsche authentische Ausgabe,
Leutesdorf, 1983, S. 292–293.

44 – Kowalska, Faustyna: Tagebuch
der Schwester Maria Faustyna Kowalska, Hauteville 2000, S. 351.

45 – Bonhoeffer, Dietrich: Widerstand
und Ergebung. Briefe und Aufzeichnungen aus der Haft, Gütersloh 2008, S. 29.

46 – Johannes Paul II.:
Enzyklika Dives in Misericordia, Nr. 8.

47 – Gerl-Falkovitz, Hanna-Barbara:
»Verzeihung des Unverzeihlichen«:
Ausflüge in Landschaften der Schuld,
der Reue und der Vergebung,
Graz 2007, S. 245.

48 – Livenet/JoelNEWS/The
Financial Times, 16.09.2014.

49 – Erzdiözese Wien, Hrsg.: Schönborn,
Christoph: Hirtenbrief, Wien 2011.

50 – Gerosa, Libero: Charisma
und Recht, Trier 1989, S. 155.

51 – Benedikt XVI.: Konzerthaus in Freiburg
im Breisgau, Presseinformation Papstbe-
such 2011, 25. September 2011, S. 4–5.

52 – Papst Franziskus: Ansprache am
18.03.2016.

53 – Ebd.

54 – Papst Franziskus: Interview
vom 19.09.2013

55 – Vgl. Schönborn, Christoph: Vom
geglückten Leben, Wien 2008, S. 37.

56 – Papst Franziskus: Homilie am
Petersplatz, 25. September 2016.

57 – Glettler, Hermann:
www.andrae-kunst.org.

58 – Böckenförde, Ernst-Wolfgang: Staat,
Gesellschaft, Freiheit, Frankfurt 1976, S. 60.

59 – Delors, Jacques: Überarbeitete
Fassung von: Kirche und Europäische
Union. Vortrag vor der Außenpolitischen
Gesellschaft, veröffentlicht in den Wiener
Blättern zur Friedensforschung, Jg. 1997.

60 – Mattei, Giampaola: Interview mit
Michail Gorbatschow. Eine Europapo-
litik ohne Verhältnis zur Kultur und
Ethik kann keinen Erfolg haben, in:
L'Osservatore Romano, 28.6.2000.

61 – Papst Franziskus: Homilie beim
Weltjugendtag in Polen am 30. Juli 2016.

62 – Riederle, Philipp: Wer wir sind,
und was wir wollen, München 2013.
63 – Katechismus der Katholischen
Kirche, München u. a. 1993, Nr. 2205.
64 – Papst Franziskus im Gespräch mit
Rabbiner Abraham Skorka, in: Über
Himmel und Erde, München 2013, S. 14.

Weiterführende Literatur
Abraham, William J.: The logic of
evangelism, Wm. B. Eerdmans
Publishing Co., Grand Rapids 1989.
Angenendt, Arnold: Toleranz und
Gewalt. Das Christentum zwischen Bibel und
Schwert, Aschendorff Verlag, Münster 2007.
Augustin, George: Aufbruch
in der Kirche mit Papst Franziskus,
Katholisches Bibelwerk 2015.
Bosch, David J.: Mission im Wandel.
Paradigmenwechsel in der Missionstheologie,
Hg. Martin Reppenhagen, Gießen 1991.
Bosch, David J.: Ganzheitliche Mis-
sion. Theologische Perspektiven, Fran-
cke-Verlag, Marburg an der Lahn 2011.
Brudereck, Christina/Kateghe, Kisuba/
Sulaksono, Endri/Währisch-Oblau, Claudia:
Aufmachen. Wie wir heute Kirche von
morgen werden, Neukirchener Verlagsge-
sellschaft mbH, Neukirchen-Vluyn 2013.
Bucher, Rainer: An neuen Orten. Studien
zu den aktuellen Konstitutionsproblemen der
deutschen und österreichischen katholischen
Kirche, Echter Verlag, Würzburg 2015.
Bucher, Rainer: Wenn nichts bleibt,
wie es war. Zur prekären Zukunft der
katholischen Kirche, Echter Verlag,
Würzburg 2012.
Burkhardt, Helmut: Christ werden.
Bekehrung und Wiedergeburt –
Anfang des christlichen Lebens,
Brunnen-Verlag, Gießen/Basel 1999.

Cole, Neil: Organische Gemeinde. Wenn
sich das Reich Gottes ganz natürlich aus-
breitet, GloryWorld-Medien, Bruchsal 2008.
Croft, Steven: Format Jesus: Unterwegs
zu einer neuen Kirche, Neukirchener Verlagsgesellschaft mbH, Neukirchen-Vluyn 2012.
Deutsche Bischofskonferenz: Zeit zur
Aussaat. Missionarisch Kirche sein. 26.
November 2000, Bonn 2000, Sekretari-
at der Deutschen Bischofskonferenz.
Finney, John: Emerging Evangelism,
Darton Longman and Todd, London 2004;
deutsche Übersetzung: Wie Gemeinde
über sich hinauswächst. Zukunftsfähig
evangelisieren im 21. Jahrhundert, Aus-
saat Verlag, Neukirchen-Vluyn 2007.
Frost, Michael/Hirsch, Alan: Der wilde
Messias. Mission und Kirche von Jesus neu
gestaltet, Neufeld Verlag, Schwarzwald 2010.
Geiger, Andrea/Prüller-Jagenteufel,
Veronika/Spanner, Otmar (a. Hg.):
Vom Wendepunkt der Hoffnung,
Wiener Domverlag, Wien 2010.
Gerl-Falkovitz, Hanna-Barbara:
Romano Guardini. Konturen des
Lebens und Spuren des Denkens,
Topos Plus Verlag, Ostfildern 2010.
Ghiberti, Giuseppe: Don Bosco
begegnen, Zeugen des Glaubens, Sankt
Ulrich Verlag, Augsburg 2005.
Glettler, Hermann/Lehofer,
Michael: Die fremde Gestalt. Gespräche
über den unbequemen Jesus, Styria 2018.
Goursat, Pierre: Paroles –
Rassemblées et présentées par Martine
Catta, Éditions de l'Emmanuel, Paris 2011.
Guardini, Romano: Damit Euro-
pa werde … Wirklichkeit und Aufgabe
eines zusammenwachsenden Kontinents,
Topos Plus Verlag, Ostfildern 2003.
Gumbel, Nicky: Wie starte ich einen
Alpha-Kurs? Gerth Medien, Asslar 2005.
Gumbel, Nicky: Fragen an das Leben,

Gerth Medien, Überarbeitete und erweiterte Neuauflage, Asslar 2010.

Habermas, Jürgen/Ratzinger, Joseph: Dialektik der Säkularisierung. Über Vernunft und Religion, Herder Verlag, Freiburg 2005.

Hawkins, Greg L./Parkinson, Cally: Prüfen. Aufrüttelnde Erkenntnisse der Reveal-Studie. Die harte Wahrheit über Gemeindeleben und geistliches Wachstum, Random House GmbH, München 2009.

Hartl, Johannes/Wallner, Karl/Meuser Bernhard: Mission Manifest. Die Thesen für das Comeback der Kirche, Herder 2018.

Henneke, Christian.: Glänzende Aussichten. Wie die Kirche über sich hinauswächst, Aschendorff Verlag, Münster 2010.

Henneke, Christian (Hg.): Kleine Christliche Gemeinschaften verstehen, Echter Verlag, Würzburg 2009.

Henneke, Christian: Kirche, die über den Jordan geht. Expeditionen ins Land der Verheißung, Aschendorff Verlag, Münster 2011.

Henneke, Christian: Der Kirchenkurs. Wege zur einer Kirche der Beteiligung. Ein Praxisbuch. Echter 2016.

Henneke, Christian: Die Kirche steht Kopf. Unterwegs zur nächsten Reformation. Aschendorff 2016.

Herbst, Michael: Missionarischer Gemeindeaufbau in der Volkskirche, Calwer Verlag, Stuttgart 1987.

Herbst, Michael (Hg.): Mission bringt Gemeinde in Form. Gemeindepflanzungen und neue Ausdrucksformen gemeindlichen Lebens in einem sich wandelnden Kontext; deutsche Übersetzung von: Mission-shaped Church. Church Planting and Fresh Expressions of Church in a Changing Context (2004), Aussaat-Verlag, Neukirchen-Vluyn 2006.

Herbst, Michael (Hg.): Das Emmaus-Projekt. Auf dem Weg des Glaubens. Handbuch (Konzeption – Durchführung – Erfahrungen). Neukirchen-Vluyn, 2. Auflage, völlig neu bearbeitete Aufl. 2006.

Hirmer, Oswald/Steins, Georg: Gemeinschaft im Wort. Werkbuch zum Bibel-Teilen, Bernward bei Don Bosco, München 1999.

Hirmer, Oswald: Kleine Christliche Gemeinschaften – ein starkes Werkzeug zur inneren Reform der Kirche, in: Anzeiger für die Seelsorge, 9/2006.

Kallenberg, Brad J.: Live to tell: evangelism in a postmodern world, Baker Book House, Grand Rapids 2002.

Kimball, Dan A.: The emerging church: vintage Christianity for new generations, Grand Rapids 2003.

Kimball, Dan: Emerging Church. Die postmoderne Kirche, Spiritualität und Gemeinde für neue Generationen, Gerth Medien, Asslar 2006.

Lengerke, Georg von/Schrömges, Dörte: YOUCAT Deutsch. Jugendgebetbuch, Pattloch, München 2011.

Lubich, Chiara: Jesus der Verlassene und die Einheit, Neue Stadt, München u. a. 2. Auflage 1992.

Lütz, Manfred: Der Skandal der Skandale. Die geheime Geschichte des Christentums, Verlag Herder, Freiburg 2018.

Mallon, James: Divine Renovation. Wenn Gott sein Haus saniert. Von einer bewahrenden zu einer missionarischen Kirchengemeinde, DD-Medien, Grünkraut 2017.

Moens, Jean-Luc: Si Dieu donne son salut à tout homme, pourquoi évangéliser? Éditions de l'Emmanuel, Rom 2006.

Moens, Jean-Luc: L'imitation de Jésus-Christ missionaire, Éditions de l'Emmanuel, Paris 2007.

Olk, Edith: Johannes Paul II. Barmherzigkeit Gottes – Quelle der

Hoffnung, Johannes Verlag Einsiedeln, 2011.

Olk, Edith: Die Barmherzigkeit Gottes als zentrale Quelle des christlichen Lebens. Eine theologische Würdigung der Lehre von Papst Johannes Paul II., EOS-Verlag, St. Ottilien 2011.

Papst Franziskus: Der Name Gottes ist Barmherzigkeit. Ein Gespräch mit Andrea Tornielli, Kösel 2016.

Peyrous, Bernard/Catta, Hervé-Marie: Feuer der Hoffnung, Vier-Türme Verlag, Münsterschwarzach 1997; Orginalausgabe: Le Feu et L'Esperance, Éditions de l'Emmanuel, Paris 1995.

Polak, Regina: Mission in Europa? Auftrag – Herausforderung – Risiko, Herder-Zach Buch, Wien 2012.

Pompe, Hans-Hermann: Mitten im Leben. Die Volkskirche, die Postmoderne und die Kunst der kreativen Mission, Neukirchener Verlagsgesellschaft mbH, Neukirchen-Vluyn 2014.

Powell, Kara/Mulder, Jake/Griffin, Brad: Growing Young: Six Essential Strategies to Help Young People Discover and Love Your Church, Baker Publishing Group, Ada Township (USA) 2016.

Ratzinger, Joseph/Benedikt XVI.: Jesus von Nazareth, 1. Teil. Von der Taufe im Jordan bis zu Verklärung, Herder Verlag, Freiburg u. a. 2007.

Reimer, Johannes: Die Welt umarmen. Theologie des gesellschaftsrelevanten Gemeindebaus, Francke Buchhandlung, Marburg an der Lahn 2009.

Reimer, Johannes: Hereinspaziert. Willkommenskultur und Evangelisation, Neufeld-Verlag, Schwarzenfeld 2013.

Schönborn, Christoph: Die Lebensschule Jesu. Anstöße zur Jüngerschaft, Verlag Herder 2013.

Sobetzko, Florian/Sellmann, Matthias: Gründer*innen Handbuch, Echter 2017.

Splett, Jörg: Person und Glaube. Der Wahrheit gewürdigt, Institut zur Förderung der Glaubenslehre (Stiftung), München 2009.

Splett, Jörg: Freiheits-Erfahrung. Vergegenwärtigungen christlicher Anthropo-Theologie, Josef Knecht Verlag, 2. Auflage, Köln 2005.

Therese von Lisieux: Therese vom Kinde Jesu. Selbstbiographische Schriften, Johannes Verlag, Einsiedeln 1991.

Tomlin, Graham: The Prodigal Spirit: The Trinity, the Church and the Future of the World, London 2011.

Van Thuan, François Xavier Nguyen: Hoffnung, die uns trägt. Die Exerzitien des Papstes. Herder Verlag, 5. Auflage, Freiburg 2002.

Vellguth, Klaus: Eine neue Art Kirche zu sein, Entstehung und Verbreitung der Kleinen Christlichen Gemeinschaften und des Bibel-Teilens in Afrika und Asien, Freiburger Theologische Studien, Freiburg 2005.

Warren, Rick: Kirche mit Vision. Gemeinde, die den Auftrag Gottes lebt, Gerth Medien, Asslar 2016.

Warren, Robert: Vitale Gemeinde. Ein Handbuch für die Gemeindeentwicklung, Neukirchener Verlagsgesellschaft mbH, Neukirchen-Vluyn 2013.

Weddell, Sherry A.: Forming Intentional Disciples: The Path to Knowing and Following Jesus, Gracewing Publishing, 2012.

Werth, Martin: Theologie der Evangelisation, Neukirchener Verlag, Neukirchen-Vluyn 2004.

Wesley, Christopher: Jugend Rebuilt – Durch Jugend- und Firmpastoral die Pfarrgemeinde erneuern: Jungen Menschen Raum geben. Erwachsene zu Mentor/innen machen. Durch die Firmung neuen Geist wecken, Pastoralinnovation, Graz 2017.

White, Michael/Corcoran, Tom: REBUILT – Die Geschichte einer

katholischen Pfarrgemeinde. Gläubige
aufrütteln – Verlorengegangene
erreichen – Kirche eine Bedeutung
geben, Pastoralinnovation, Graz 2016.

YOUCAT DEUTSCH. Jugend-
katechismus der Katholischen Kirche,
Pattloch Verlag, München 2011.

Zulehner, Paul M.: Gott ist größer als
unser Herz. Eine Pastoral des Erbarmens,
Schwabenverlag, Ostfildern 2006.

Zulehner, Paul M.: Ich träume von
einer Kirche als Mutter und Hirtin:
Die neue Pastoralkultur von Papst
Franziskus, Patmos 2018.

Zulehner, Paul M.: Neue Schläuche
für jungen Wein. Unterwegs in eine
neue Ära der Kirche, Patmos 2018.